Michał Tombak

DROGA
DO
ZDROWIA

FIRMA KSIĘGARSKA
SERWIS Sp. z o.o.
Łódź 2010

Szanowni Państwo,

Z uwagi na przypadki pojawienia się książek pochodzących z nielegalnego źródła (falsyfikaty), od kwietnia 2002 roku kolejne wydania książek zawierają trójwymiarowy hologram. Tło hologramu stanowi otwarta książka leżąca na stosie innych.

Hologram posiada napisy:
– czarny „Michał Tombak" w części centralnej,
– „Egzemplarz oryginalny" w górnej części.

W przypadku kupna przez Państwa książki z innym hologramem lub bez niego prosimy o kontakt telefoniczny 42 639 50 20.

Serdecznie przepraszamy za umieszczenie informacji nie związanej z treścią książki.

Za każdy przejaw życzliwości w stosunku do autora i dystrybutora składamy podziękowanie.

Autor i dystrybutor

Książkę tę poświęcam mojej Żonie
Bogumile Tombak,
którą bardzo kocham

Książki prosimy zamawiać:
Firma Księgarska Serwis Sp. z o.o.
90–562 Łódź
ul. Łąkowa 3/5
tel. 42 639 51 63

Księgarnia Wysyłkowa
Internet: www.podrecznikowo.pl
e-mail: sklep@podrecznikowo.pl

WYDANIE II POPRAWIONE

ISBN 978-83-911379-4-9

Projekt okładki: Cezary Twardowski

Skład, łamanie, korekta, druk i oprawa:
Oficyna Wydawniczo-Reklamowa Sagalara
93-232 Łódź, ul. Lodowa 106A
www.sagalara.com.pl

Do Czytelników

Wszystkich ludzi można, według mnie, podzielić umownie na (bez urazy) „leniwych" i „pracowitych". „Leniwi" czekają na pomoc innych, troskę o swoje zdrowie składają na barki lekarzy, bioterapeutów itp. „Pracowici" chcą pomóc sobie sami, chcą poznać prawdziwe przyczyny swoich chorób, tylko nie zawsze wiedzą, jak to zrobić. Przeważnie dla nich – „pracowitych" – piszę swoje książki. Jeśli chodzi o leniwych, to radzę im zastanowić się nad starą wschodnią mądrością, która mówi: „Nikt nigdy nic nie robi, nie zaspokajając przy tym przede wszystkim swoich, a nie waszych potrzeb". I dlatego nigdy nie należy oddawać bezmyślnie w ręce innego człowieka najcenniejszego co macie – życia i zdrowia. Nie traćcie Państwo czasu w bezowocnym oczekiwaniu na „cudowne uzdrowienie", nikt nie zatroszczy się o was lepiej niż wy sami. Tylko sami możecie uczynić się zdrowszymi. I dlatego trzeba wykazać wolę i upór, być bezlitosnym wobec własnego lenistwa, uzbroić się w wiedzę, doświadczenie, szukać swojej drogi do zdrowia, a jak wiadomo – kto szuka, ten zawsze znajdzie.

Drodzy czytelnicy, zaoferowana wam książka jest krótkim konspektem moich poprzednich książek: *Jak żyć długo i zdrowo*, *Uleczyć nieuleczalne* część 1 oraz *Uleczyć nieuleczalne* część 2, która lada moment będzie udostępniona waszej uwadze.

Książka, którą trzymacie w rękach wyjaśnia, systematyzuje i uzupełnia informacje, zawarte w poprzednich pracach.

Na podstawie licznych listów i telefonów dochodzę do wniosku, że wiele osób popełnia duży błąd, starając się znaleźć w treści książek konkretny schemat leczenia swoich dolegliwości. Nie chciałbym się powtarzać, ale jeszcze raz pragnę podkreślić: **nie ma uniwersalnej recepty na zdrowie**. Wszystkie rady i polecenia należy rozpatrywać kompleksowo pod katem indywidualnych dolegliwości swojego organizmu.

Czytając niniejszą lekturę, przy każdej „cegiełce", która zawiera poradę, ćwiczenia lub przepisy, postawcie krzyżyk. Po przeczytaniu książki przekartkujcie ją i z zaznaczonych przez was „cegiełek" zacznijcie „budować" swoją drogę do zdrowia.

Życzę powodzenia
Michał Tombak

ULECZYĆ NIEULECZALNE...

Rozmowa z prof. dr. hab. MICHAŁEM TOMBAKIEM
Tygodnik ANGORA
Rozmawiał Bohdan Gadomski

Wywołał pan liczne kontrowersje swoimi wskazówkami, jak żyć długo i zdrowo. Ciekawy jestem, gdzie i jak posiadł pan tę wiedzę, którą w Polsce, stosunkowo niedawno, zaczął się dzielić z ludźmi?

Będąc na studiach wyjechałem z wyprawą naukową na Daleki Wschód, gdzie spotkałem się z mnichami tybetańskimi, których podejście do organizmu człowieka było inne i bardzo interesujące. Dzięki nim poznałem różne tajemnice diagnostyki, które teraz pozwalają mi patrzeć na danego człowieka, na jego wygląd, sposób chodzenia, nawet zdarte buty, i określać te dolegliwości, na które cierpi. Przekonałem się, że w organizmie człowieka nie może być chory tylko jeden organ. Coś nas boli i zaczynamy z tym walczyć – ze skutkiem, a nie z przyczyną i z tego powodu ból może przejść do innego miejsca i spowodować zupełnie inną chorobę. Dla mnie nie ma konkretnych chorób w organizmie człowieka. To są odchylenia od normy.

Dlaczego jako przedmiot studiów wybrał pan biologię, a nie medycynę?

Cała moja rodzina była lekarska i ja, będąc dzieckiem, pytałem swoją matkę, lekarkę, dlaczego nie może uleczyć mojego chorego ojca oraz dlaczego sama cierpi na bóle serca i narzeka na bezsenność. Nie znajdując odpowiedzi zrozumiałem, że medycyna posługuje się jedynie lekami, a biologia jest nauką znacznie szerszą, która chce wejść w każdy zakamarek organizmu człowieka. I właśnie dlatego wybrałem biologię, chociaż matka pragnęła, abym poszedł na medycynę.

Ale obok biologii studiował pan także hipnozę?

Był taki moment, gdy spotkałem się ze znanym hipnotyzerem rosyjskim, Jurijem Szifrinem, który powiedział, że mój sposób podejścia do różnych chorób jest bardzo ciekawy i pokazał mi kilka technik hipnotyzerskich, które okazały się bardzo przydatne. Zauważyłem, że w stanie hipnotycznym organizm wielokrotnie uruchamia procesy obronne – „immunitet". Przecież w każdym człowieku znajdują się leki na trapiące go choroby, z których, niestety, nie jesteśmy w stanie korzystać. Na bazie tego stworzyłem system według którego, na przykład, mogę wyleczyć astmę oskrzelową metodą autohipnozy.

Czyli?...

Człowiek sam siebie wprowadza w stan hipnozy i jakby rozmawiał z własnymi organami. Jest to metoda błyskawiczna i bardzo skuteczna. Później prowadziłem seanse na temat *Tajemnice psychiki człowieka*, na których prostym ludziom uświadamiałem możliwości tkwiące w naszym organizmie.

Gdzie więc najdokładniej można zgłębić naturalne metody leczenia?

Mądrości na ten temat zawarte są w książkach. Resztę trzeba obserwować w naturze.

Podane przez pana przepisy na oczyszczanie organizmu były dotychczas nie znane w Polsce i pomijane przez medycynę. A jednak pan je przeforsował i stał się ich głównym propagatorem w Europie. Jak to się panu udało?

Nie znam nikogo, kto stosowałby podobną do mojej metodę oczyszczania organizmu. Kiedy rozmawiam na ten temat z lekarzami, widzę, że boją się stosować tę metodę. A tymczasem, kilkaset tysięcy ludzi w Polsce zrobiło sobie oczyszczenie organizmu i czują się znakomicie. To, co wychodzi z wątroby po oczyszczeniu, jest wprost przerażające. Człowiek nie zdaje sobie sprawy, jaka ilość kamieni w nim jest.

Kto więc dla pana jest autorytetem w tej dziedzinie?

Autorytetem jest dla mnie medycyna ludowa, wywodząca się z ludzkiej mądrości i doświadczenia. Jest nim także Hipokrates, który powiedział, że „jeżeli w przyrodzie jest choroba, to w niej można znaleźć na nią lekarstwo". Współczesna medycyna wywodzi się z tej samej tradycji, co przed wojną i trwa około 70–80 lat. A tymczasem przepisy ludowe sięgają kilku tysięcy lat.

Główną, filozofią pana głośnej książki *Jak żyć długo i zdrowo* jest życie w rytmie natury Co to znaczy?

Przyroda lubi tych, którzy żyją według jej praw. W chwili narodzin człowiek jest oblewany zimną wodą, następnie robi wdech, wciąga powietrze. Dotyka go pierwszy promień słońca, a wspiera ziemia. Umierający człowiek żegna się ze światłem słonecznym, przestaje oddychać, schodzi pod ziemię. Dlatego zawsze między narodzinami a śmiercią leży życie, które w pełni zależy od słońca, powietrza, wody i ziemi. Słońce daje nam energię życiową, powietrze zapewnia naszemu organizmowi tlen, woda wypełnia komórki naszego ciała, a ziemia nas karmi. Takie są prawa przyrody. Są one niezmienne i wieczne.

Jak sam pan pisze, „zdrowie, to nie tylko prawidłowe jedzenie", to także...

Prawidłowe oddychanie. Bo bez jedzenia człowiek może żyć miesiąc, a bez powietrza zaledwie kilka minut. Dopóki człowiek nie będzie prawidłowo oddychał, nie będzie można mówić, że jest zdrowy. Dziewięć osób z dziesięciu oddycha nieprawidłowo i chronicznie brakuje im w organizmie tlenu. Z tego powodu człowiek wcześnie zaczyna się starzeć i chorować.

Co najbardziej niszczy zdrowie człowieka?

Jest kilka przyczyn: nieprawidłowe oddychanie, nieprawidłowe jedzenie, nieprawidłowe picie, mało ruchu i brak radości życia oraz takie emocje, jak: zazdrość, podłość, chciwość, gniew. Człowiek wciąż ma jakieś problemy i rozterki, co bardzo skraca mu życie.

Z pańskiej książki dowiedziałem się, że większość ludzi przez całe życie „nie sprząta" wnętrza swojego organizmu. Kiedy należy to robić?

Nigdy nie jest za późno, ale im prędzej, tym lepiej. Organizm każdego człowieka posiada 7 systemów oczyszczania ze śluzu, substancji smolistych i innych „brudów", które niszczą nasze zdrowie. Jeżeli jeden lub kilka systemów oczyszczenia nie spełnia swoich funkcji, to wywołuje różne choroby.

Jakie błędy, prowadzące do zniszczenia systemów oczyszczania organizmu popełniają ludzie?

Spożywamy nieodpowiednie płyny, zbyt dużą ilość gotowanych posiłków, dużo białka zwierzęcego – co powoduje ciągłe zatrucia organizmu toksynami i gnicie w układzie pokarmowym. Nieprawidłowe łączenie posiłków obciąża układ trawienny, stąd zwyrodnienie układu pokarmowego, szczególnie jelita grubego. Człowiek nie chce żyć według praw natury, przestał korzystać z dobrodziejstw ziemi, zastępując je smakołykami w ładnych opakowaniach. Przyzwyczaił się do tego, że wszystko powinno być słodkie, smaczne, gotowane i ciepłe. Dlatego trwa w „rozcieńczonym" stanie. Wraz z „zatrutą" krwią po ciele rozchodzą się choroby, ubywa zdrowia, słabnie serce, obumierają komórki mózgu. Nie pomagają żadne tabletki. Organizm przypomina stojące bagno, które stopniowo człowieka wchłania.

Jakie jest wyjście z tej dramatycznej sytuacji?

Są tylko dwa wyjścia: albo żyć, chorując i czekając na śmierć, albo też zmienić swoje życie tak, żeby być zdrowym.

Czy starość można oddalić?

W ciągu jednej minuty w organizmie rodzi się 6 miliardów komórek i 6 miliardów umiera. Jeżeli człowiek sam sobie nie skróci życia, to może żyć bardzo długo. Człowiek może żyć 150 lat! W Gruzji spotkałem ludzi, z których jeden miał 160 lat, a drugi 120. Obaj byli szczupli, tańczyli i śpiewali. Nigdy nie jedli tego, co jest nieświeże, wszystkie posiłki przyrządzali tylko na jeden raz. Obaj byli ciągle w ruchu i wciąż się uśmiechali. Mieli bardzo pozytywne nastawienie do życia. Bo tak naprawdę człowiek nie ma wieku. Patriarchowie biblijni żyli 950 lat. Nasze nerki, według naukowo stwierdzonego modelu, mogą wytrzymać 1200 lat. A tymczasem, po 35 latach nasze nerki pełne są kamieni, a po 60 latach człowiek już jest do niczego i cały czas walczy ze swoimi chorobami.

Propaguje pan zdrowe życie, a czy sam zawsze był zdrów?

Swego czasu miałem marskość wątroby, do czego doprowadziła mnie matka-lekarka nieodpowiednim odżywianiem. W dzieciństwie miałem częste zaparcia, także kontuzję kręgosłupa i przez dwa lata nie miałem czucia w kończynach dolnych. Lekarze nie dawali mi szans na chodzenie.

Kim korzystniej jest być: mięsożernym czy wegetarianinem?

Według statystyk, wegetarianin jest bardziej wytrzymały od osoby mięsożernej, ale na różne choroby cierpią i jedni, i drudzy. Najlepiej zachować umiar we wszystkim. To jeden z podstawowych warunków istnienia człowieka. Jedyną rzeczą, której nie należy ograniczać, to ciągle się uśmiechać. Im więcej, tym lepiej.

Czy pan osobiście czuje się człowiekiem szczęśliwym?

Każdy szczęście rozumie po swojemu. Według mnie człowiek szczęśliwy powinien mieć w życiu: zdrowie, miłość i pieniądze. Ja mam, i dlatego jestem szczęśliwy.

Ciekawy jestem, czy rzeczywiście przestrzega pan sam tego, o czym pisze w swoich książkach?

Tak. Proszę spojrzeć na mnie i na moją żonę. Zastosowaliśmy ten sam system zdrowotny, który wypracowałem. Zauważyłem, że większość ludzi, którzy żyją według mojego systemu, ma o wiele spokojniejszą psychikę, jedzą pięć razy mniej i czują się dziesięć razy lepiej. Waga sama u nich schodzi, bo organizm sam zrzuca zbędne kilogramy. Każdy podany w książce przepis wypróbowałem na samym sobie.

Pana stwierdzenie, że mleko jest niezdrowe dla dorosłego człowieka, wywołało swoistą rewolucję...

Żaden ssak na świecie, oprócz człowieka, będąc dorosłym nie spożywa mleka. Tak to urządziła natura. Krowie mleko, dostając się do żołądka człowieka, pod wpływem kwaśnych soków żołądkowych ścina się, tworząc coś, co przypomina twaróg, który oblepia cząstki innego pokarmu znajdującego się w żołądku. Po co zmieniać swój organizm w fabrykę, „przetwórnię mleka" i kwaśnych produktów mlecznych, tracąc przy tym wiele energii na proces trawienia. Mleko – to cichy zabójca.

Co się podoba, a co nie podoba panu w Polakach?

W Polakach jest jedna bardzo pozytywna cecha – poczucie godności, co bardzo mi odpowiada. Nie podoba mi się, preferowana tutaj, tłusta kuchnia.

Zainteresowanie pana działalnością jest ogromne. W Moskwie pod pana domem koczują dzień i noc tłumy. Polsce jest pan oblegany, gdy tylko pojawi się na Festiwalu Rzeczy Niezwykłych. Dlaczego nie przyjmuje pan pacjentów?

W Polsce nie przyjmuję pacjentów, bo właśnie z tego powodu wyjechałem z Rosji, gdzie doszło do tego, że nie mogłem wejść do własnego domu. Życie takie stało się nie do zniesienia. Całą swoją wiedzę zmieściłem w książce, która dostępna jest teraz dla wszystkich.

W ZGODZIE Z NATURĄ

Rozmowa z Autorem zamieszczona na łamach „Expressu Ilustrowanego" po zakończeniu cyklu artykułów *Jak żyć długo i zdrowo.*

— Pańskie przepisy na zdrowe i długie życie spotkały się z ogromnym zainteresowaniem Czytelników. Niektóre z nich były znane, inne stanowiły zupełną, i co tu ukrywać, często szokującą nowość.

— Artykuły, które pisałem, zawierały fakty naukowe sprawdzone lub zebraną z „drobinek" informację o mądrości naszych dalekich przodków. Czytając tę lekturę wielu zrozumiało, że nieprawidłowo żyje, je, oddycha, śpi. Nie ma w tym nic dziwnego, bo przyzwyczailiśmy się nieprawidłowo żyć.. Tak żyli nasi rodzice i rodzice naszych rodziców, tak żyjemy my i tak będą żyć nasze dzieci. Przecież człowiek rozwija się tylko poprzez naśladownictwo. *Niewłaściwy tryb życia i choroby, które on wywołuje, są przekazywane z pokolenia na pokolenie.*

— Jest jednak współczesna medycyna, nowoczesne założenia dietetyki. One nie oceniają życia współczesnego człowieka aż tak ponuro.

— Tak naprawdę zdrowie każdego człowieka to jego prywatna sprawa. Lekarze zajmują się tylko naszymi chorobami. Przemysł farmaceutyczny zbankrutuje, jeśli przestaniemy chorować. Nikt nie zamknie gorzelni i zakładów przemysłu tytoniowego, chociaż wszyscy wiedzą, jaką szkodę wyrządzają te produkty naszemu zdrowiu. Przemysł spożywczy nadal będzie dodawał do kiełbas sól i azotany, a cukiernicy – cukier i drożdże do ciastek, chociaż i jedni i drudzy na pewno wiedzą jak te produkty niszczą układ pokarmowy. *Więc trzeba zrozumieć, że o swoje zdrowie każdy musi zadbać sam.*

— **Skąd więc taka niefrasobliwość w traktowaniu własnego zdrowia?**

— Natura dała człowiekowi bezinteresownie bezcenne bogactwo – zdrowie. Jedyne, czego zażądała od „swego dziecka" w zamian – to życie według jej praw. Niestety, na nieszczęście lenistwo jest naszą wrodzoną cechą, i jeśli z tą wadą nie walczymy, a wręcz przeciwnie – kultywujemy ją w sobie, to stajemy się mało ruchliwi, otyli chorzy.

— **Mamy też cały arsenał najwymyślniejszych leków na każdą chorobę...**

— Rzeczywiście. Tyle że zapomniawszy o prostej prawdzie, że każdy ból to sygnał o tym, że coś jest w organizmie nie w porządku, zaczęliśmy szukać uniwersalnego środka, by ten ból „zagłuszyć". I tak oto pojawiły się lekarstwa, które nie likwidują przyczyny bólu, a tylko oddziałują na jego skutki. Im więcej lekarstw się pojawiło – tym więcej chorób powstawało, ponieważ każde lekarstwo likwidując jedną chorobę, wywoływało inną (to co nazywamy skutkami ubocznymi). Każdy organ ludzkiego ciała nagle zaczął cierpieć na taką liczbę chorób, że powstała konieczność, dla wygody leczenia, podzielenia człowieka na części składowe. W ten sposób stworzony przez naturę jednolity, całościowy organizm, w którym wszystko jest ściśle ze sobą powiązane, składający się z „ciała" i „duszy" został podzielony na serce, nerki, wątrobę, układ nerwowy, mózg, rdzeń itp. Kardiolog zaczął leczyć serce, urolog – nerki, a laryngolog – ucho, gardło i nos. I od tego momentu człowiek, jako jedna całość, przestał istnieć. Stworzywszy silnie działające lekarstwa i doskonałą technikę medyczną, nadal mimo wszystko chorujemy. Setki tysięcy osób rocznie umiera na raka, miliony – na ataki serca, i co jest znamienne – im bogatszy kraj, tym cięższe i bardziej wyrafinowane w nim choroby. Dzieje się tak dlatego, że nie można wyprodukować lekarstwa przeciwko nawykowi obfitego jedzenia, nieprawidłowego sposobu oddychania, małej ruchliwości jednym słowem – nieprawidłowego trybu życia.

— Czy to już koniec zagrożeń?

— Niestety nie. Obecnie uczeni i lekarze na całym świecie są zaniepokojeni tym, że system odpornościowy u większości osób jest już osłabiony w wieku 20 lat. Pojawiły się także wirusowe choroby, na które nie działają najsilniejsze antybiotyki. Bakterie wypowiedziały człowiekowi wojnę, której wyniki są nieprzewidywalne. Osłabiony układ odpornościowy współczesnego człowieka to tylko skutek, przyczyna kryje się w czym innym, mianowicie w pogwałceniu praw natury.

— **Proces niszczenia zdrowia zaczyna się Pana zdaniem już w okresie niemowlęcym.**

— Jedynym pokarmem dla niemowlęcia jest mleko matki, tak ustaliła natura. Tylko ono tworzy zdrową mikroflorę jelita grubego, którego bakterie chronią organizm dziecka przed każdą infekcją. Właśnie mleko matki tworzy u dziecka instynkt samozachowawczy, który nazywamy naturalnym instynktem. Lecz jeśli dziecko praktycznie od urodzenia otrzymuje sztuczny pokarm, zwyrodnione jelito grube nie jest w stanie chronić go przed chorobami. Mało odporny organizm zaczyna często chorować. Szpikujemy je antybiotykami, które na swej drodze niszczą zdrowe i chore mikroorganizmy. Przez to prawie każde dziecko od dzieciństwa często ma zaparcia, które są stale podtrzymywane zwiększonym spożywaniem rafinowanych i syntetycznych produktów. W wyniku tego rozwija się choroba – dysbakterioza, polegająca na zmianie normalnej flory bakteryjnej, która niszczy układ odpornościowy. Czy takie dziecko może być zdrowe?

— **Co powoduje, że w organizmie człowieka pojawia się coraz więcej bakterii zjadliwych, wywołujących bardzo groźne choroby?**

— Wiadomo, że najlepszym środowiskiem dla życia bakterii chorobotwórczych i wirusów jest środowisko zasadowe. Właśnie takie środowisko powstaje w organizmie w wyniku nadmiernego spożywania mięsa, słodyczy, białego pieczywa. Przez nieprawidłowe odżywianie latami tworzymy w swoim organizmie „idealne" warunki dla rozwoju bakterii chorobotwórczych. Od chwili wynalezienia nowego antybiotyku do jego wdrożenia mija wiele lat i przez ten czas bakterie chorobotwórcze znów zdążą się zmodyfikować. Natura nie wynajduje nowych lekarstw. Przez wiele setek lat najlepszym antybiotykiem na każdą infekcję w jej „aptece" był i będzie czosnek.

— Na czym polega fenomenalna zdolność czosnku do walki z bakteriami?

— Czosnek stale „modyfikuje" swoje właściwości bakteriobójcze, dostosowując się do nowych rodzajów bakterii, a „kieruje" tym procesem natura. Ci, którzy regularnie stosują w potrawach czosnek lub jego wyciągi, rzadko są narażeni na infekcje.

— Leku idealnego, skutecznego na wszystkie choroby jednak nie ma?

— Gdy reklama obiecuje nam niezwykłe środki na wszystkie choroby – ja osobiście nie wierzę. Cudownych środków nie ma! Nie ma łatwych metod prowadzących do zdrowia. Zdrowia w aptece się nie kupi – na nie trzeba zapracować!

— Jakiej rady udzieliłby Pan naszym Czytelnikom pragnącym żyć zdrowo i długo?

— Powróćcie państwo do prostego, naturalnego pożywienia, uczcie się prawidłowo oddychać i zażywajcie dużo ruchu, hartujcie swe ciało wodą, powietrzem i światłem słonecznym.

Żyjąc zgodnie z naturą nasz organizm leczy się i odmładza sam.

CZYM JEST CHOROBA?

O chorobach napisano całe tomy encyklopedii medycznych, miliony lekarzy i uczonych próbują odkryć ich „tajemnice", ale do tej pory nie udało się znaleźć ich prawdziwej przyczyny. Najprawdopodobniej dlatego, że choroby jako takie nie istnieją. To, co przywykliśmy nazywać chorobą, jest reakcją organizmu na pewne zaburzenia w jego normalnej pracy. Jeśli te zaburzenia nie zostaną zlikwidowane, to choroba nie znika, pozostaje w chorym narządzie dopóki go nie zniszczy, porażając inne organy i układy (krwionośny, nerwowy, limfatyczny), które z nim współpracują. Życie organizmu ludzkiego zawsze jest walką choroby i zdrowia. Jeśli nie byłoby tej walki, człowiek by nie żył. Weźmy dla przykładu zwykłe przeziębienie: mamy podwyższoną temperaturę, odczuwamy bóle w kościach, bóle głowy i ogólną słabość. Czy możemy ten stan nazwać chorobą? Niewątpliwie, ale wysoka temperatura zabija w naszym ciele bakterie chorobotwórcze, wydalany z organizmu śluz uwalnia go od toksyn, a ból głowy, łamanie w kościach czy uczucie słabości, to „uboczne" reakcje, przy pomocy których organizm walczy z chorobą, zmierzając tylko do jednego celu – przywrócenia zdrowia. I okazuje się, że choroby nie istnieją, istnieją tylko ich symptomy (ból, gorączka, łamanie w kościach i mięśniach itd.). To, co my nazywamy chorobą, jest reakcją obronną sił zdrowotnych. Siły te są w każdym z nas. Są niezbędne, ponieważ niszczą wszelkie zaburzenia w pracy organizmu. Są one sygnałem uprzedzającym nas o rozpoczynającej się chorobie.

Człowiek, aby być zdrowym, powinien nauczyć się słuchać swojego organizmu i rozumieć go. Dlatego nie uważajcie choroby za waszego zaciętego wroga. W pewnym sensie choroba zmusza nas do uczynienia pierwszego kroku w kierunku utraconego zdrowia. Moja droga do zdrowia nie była łatwa. W dzieciństwie byłem bardzo chorowitym dzieckiem. Mogę powiedzieć, że 200 dni w roku spędzałem w łóżku, walcząc z różnorodnymi wirusami i infekcjami. Moja matka była lekarzem w pogotowiu, człowiekiem zaangażowanym w pracę i z tego powodu nie miała czasu siedzieć przy moim łóżku. Kiedy miałem wysoką temperaturę, zbijała ją kilkoma wzmocnionymi dawkami penicyliny (modny antybiotyk w latach sześćdziesiątych). I chociaż po paru dniach temperatury już nie miałem, nos był zapchany śluzem, a gardło czerwone i zaognione jak dojrzały pomidor. Widząc nieskuteczność takiego leczenia, matka zastosowała bardziej radykalne środki. Usunięto mi migdałki, po czym wystąpiły komplikacje w postaci zapalenia zatoki szczękowej z częściową utratą powonienia. Długotrwałe i bezskuteczne leczenie tych komplikacji doprowadziło do tego, że w wyniku przyjmowania dużej ilości leków zacząłem odczuwać bóle w okolicy wątroby. Pojawiła się również alergiczna wysypka na rękach, brzuchu i plecach. Jeśli dodam, że matka karmiła mnie „tłusto i słodko", nic dziwnego, że bóle pod prawym żebrem były prawie chroniczne. Oprócz tego coraz częściej zaczęły występować bóle głowy, od których jedynym ratunkiem były środki przeciwbólowe. Pewnego razu podczas zajęć dostałem torsji i straciłem przytomność. Szkolna pielęgniarka zadzwoniła do matki, a ta stwierdziła, że najprawdopodobniej jest to ostry atak wyrostka i należy szybko przewieźć mnie na oddział chirurgiczny. Już 3 godziny po ataku leżałem na stole operacyjnym i przyjaciółka mojej matki (ordynator oddziału chirurgicznego) operowała mi, jak się potem okazało, zdrowy wyrostek robaczkowy. Kiedy otworzyła moją jamę brzuszną, od razu zwróciła uwagę na powiększoną i zaognioną wątrobę i oczywiście od razu zrozumiała, gdzie leży przyczyna moich niedomagań. Ponieważ brzuch już mi rozkroiła, więc na wszelki wypadek usunęła zdrową ślepą kiszkę. Ale teraz było już dokładnie wiadomo, że przyczyną moich bólów głowy, słabości i ostrych kłujących bólów pod prawym żebrem była chora wątroba. Chociaż operacja usunięcia wyrostka powiodła się, wystąpiły komplikacje w postaci hemoroidów, które potem męczyły mnie wiele lat. W wyniku takiego „bliskiego kontaktu" z medycyną zdobyłem pewne doświadczenie, które mówiło, że jeśli w moim organizmie coś leczą, to jednocześnie (nawet nieświadomie) kaleczą coś innego. Już później, kiedy sam zacząłem pomagać chorym, przekonałem się ostatecznie, że leczenie preparatami farmakologicznymi może tylko podtrzymywać człowieka w stanie „półzdrowia". Chyba dlatego wiele diagnoz medycznych brzmi: przewlekłe... (przewlekłe zapalenie pęcherzyka żółciowego, chroniczne zapalenie migdałków, reumatyzm itd.). A ponieważ słowo „chroniczny" oznacza „ciągły" i „na zawsze", wynika z tego, że choroby trzeba leczyć do końca życia.

Ponad 1000 lat temu arabski filozof i lekarz Awicenna powiedział: „W arsenale lekarza powinny być trzy narzędzia: Słowo, Lekarstwo i Nóż.

Słowo jest niezbędne lekarzowi, aby wyjaśnić pacjentowi, jakie błędy popełnia w swoim sposobie życia i jaki jest związek między tymi błędami i przyczyną choroby.

Lekarstwo lekarz stosuje wtedy, kiedy słowami nie jest w stanie wyjaśnić przyczyny choroby, ale zmuszony jest użyć cierpiącemu.

Nóż lekarz stosuje, kiedy nie może znaleźć przyczyny choroby, wpłynąć słowami na zachowanie chorego i nie zna lekarstwa, aby zmniejszyć jego ból. Stosując nóż lekarz usuwa skutki daleko posuniętej choroby. Przyczyna jej pozostaje, wywołując nowe ogniska. Operacja, najczęściej, jest tylko chwilą wytchnienia przed nastąpieniem straszniejszej choroby".

Moje doświadczenie pozwala mi uważać, że wszystko, co związane jest z chorobą i zdrowiem w ostatecznym rezultacie zależy od zapewnienia energii narządom naszego ciała. Jeśli w

„układzie energetycznym" człowieka, który łączy niewidzialnymi powiązaniami wszystkie wewnętrzne narządy, wystąpią „usterki", to doprowadzi to do choroby. Starożytny japoński lekarz Kan Funajana w swojej książce *Zarys medycyny* pisał: „Człowiek jest istotą, w której duch i ciało zlewają się w jedną całość. Dlatego nie jest możliwe wyleczenie ciała bez uwzględnienia stanu duszy i na odwrót". Wiemy już, że aby doprowadzić ciało do porządku trzeba je regularnie oczyszczać, prawidłowo odżywiać, hartować wodą, powietrzem, światłem słonecznym, ruchem. Kiedy mówimy o duszy, to powinniśmy mieć na myśli „układ bioenergetyczny człowieka". Nasza świadomość, uczucia, pamięć to niewidzialna energia, o właściwościach której wiemy bardzo niewiele. Żeby regulować procesy psychiczne trzeba wiedzieć, na jakich zasadach one działają, a to właśnie jest bioenergetyka. Chcę zaznaczyć, że współczesna psychologia obejmuje tylko nieznaczną część procesów bioenergetycznych zachodzących w organizmie. Co zaś dotyczy medycyny, to widzi ona tylko niewielki związek między naszym „ciałem" i „duszą", kierując swoją uwagę przeważnie na leczenie ciała. Obecnie współczesna medycyna tak skrupulatnie dzieli człowieka na fragmenty, z których składa się nasz organizm, że jako jednolita całość przestał on istnieć. Jestem głęboko przekonany, że dopóki do funkcjonowania naszego organizmu medycyna będzie podchodzić z podobnych pozycji, choroby na zawsze pozostaną przewlekłymi (nieuleczalnymi). Poszukiwania doskonalszych metod walki ze skutkami chorób tak naprawdę nie zwrócą utraconego zdrowia. Medycyna szuka odpowiedzi na pytanie, jak skuteczniej i bezboleśniej usunąć ten czy inny narząd, stosując przy tym nowe metodyki i doskonalszą aparaturę. Przypomnijmy sobie, jak parę lat temu leczono zęby staroświecką maszyną do borowania. Aż dreszcz przechodzi po całym ciele. Obecnie szybkoobrotowe maszyny do borowania, bezbolesne znieczulenia dają pacjentowi możliwość stosunkowo łatwo przeżyć ból zęba. Z kolei przyczyny psucia się zębów (próchnica, paradontoza) nadal istnieją i będą istnieć! Współczesne metody pozwalają chirurgowi usunąć pęcherzyk żółciowy w ciągu 30 minut (w dodatku przy miejscowym znieczuleniu), a woreczek jednak wycinają, co za kilka lat zaowocuje zakłóceniem pracy układu pokarmowego.

Albo operacja przeszczepienia naczyń krwionośnych (bajpasów) – w chorym układzie krążenia zamiast nie nadającego się do niczego naczynia (nie spełniającego swojej roli) wstawiają inne, odrobinę lepsze (ale z tego samego chorego ciała). I co?! Mija pięć, sześć lat i znów powtórna operacja. Takich przykładów mogą być tysiące. Podobne, nawet perfekcyjnie przeprowadzone operacje, mnie osobiście przypominają łatanie starych, rozpadających się, dziurawych spodni. Zaszyjesz dziurę w jednym miejscu, pojawi się w innym, póki całkiem się nie rozsypią. Myślę, że każdy, kto miał do czynienia z podobnymi przypadkami, zgodzi się ze mną. Ile czasu poświęcili oni, borykając się z trapiącymi organizm chorobami, a zdrowia od tego nie przybyło. A czy jest wyjście z takiej sytuacji? Myślę, że jest.

Każdy powinien sam wypracować zupełnie nowe podejście do problemów uzdrawiania własnego organizmu:

1. Przestać obwiniać lekarzy o to, że bezskutecznie go leczą.

2. Zrozumieć, że o swoje zdrowie powinien przede wszystkim troszczyć się sam.

Nauczyć się likwidować bóle głowy nie środkami przeciwbólowymi, które zatruwają wątrobę i cały organizm, a prostymi sposobami usuwającymi ich przyczynę, zrozumieć, że „nafaszerowany" kamieniami woreczek należy oczyścić, a nie wycinać, że choroby serca, układu krążenia lub nadwaga są wynikiem tego, że stał się leniwy i oduczył się poruszać. A bóle żołądka i trzustki są rezultatem tego, że jemy dużo i nie to, czego potrzebuje organizm. Aby Czytelnik prawidłowo zrozumiał moją myśl pragnę podkreślić, że nie namawiam do zajmowania się samoleczeniem.

Lekarze byli, są i będą, ale ich pomoc powinna być potrzebna w ostateczności (wypadek, kolizja itp.). A na co dzień człowiek sam powinien dbać o swoje zdrowie, wiedzieć, jak sobie pomóc. Lekarz powinien być tylko mądrym doradcą.

Wiedzę o tym, jak być zdrowym powinien posiadać każdy człowiek, nie tylko grupa specjalnie przeszkolonych ludzi, ponieważ tylko w pełni zdrowy człowiek może być dobry, mądry i silny. Taki, jakim wymyśliła go natura. Jeśli człowiek chce być zdrowy, powinien kierować się w swoim życiu znaną maksymą Hipokratesa: „Jeśli człowiek sam sobie nie jest lekarzem, to po prostu jest głupcem!".

Najważniejsze, co powinni wiedzieć wszyscy, a szczególnie ci, którzy postanowili odzyskać utracone zdrowie, to to, że nasz organizm jest jednolitym systemem, na który należy zawsze oddziaływać kompleksowo (na „duszę" i „ciało"). Tylko przy takim podejściu można osiągnąć żądane rezultaty. Tylko ten może być zdrów, kto troszczy się o swoją duchową i fizyczną doskonałość. I jeszcze jeden moment, na który chcę zwrócić uwagę – niszczyć swoje zdrowie zaczynamy (z wielu powodów) od wczesnego dzieciństwa. Dlatego powrót do zdrowia nie może być natychmiastowy. Żeby pozbyć się problemów zdrowotnych niekiedy należy „pracować nad sobą" 2–3 lata. A potem trzeba tylko podtrzymywać porządek w swojej głowie i swoim ciele i do końca życia cieszyć się z „prezentu", którym bezinteresownie obdarzyła każdego z nas natura – dobrego zdrowia.

CZY MOŻNA ŻYĆ 150 LAT?

Według ostatnich badań naukowych udowodniono, że organizm człowieka jest jednym wielkim energetycznym systemem, wszystkie komórki którego są między sobą ściśle powiązane.

Każdy z nas posiada trzy rodzaje energii.

Z punktu widzenia zgromadzonej w organizmie energii powinniśmy żyć około 150 lat. Ponieważ w naszym życiu wyróżniamy 22 etapy, które zmieniają się co siedem lat. Teoretycznie w tym czasie komórki naszego organizmu są w stanie całkowicie się zregenerować. Powstaje pytanie dlaczego człowiek nie żyje tak długo? Dlatego, że sam sobie skraca życie.

PRAWDZIWA PRZYCZYNA – TO MY SAMI

Gdy szukamy przyczyn złego samopoczucia, uskarżając się na serce, żołądek, stawy, to uzasadnienie swoich chorób zawsze znajdujemy poza nami samymi. Skłonni jesteśmy pomstować na wszystkich, aby tylko zatuszować swoje lenistwo i nieznajomość podstawowych zasad zdrowego trybu życia! Nigdy jednak nie wymieniamy prawdziwej przyczyny, dlatego, że prawdziwa przyczyna – **to my sami.**

Proszę stanąć przed lustrem i spojrzeć na siebie z boku: kręgosłup przypomina znak zapytania, plecy zgarbione, pierś zapadnięta, brzuch wysunięty do przodu. Podczas marszu z trudem zginają się kolana, ruchy szyi są ograniczone, przy każdym skręcie szyi słychać chrupanie. Po każdym, nawet niewielkim wysiłku bolą nogi i plecy.

Popatrzmy, jak zachowują się ludzie przed świętami. Ociężali od zbędnych kilogramów, z obrzękłymi, opuchniętymi twarzami i rękoma, z nabrzmiałymi żyłami na nogach dźwigają ogromne pudła z ciastami, torby z mięsem, kiełbasą, wędliną i wszystko to w takich ogromnych ilościach! Jeśli spojrzeć na nich z punktu widzenia osoby znającej elementarne zasady biologii, ludzie ci są samobójcami. Nie chcą zrozumieć, że spożywanie wyrobów z białej oczyszczonej mąki prowadzi ich do cukrzycy, mleko powoduje zakłócenia w procesie trawiennym i choroby wrzodowe, biały cukier zakłóca proces przyswajania wapnia i prowadzi do osteoporozy, a smaczna tłusta kiełbasa i wędlina napełnia organizm kwasem moczowym oraz niosącym choroby cholesterolem, które szczelnie „cementują" naczynia krwionośne, stawy i mięśnie, od czego ciało staje się jak z drewna. A po obfitym świątecznym posiłku biedny, nadęty jak balon żołądek uciska leżące w pobliżu organy – od tego serce zaczyna niepowstrzymanie kołatać, potwornie boli głowa. Wtedy ręka sięga po jakąś tabletkę, aby ulżyć w tym stanie „rozbicia".

Dlaczego sięgając po biały ratunkowy krążek nie myślimy o tym, że nawet niewinna tabletka aspiryny, choćby w dawce jak dla dziecka, powoduje mikrokrwotoki w żołądku (3 ml krwi). Jest to niewielka rana, ale ileż takich ranek ma nasz biedny żołądek, który przyjmuje „garściami" tabletki przeciw różnym chorobom?

Dlaczego nikt nie chce pomyśleć o tym, że przyroda nie zakodowała w nas zdolności przetrawienia antybiotyków, leków psychotropowych oraz środków przeciwbólowych, a oprócz tego pozbawiła nas zdolności unieszkodliwiania wszystkiego tego, co zostaje po przyjęciu lekarstw? Obce dla organizmu trujące związki latami pozostają w naszym ciele, wytrącając z normalnego rytmu wszystkie procesy obronne wewnątrz organizmu. A jeżeli ciągle przyjmuje się lekarstwa (a z reguły większość ludzi tak robi), to nieunikniona jest katastrofa zwana lekomanią (uzależnienie od leków). Zjawisko to obserwuje się u prawie 60% chorych. Powiem więcej: 20% w ogóle nie toleruje lekarstw (mam na myśli różne alergie na środki farmakologiczne).

Pragnę, żeby mnie Państwo prawidłowo zrozumieli: nie jestem przeciwnikiem lekarstw, po prostu chcę zwrócić uwagę na to, że każdy lek jest trucizną i przyjmować go należy tylko w skrajnych przypadkach.

Galen, starożytny lekarz, powiedział:

„Człowiek umiera nie od chorób, a od lekarstw". Powiedziane genialnie! Nic dodać, nic ująć.

Na podstawie moich wieloletnich doświadczeń mogę powiedzieć, że jest sześć głównych przyczyn, które niszczą zdrowie człowieka:

1. Brak zrozumienia własnego organizmu.

2. Brak pozytywnego nastawienia do życia.

3. Brak wewnętrznej higieny ciała.

4. Zaniedbany kręgosłup.

5. Nieprawidłowe oddychanie.

6. Nieprawidłowe odżywianie.

Chcę wyraźnie zaznaczyć, że wśród tych przyczyn nie ma ważniejszych i mniej ważnych – tylko kompleksowe ich wyeliminowanie jest drogą do zdrowia.

BRAK ZROZUMIENIA
WŁASNEGO ORGANIZMU

Seneka, rzymski filozof powiedział:

„Ludzie nie umierają – oni zabijają sami siebie".

To genialne powiedzenie ma już dwa tysiące lat, a my do tej pory nie chcemy z tej mądrości skorzystać. Często zastanawiam się dlaczego? Może Seneka powiedział to zbyt cicho, albo nie wszyscy zdążyli zapisać? Jak by to nie było, z pokolenia na pokolenie przekazujemy naszym dzieciom złe nawyki, a razem z nimi również trapiące nas choroby. Żeby się jakoś usprawiedliwić mówimy, że żyjemy w ciężkich czasach i przygniata nas wielki ciężar rozwoju cywilizacyjnego. A może bardziej przygniata nas ogromna masa naszego ciała, lenistwo i absolutna pogarda dla reguł fizjologii, zgodnie z którymi funkcjonuje nasz organizm. Ludzie nauczyli się obsługiwać komputery, rozwiązują skomplikowane ekonomiczne problemy. Inżynier elektronik potrafi znaleźć uszkodzenie w gęstej pajęczynie tysięcy przewodów, a na proste pytanie, ile razy dziennie robi siusiu i w jakim kolorze, odpowiedzieć nie potrafi. Dlatego chcę podkreślić: jeżeli nie nauczycie się obserwować funkcjonowania swojego organizmu, nigdy nie będziecie zdrowi!

Pewnego dnia, siedząc w kawiarni, przyjrzałem się młodej kobiecie. Z twarzy jej wyczytałem, że coś ją niepokoi. Sięgnęła do torebki, wyjęła z niej tabletkę i połknęła ją.

– Co pani jest? – spytałem.

Spróbowała miło się uśmiechnąć i zmęczonym głosem odpowiedziała:

– Znów boli mnie głowa.

Przyjrzałem się jej dokładniej. Oczy zmęczone, lekko zaczerwienione, skóra obsypana ciemnymi plamkami, znamionami, pieprzykami, piegami. Twarz koloru żółtoszarego, jak w przypadku wielu kobiet palących. Pod oczami ciemne kręgi. I głęboka wyraźna zmarszczka między brwiami. Górne powieki lekko opuchnięte, skóra na szyi i na podbródku troszkę zwiotczała, chociaż kobieta była jeszcze młoda, miała jakieś 25–27 lat. Plecy zgarbione, a ruchy szyi i głowy wyraźnie skrępowane.

– Pewnie pracuje pani w biurze?

– Skąd pan wie?

– Wszyscy ci, którzy ciągle siedzą przy biurku, cierpią na bóle głowy, niskie ciśnienie, choroby nerek, organów płciowych. Szczególnie dotyczy to kobiet. A przyczyną tego jest nieprawidłowe ułożenie ciała podczas wykonywania pracy.

– Czy chce pani dowiedzieć się, skąd na pani ciele pojawiły się znamiona, pieprzyki, piegi?

– Chcę – odpowiedziała ze zdziwieniem.

– Ma pani skrzywiony kręgosłup i chorą wątrobę, to są przyczyny zmian skórnych i bólów głowy. Proszę popatrzeć na swoje buty.

Lekko się zdziwiła i wyciągnęła spod stolika obie nogi.

– Pani obuwie jest zdarte z przodu i w środku, a to oznacza, że ma pani chorą wątrobę.

– Nie rozumiem, co mają choroby do obuwia.

– Bardzo wiele. Po tym, jak ktoś nosi i zużywa obuwie można określić, na co choruje na długo przed tym, gdy ta choroba zostanie ujawniona. Otóż starożytni lekarze dawno wykryli ścisły związek między stopami i chorobami organów wewnętrznych. Chore organy, przykładowo wątroba albo serce, osłabiają nogi, co powoduje zmianę sposobu chodzenia, a więc obuwie zużywa się w specyficzny sposób. Jeśli podeszwa jest zdarta z tyłu i z góry – oznacza to chorobę nerek, z przodu i na zewnątrz – chorobę serca. Pani buty wskazują na chorą wątrobę. Zakłócenia pracy wątroby wpływają na jakość oczyszczania krwi. Krew zanieczyszcza się i ten „brudny" strumień zaczyna przebiegać po całym ciele, docierając do normalnie funkcjonujących organów i powodując ich schorzenia. Pomiędzy wątrobą i skórą istnieje ścisły związek, dlatego też ciemne plamy, pryszcze, pieprzyki, trądzik, brodawki, piegi – to skutek źle pracującej wątroby.

– To ciekawe! – powiedziała z niedowierzaniem. Po czym przełknęła łyk kawy i przygotowała się do dalszego słuchania.

– Którą filiżankę kawy wypiła pani dzisiaj?

– Trzecią lub czwartą. Mam niskie ciśnienie i częste bóle głowy. Jeśli nie wypiję kawy chodzę senna.

– A wie pani, dlaczego? Dlatego, że nerki pani pracują niezbyt dobrze i to jest, między innymi, przyczyną niskiego ciśnienia. Kawa może „otrzeźwić" zaledwie na 15–20 minut, a potem znów jest się sennym i rozbitym. Zbyt duże ilości kawy wymywają z organizmu niezmiernie ważne elementy, takie jak żelazo, magnez i wapń, a papieros, który szczególnie smakuje jako „zakąska" z łykiem kawy, pozbawia organizm niezbędnej witaminy C. Otóż jeżeli chce pani palić z minimalną szkodą dla zdrowia, to po każdym wypalonym papierosie powinna pani wycisnąć i wypić sok z 1 pomarańczy lub cytryny. Jeśli tego nie robimy, z czasem pod oczami pojawiają się ciemne kręgi jako jeden z symptomów anemii. Zaczynają pękać naczynia krwionośne, szczególnie na nogach i twarzy jako oznaka braku w organizmie witaminy C i Mg (magnezu). Z tego, co widzę, lubi pani zaspokajać głód kawą z kanapką.

– Owszem – przyznała. – Kawa zabija u mnie apetyt.

– Z tym też nie mogę się zgodzić. Kawa po prostu jest stymulatorem. Daje energię na bardzo krótki czas i to wszystko. A przyzwyczajenie zaspokajania głodu małą objętością posiłku prowadzi do tego, że nasz układ pokarmowy, a szczególnie jelito grube, przestaje pracować, ponieważ brak mu grubowłóknistego pożywienia i to jest przyczyną częstych zaparć. Zaparcia prowadzą do ciągłego „samozatruwania" organizmu, ponieważ bakterie gnilne, żywiąc się resztkami pokarmu, wydzielają szkodliwe substancje – toksyny (trucizny), które przez jelita przedostają się do krwi. Te trucizny są jedną z przyczyn ciągłego zmęczenia, bólów głowy, bezsenności i stanów nerwowych.

– Przyznam się panu, że czasami jedna tabletka mi nie wystarcza, taki ten ból jest uporczywy – powiedziała i połknęła następną pigułkę.

– I dlaczego pani się truje, przecież każda tabletka to trucizna! Nawet jeśli ból głowy przejdzie pani dzisiaj, to co będzie jutro lub za miesiąc? Tak będzie pani zatruwać swój organizm.

– A co mam robić w takiej sytuacji?

– Sposobów na zlikwidowanie bólów głowy bez tabletek jest dość dużo. Proszę położyć prawą rękę na czoło, mocno przycisnąć i spróbować pocierać czołem o rękę z lewej strony na prawą 20 razy, a potem drugą ręką. I tak kilka razy, po czym przycisnąć kciukami i wskazującymi palcami swoich rąk płatki uszne i mocno, aż do bólu masować 3–5 minut. Niech pani to zrobi.

Te nieskomplikowane zabiegi wymagały tylko 5 minut, po czym spytałem:

– No i jak?

– Przeszło – odpowiedziała, sama sobie nie wierząc. – A co jeszcze może pan powiedzieć o moim zdrowiu?

– Ma pani katar, oddycha pani przez usta i dlatego często boli panią gardło, oskrzela i płuca. I to wszystko przez to, że przywykła pani spać na miękkiej pościeli i miękkiej poduszce.

Moja rozmówczyni siedziała ze zdziwionymi oczami i szeroko otwartymi ustami.

– To naprawdę smutne, tyle lat żyję i nic nie wiem o swoim organizmie. Niech mi pan powie, co mam robić? – spytała z zakłopotaniem.

– Zmienić dotychczasowy tryb życia i, przede wszystkim, zlikwidować zaparcia, poprawić pracę jelit i wątroby, doprowadzić do porządku kręgosłup. I wreszcie zacząć jeść to, co jest zdrowe, a nie to, co pani lubi! I jeszcze zrozumieć jedną bardzo istotną rzecz – że pani zdrowie jest w pani rękach.

Naukowo stwierdzono, że 15% zdrowia człowiek dziedziczy od rodziców, 15% mogą zwrócić lekarze, a natomiast *70% jest uzależnione od jego trybu życia.*

TAJEMNICA ZMARSZCZEK

Większość ludzi, starzejąc się, coraz rzadziej przegląda się w lustrze. Trudno pogodzić się z tym, że niegdyś duże piękne oczy zrobiły się małe od zwisających, obrzmiałych powiek, a wyraźne fałdy (worki pod oczami) w kształcie półksiężyca nadają twarzy wygląd starczy i nieszczęśliwy.

Och, jak się nie chcę starzeć! – myślimy z goryczą, zauważając na twarzy i ciele coraz to nowe i nowe zmarszczki. Nie pomylę się, jeśli powiem, że każdy nie raz, stojąc w zadumie przed lustrem, zadawał sobie pytanie: „Dlaczego się starzeję?". Ale myślę, że nie wszyscy do końca zdają, sobie sprawę z tego, że nasze odbicie w lustrze jest odbiciem naszego sposobu życia. I jak nie próbowalibyśmy zatuszować zbliżającą się starość drogimi kremami i nowoczesnymi kosmetykami, nasze ciało nie może kłamać. Każda zmarszczka, zabarwienia skóry, blask oczu i włosów, stan paznokci, chód i nawet sposób pisania są odzwierciedleniem stanu naszych organów wewnętrznych. Na przykład, jeśli człowiekowi dokuczają wrzody żołądka lub dwunastnicy, chodzi zgarbiony, ma bladą, twarz i brązowe cienie pod oczami – charakterystyczne symptomy anemii. A zbielały koniuszek nosa sygnalizuje proces owrzodzenia układu pokarmowego. Głęboka pionowa bruzda między brwiami jakby daje znać jej posiadaczowi, że mało bywa na świeżym powietrzu i z tego powodu cierpi na silne bóle głowy.

Wielki Hermes powiedział, że wszystko, co pochodzi z wnętrza organizmu, wyraźnie widać na zewnątrz! A to znaczy, że worki pod oczami wcale nie są atrybutem starzejącego się ciała.

Przyczyny ich pojawienia trzeba szukać w złej pracy nerek, pęcherza moczowego lub serca. Z kolei wiszące „torby" nad górnymi powiekami, to nie rezultat bezsennych nocy, jak zwykło myśleć wielu, a ewidentny przykład zakłócenia normalnej pracy układu krążenia. Od niepamiętnych czasów ludzie dążą do wyciągnięcia wniosków na temat niedostępnego dla oka wewnętrznego stanu organizmu na podstawie widocznych oznak zewnętrznych. Chińczycy jako pierwsi nauczyli się rozpoznawać choroby na podstawie zmarszczek na twarzy. Mistrzowie Siań Min (tak nazywała się sztuka diagnozowania z twarzy) przekazywali swoje doświadczenie tylko wybranym. Kto wie, czy jeśli ich wiedza stałaby się własnością wielu, to zdrowie całej ludzkości wyglądałoby dziś zupełnie inaczej.

Po co znać „tajemnicę" swoich zmarszczek, jeśli istnieje nowoczesna aparatura diagnostyczna? – ze zdziwieniem może spytać czytelnik. Nie chciałbym bardzo, aby czytelnik wyrobił sobie o mnie fałszywe pojęcie jako o przeciwniku postępu naukowo-technicznego. Jednak dość często wielu ludzi narzeka na fatalny stan swojego samopoczucia przy dobrych wynikach analiz czy, na odwrót, przeprowadzone przypadkowo rutynowe badania, przy dobrym samopoczuciu, informują o poważnym zagrożeniu zdrowia. A jak często bywamy zupełnie oszołomieni wiadomością, że nasz dobry przyjaciel, który nigdy nie skarżył się na zdrowie, nieoczekiwanie zmarł. Podobne zjawiska tłumaczę tym, że życie każdego człowieka to ciągła walka z chorobą. Spróbujcie wziąć popularną encyklopedię medyczną i na podstawie symptomów, które występują u was, określić, na co jesteście chorzy. Przynajmniej ponad 50% symptomów chorób znajdziecie u siebie, ale to wcale nie znaczy, że jesteście chorzy.

Kiedy wyobrazimy sobie nasze codzienne samopoczucie jako wagę, na jednej szali której znajduje się zdrowie, a na drugiej choroby, to stanie się zrozumiałe, dlaczego jednego dnia czujemy się dobrze, jeśli w przeddzień dużo śmialiśmy się, odczuwaliśmy pozytywne emocje, byliśmy w ruchu, jedliśmy z umiarem itp. Wszystko to spocznie jako „pozytywny ładunek" na szali zdrowia i ta szala przeważy. Innego zaś dnia, po bezsennej lub źle przespanej nocy, po obfitym posiłku przed snem, kłótni z bliskimi lub kolegami z pracy itp. dodamy „ciężaru" na szali chorób, na skutek czego równowaga zostanie znów zachwiana. I tak oto „waga" naszego samopoczucia waha się z dnia na dzień w zależności od tego, jakiego ładunku na szalach jest więcej zdrowia, czy chorób.

Nawiasem mówiąc, wiele wyników analiz, czy będą one dobre, czy złe, jest wskaźnikiem naszego samopoczucia w tym momencie, w którym były one robione. A wyniki te w dużej mierze zależą od tego, co w ostatnich dniach jedliśmy, piliśmy, jakie stresy przeżywaliśmy, jak spaliśmy, jaka była pogoda itd. Jeśli dogłębniej spróbujemy wyjaśnić, dlaczego analizy w większości przypadków nie odzwierciedlają prawdziwego obrazu naszego samopoczucia, musimy zwrócić się do źródeł starożytnej chińskiej medycyny, która uważa, że wszystkie procesy zachodzące w organizmie związane są z cyrkulacją, energii „Czi" (energii, której współczesne metody diagnostyki nie potrafią zbadać i dlatego nie mogą naukowo potwierdzić jej istnienia). Tak już, niestety, przyjęte jest w świecie naukowym – jeżeli pewnych zjawisk nauka nie jest w stanie wytłumaczyć, to znaczy, że one nie istnieją.

CZYM JEST ENERGIA „CZI"?

Starożytne traktaty medycyny Wschodu uczą nas następujących rzeczy: W ciele każdego człowieka są trzy rodzaje energii. Pierwszą „Czi" otrzymuje on od Słońca, planet i powietrza. Dzięki tej energii nasze ciało ma stały kształt, przyciągane jest do ziemi. Druga „Czi" – energia dziedziczna, otrzymana od przodków – określa długość naszego życia i to, jak wyglądamy. Oprócz tego określa ona konkretne kolory organów naszego ciała. Trzecią energię „Czi" otrzymujemy z pożywienia. Ta energia utrzymuje stałą temperaturę naszego ciała. Wszystkie te rodzaje energii cyrkulują w naszym ciele po 72 niewidzialnych dla oka kanałach, przypominających układ krwionośny. 72 kanały energetyczne łączą się w 12 podwójnych południków. Każdy południk na wyjściowe powierzchnie ciała, co nazywamy punktami akupunktury lub akupresury. Tych punktów jest około 1600. Zarówno nasze choroby i zdrowie, jak i długowieczność zależą od tego, jakie przeszkody powstają podczas cyrkulacji energii życiowej „Czi" w 12 podwójnych południkach. Przy tym cyrkulacja energii podporządkowana jest określonemu rytmowi. W każdym południku energia znajduje się nie dłużej niż 2 godziny, po czym przechodzi do innego południka. Obieg energii zaczyna się w południku płuc, ponieważ poprzez narządy oddechowe człowiek jest w ciągłym kontakcie z otaczającym nas powietrzem, które jest najważniejszym źródłem energii. Właśnie dlatego każdy przychodzący na świat zaczyna swoje życie od pierwszego wdechu (krzyk rodzącego się dziecka). I dlatego też jakiekolwiek komplikacje przy narodzinach (urazy okołoporodowe, które związane są z blokowaniem dostępu powietrza – tlenu) prowadzą do zakłóceń funkcjonowania organizmu (przeważnie do końca życia).

W południkach energetycznych wyróżniamy maksima i minima energii. Okresy maksimum i minimum zmieniają się co 12 godzin. N a przykład, w ciągu doby maksimum energii obserwujemy w jelicie grubym w godzinach 5–7 rano, w żołądku od 7 do 9, w sercu od 11 do 13, w nerkach od 17 do 19, a w wątrobie od 1 do 3 w nocy. Biorąc to pod uwagę, najlepszym czasem dla badań żołądka są godziny 7–9 rano, serca 11–13, nerek – 17–1, a wątroby – 1–3 w nocy. Jesteśmy nauczeni robić badania zgodnie z trybem pracy instytucji medycznych, a nie z trybem pracy narządów naszego ciała (stąd często błędne wyniki!). W analogiczny sposób przyjmujemy lekarstwa, przeważnie co 8 godzin a dlaczego? Jaki sens ma przyjmowanie lekarstwa na wątrobę w ciągu całego dnia, jeśli wątroba zareaguje na nie o godz. 13–15? Czy nie od tego tak wielu ludzi nie znosi lekarstw i cierpi na związane z nimi alergie? Jaka różnica, kiedy przyjąć lekarstwo, i tak się rozpuści i dostanie się do krwi, zaoponuje nastawiony sceptycznie Czytelnik. Różnica jest, i to bardzo duża. Spróbujcie poczuć aromat róż, podchodząc do klombu o 11 wieczorem (kiedy pąki zamknęły się)! Odniesiemy wrażenie, że kwiaty wcale nie są żywe. Natomiast rano, po wschodzie słońca, kiedy na delikatnych rozwiniętych płatkach błyszczą kropelki rosy – jaki wspaniały poczujemy zapach!

Domyśliliście się chyba, do czego zmierzam! I słusznie. Wszystko w świecie żyje według biorytmów natury i organizm człowieka nie jest wyjątkiem. I dlatego, zgodnie z prawem zmiennej energii, wskazane jest spożywać dwa posiłki dziennie z przerwą 12 godzin i mieć dwa wypróżnienia też z odstępem 12 godzin. Przy takim trybie obciążenia układu pokarmowego i odciążenia jelita grubego w naszym organizmie nie będzie odkładać się tłuszcz i „toksyny", które w końcowym rezultacie skazują nasz organizm na choroby, starość i śmierć.

Ostatnio, w związku z dużą ilością preparatów leczniczych, lekarze zaczęli napotykać określone trudności. Jeśli choremu poleca się kilka leków na różne choroby, wchodzą one w reakcje między sobą, powodujące nietolerowanie tych leków przez organizm (występowanie różnorodnych wysypek alergicznych, ogólne pogorszenie stanu, skoki ciśnienia itd.).

Jeśli obserwujemy u chorego podobne objawy, radziłbym skorzystać z podanej niżej tabeli. Wtedy zamiast reakcji szkodliwych dla organizmu, można uzyskać całkiem odwrotny, pozytywny efekt.

W proponowanej tabeli wskazano najkorzystniejszy czas przyjmowania lekarstw, z uwzględnieniem zmian energii w ciągu doby w życiowo ważnych narządach naszego ciała.

Z tabeli wynika, że lekarstwa na wrzody dwunastnicy najlepiej przyjmować w czasie między godziną pierwszą a trzecią po południu, na serce – między jedenastą a pierwszą w nocy, a na nerki – między piątą a siódmą wieczorem itd.

Nauka o energii „Czi" jest tak ciekawa, że być może w przyszłości poświęcę jej całą książkę, a na razie postaram się opowiedzieć wam tylko to, co powinniście wiedzieć.

Tabela 1.

Chory narząd	Godziny najwyższej aktywności organizmu	Czas korzystny dla przyjmowania leków
Płuca	3–5	15–17
Jelito grube	5–7	17–19
Trzustka, śledziona	9–11	21–23
Serce	11–13	23–1
Jelito cienkie	13–15	1–3
Pęcherz moczowy	15–17	3–5
Nerki	17–19	5–7
Układ krwionośny, funkcje płciowe	19–21	7–9
Produkcja ciepła	21–23	9–11
Pęcherzyk żółciowy	21–1	11–13
Wątroba	1–3	13–15

A zatem, pierwsza energia „Czi" (od Słońca) ze względu na siłę swojego oddziaływania, jest najmocniejsza. Można się o tym dokładnie przekonać. Przypomnijcie sobie, zimą podczas silnego mrozu, kiedy wyszliście na dwór nawet po sytym obiedzie, odczuwaliście zimno. Ale kiedy wyszło słońce i jego promienie padły tylko na waszą twarz i ręce, w całym ciele momentalnie robiło się ciepło. Energia, którą otrzymujemy od słońca natychmiast „ładuje akumulator" naszego organizmu.

Wiele osób popełnia błąd myśląc, że podstawową energię uzyskują z pożywienia. Jeszcze raz pragnę podkreślić, że energię na podstawowe procesy życiowe uzyskujemy ze słońca i powietrza.

Nasze „zmęczenie wiosenne" można, między innymi, wytłumaczyć tym, że w okresie zimowym brakuje organizmowi promieni słonecznych, i dlatego, „jak by człowieka nie karmić", na wiosnę jego organizm jest słaby i podatny na choroby. Energia, którą otrzymujemy z pożywienia nie może zrekompensować strat energetycznych. Aby zachować siły i być energicznym należy zimą i wiosną przebywać na powietrzu co najmniej 2 godziny na dobę. I przy każdej okazji, kiedy wyjdzie słońce, podstawiać pod jego promienie dłonie.

Druga energia „Czi", którą otrzymujemy od rodziców, jest wyznacznikiem naszego wyglądu. Im mniej istnieje przeszkód dla cyrkulacji tej energii w organizmie, tym młodziej wyglądamy i dłużej żyjemy. Zakłócenia normalnego przepływu tej energii w organizmie prowadzi do powstawania na ciele zmarszczek, zabarwień skóry i dlatego dokładna obserwacja zmarszczek na ciele i innych cech naszego wyglądu pozwoli określić, w jakich narządach wewnętrznych następują procesy starzenia, a z nimi i choroby.

Myślę, że wszystko to wyjaśnia czytelnikowi, dlaczego jedno uważne spojrzenie w lustro może opowiedzieć o stanie naszego zdrowia dużo więcej, niż wielodniowe i badania medyczne.

Mnie osobiście patofizjognomika (diagnostyka oparta na oznakach zewnętrznych) zawsze bezbłędnie informowała, z powodu jakich dolegliwości człowiek cierpi. Wartość tej diagnostyki polega na tym, że każdy proces patologiczny przebiegający w naszym organizmie widać o wiele wcześniej (czasem o kilkadziesiąt lat), niż wykryją go nowoczesne badania. Pierwszy z brzegu przykład: Na podstawie kształtu zewnętrznego brzegu ucha można określić możliwe wady kręgosłupa. Ponieważ kształt małżowiny usznej z wiekiem nie ulega zmianie, powstaje możliwość przewidzenia, jakie schorzenia będzie mieć dziecko, kiedy dorośnie.

Jeśli każda mama znałaby chociaż podstawowe zasady takiej diagnostyki, to mogłaby ustrzec swoje dziecko przed uciążliwymi, i czasem bolesnymi badaniami z powodu wad wzroku, słuchu, narządów oddechowych itd., stosując niezbędne środki profilaktyczne. **Aby każdy mógł określić swoje dolegliwości i przyczyny ich powstania przede wszystkim należy zrozumieć!!!** treść moich książek *Jak żyć długo i zdrowo*, *Uleczyć nieuleczalne* oraz niektóre sposoby diagnostyki, opisane w niniejszej książce.

CZYM JEST SPOJRZENIE DIAGNOSTYCZNE?

Jeśli chcemy dowiedzieć się, jaki jest stan naszego zdrowia lub zdrowia naszych krewnych i bliskich, musimy wypracować u siebie „spojrzenie diagnostyczne". W tym celu należy wiedzieć, że:

1. Obecność tej czy innej cechy nie świadczy jeszcze o chorobie, ale wskazuje już na skłonności do niej. Jeśli nie podejmiemy środków w celu likwidacji tej cechy, to za kilka, a może kilkadziesiąt lat schorzenie to „rozkwitnie" z całą mocą.

2. Jeśli kilka oznak wskazuje na obecność określonego schorzenia, to ma ono rzeczywiście miejsce nawet wtedy, jeśli analizy zupełnie go nie wykazują. Myślę, że każdemu w życiu zdarzyło się zauważyć pomyłkę w podliczeniach kalkulatora czy komputera i dlatego pamiętajmy, że to tylko elektroniczne urządzenia, „mądrość" których w porównaniu z mądrością natury jest zbyt niedoskonała.

3. Każdy zauważony przez was symptom choroby powinien być natychmiastowym sygnałem do zmiany poprzedniego trybu życia. Przy pomocy posiadanego przez was doświadczenia, wiedzy i podanych przeze mnie kuracji, przepisów i receptur spróbujcie zlikwidować występujące objawy niedomagań.

WYGLĄD – LUSTRO ZDROWIA

Po przeczytaniu tego rozdziału zrozumiecie, o jakich „tajnych" procesach wewnątrz organizmu mogą opowiedzieć język, oczy, wargi, włosy skóra itp. Chociaż organizm ludzki jest jednolitym, wzajemnie powiązanym systemem, dla wygody samodiagnostyki będę oddzielnie rozpatrywać cechy charakterystyczne poszczególnych części naszego ciała. W niniejszym rozdziale będą opisane tylko oznaki zewnętrzne, które świadczą o skłonnościach do tej lub innej choroby.

Głowa (kształt głowy)

Kształt głowy w niektórych przypadkach jest wyznacznikiem sił życiowych. Ludzie, którzy mają „ściętą", prawie płaską potylicę, powinni zdawać sobie sprawę z tego, że natura nie obdarzyła ich dobrym zdrowiem. Powinni ciągle troszczyć się o wzmocnienie swojej kondycji, stosując najróżnorodniejsze kompleksowo uzdrawiające metody. Najczęstsze dolegliwości ludzi ze „ściętą" potylicą to: ciągłe uczucie słabości, zakłócenia krążenia, migrenowe bóle głowy, bóle wątroby i układu pokarmowego.

Włosy

Stan włosów jest wykładnikiem naszego samopoczucia.

Jeśli włosy stają się nieposłuszne, nie układają się we fryzurę, szybko się przetłuszczają, są zbyt suche, łamliwe, to znaczy, że w organizmie jest coś nie w porządku. Zwykle problemy z włosami pojawiają się przy niedostatecznej zdolności filtracyjnej wątroby, braku witamin, makro- i mikroelementów.

Oznaki zewnętrzne	Przyczyny ich powstania
Wypadanie włosów Powolny wzrost włosów Rozdwajanie włosów	Nadczynność tarczycy Osłabienie systemu nerwowego Nieprawidłowe żywienie Zakłócenie funkcji nerek
Pojawienie się martwych włosów	Anemia
Posiwienie większej części włosów Nagłe ściemnienie włosów	Zła praca nerek Przesunięcie kręgów szyjnych Schorzenie pęcherzyka żółciowego – natychmiast zwrócić się do lekarza! Zakłócenie krążenia, zbyt duże zużycie soli, przeciążenie organizmu
Powstawanie łysiny lub łupieżu	Nadmierna konsumpcja tłuszczu, cukru, kawy, soli, produktów mlecznych

Kilka słów dla tych, którzy łysieją. W książce *Uleczyć nieuleczalne* dokładnie opisałem przyczyny łysienia i sposoby walki z wypadaniem włosów. Sądząc po otrzymanych od czytelników listach, nie wszyscy gotowi są podjąć walkę z „gwałtowną ucieczką włosów z rodzonej głowy". Wiele osób prosi o prostsze sposoby zatrzymania czupryny. Muszę wszystkich rozczarować. Jeśli chcecie zachować włosy, trzeba o nie „walczyć". Ale jeśli nie starcza na to sił i czasu, pocieszyć mogę tylko jednym. Najważniejsze – nie martwcie się! Pamiętajcie, że „armia" łysiejących liczy miliony ludzi na całym świecie. Radzę – łysiejcie z godnością. Nie trzeba wstydliwie zaczesywać łysiny specjalnie w tym celu wyhodowanym kosmykiem włosów. Im mniej uwagi będziecie zwracać na swoją łysinę, tym mniejszą uwagę będzie jej poświęcać otoczenie. A propos, jeszcze pocieszająca nowość- otóż francuscy socjologowie w trakcie badań ustalili, że wiele kobiet uważa łysych mężczyzn za przyjemnych i sympatycznych i w wyniku tego podświadomie z nimi sympatyzują. Nie zadręczajcie się więc na próżno z powodu łysienia. Ostatecznie ważne jest nie to, co na głowie, a to, co wewnątrz niej!

Czoło

Patrząc na czoło, należy przede wszystkim zwracać uwagę na zmarszczki.

O czym jeszcze należy wiedzieć, prowadząc diagnostykę na podstawie czoła? Jeśli na czole, trochę powyżej nasady nosa, tworzą się zmarszczki w kształcie krzyża, to nie jest wykluczone poważne schorzenie kręgosłupa. Oprócz tego zmarszczki te wskazują również na skłonność do bólów migrenowych, których przyczyną jest zwyrodnienie kręgów szyjnych. Kiedy zmarszczki na czole są przerywane, faliste, to taki człowiek łatwo daje się wyprowadzić z równowagi, mogą go złamać udręki duchowe, jest skłonny do depresji z powodu niezrównoważonego systemu nerwowego. Jeśli na czole wyraźnie widać ciągłe, krzyżujące się zmarszczki, mamy do czynienia z silną osobowością, która rzadko choruje.

Oznaki zewnętrzne	Przyczyny ich powstania
Gruba skóra na czole, pocięta głębokimi zmarszczkami	Osłabione nerki, podwyższona zawartość płynu w organizmie
Zmarszczki tylko z jednej strony czoła	Bóle głowy
Pionowe i poprzeczne zmarszczki na czole	Zbyt duże spożycie pożywienia białkowego i mlecznego
Obecność brązowych plam	Słaba wątroba. Zapalenie przewodów żółciowych

Oczy

W oczach widać nie tylko rozum i inteligencję człowieka, ale również poziom jego sił witalnych.

Oczy są nie tylko odbiciem stanu naszego zdrowia, mogą one też coś powiedzieć o naszym charakterze.

Oczy zielone – należą do ludzi wrażliwych i delikatnych. Ludzie o zielonych oczach są niezawodni. Ale zielonookim zawsze brakuje miłości. Jednak temu, kto ich pokocha, odpowiedzą bezgranicznym oddaniem.

Oczy niebieskie – nie szukajcie w nich marzycielstwa i naiwności. Ludzie z niebieskimi oczami mają silną wolę, dążą do określonego celu i dobrze wiedzą, czego chcą.

Oczy czarne – oznaka natury namiętnej. Już jeśli czegoś zechcą, nic nie powstrzyma ich pragnień. Szczególnie w sprawach miłosnych.

Oczy szare – oznaka dociekliwości. Tacy ludzie mają powodzenie w miłości i w innych dziedzinach życia.

Oczy piwne:

Jasnopiwne – należą do człowieka rozsądnego, pragmatyka.

Ciemnopiwne – charakterystyczne dla ludzi o wrażliwym temperamencie, piwnoocy nie zawsze wiedzą, czego tak naprawdę chcą i, tym bardziej, nie wiedzą, jaką drogą osiągnąć to, czego chcą. Z tego powodu charakteryzuje ich nadmierny temperament, często są wybuchowi.

O czym mogą „opowiedzieć" oczy

Oznaki zewnętrzne	Przyczyny ich powstania
Oczy mętne	Infekcja w organizmie
Oczy zaczerwienione	Zapalenie spojówek, przeziębienia
Oczy zapadnięte	Wycieńczenie organizmu
Matowe spojrzenie	Schorzenia serca
Drżenie oczu	Skleroza
Brak zdolności płakania	Niedobór witaminy A
Częste mruganie	Wegetatywno~naczyniowe zaburzenie napięcia
Czerwone żyłki w oczach	Zakłócenie krążenia
Białkówka ma żółte zabarwienie	Zakłócenie funkcji wątroby
Okolice oczu mają żółtawe zabarwienie	Schorzenia wątroby, pęcherzyka żółciowęgo
Okolice oczu mają ciemnobrązowe zabarwienie	Osłabienie systemu nerwowego
Okolice oczu mają brązowe zabarwienie	Schorzenia wątroby, zaparcia
Okolice oczu mają bladoróżowe zabarwienie	Schorzenia pęcherza moczowego, u mężczyzn – prostaty
Podkrążone oczy	Wycieńczenie organizmu, anemia

Brwi. Wykładnik pracy układu hormonalnego w organizmie.

Oznaki zewnętrzne	Przyczyny ich powstania
Gęste brwi u mężczyzn	Silna wala, dobry bilans hormonalny
Gęste brwi u kobiet	Wczesny okres przekwitania, zakłócenia funkcji gruczołów płciowych
Rzadkie brwi u mężczyzn	Zakłócenie funkcji gruczołów płciowych
Rzadkie brwi u kobiet	Bolesne menstruacje, niedabór estragenów
Zmarszczka między brwiami	Chroniczne bóle głowy
Brwi zrośnięte	Zakłócenie mózgowego krążenia krwi, bóle głowy

Powieki

Wskaźnik obciążenia systemu nerwowego. Duże powieki wskazują na normalne funkcjonowanie układu nerwowego. Podłużna zmarszczka, dzieląca górną powiekę – zakłócenie bilansu substancji mineralnych w organizmie, potrzeba snu, nadmierne napięcie organizmu.

O czym mogą „opowiedzieć" powieki

Oznaki zewnętrzne	Przyczyny ich powstania
Powieki górne	
Opuchnięte powieki	Zaburzenia pracy serca
	Zaburzenia układu krążenia
Opuszczone powieki	Choroby serca, przeciążenie serca
Powieki okrągłe, wypukłe	Zwyrodnienie kręgów szyjnych
Odcinki koloru żółtobrązowego typu maleńkich brodawek)	Zaburzenia bilansu hormonalnego, zaburzenia bilansu cholesterolu
Rozdwojona zmarszczka na powiece	Niedociśnienie, wycieńczenie organizmu
Powieki dolne	
Opuchnięte dolne powieki (worki)	Zakłócenie funkcji nerek, zastój moczu
Obrzmienie ma kolor różowosiny	Zakłócenie funkcji pęcherza moczowego
Obrzmienie ma szarozielone zabarwienie	Nadmiar kwasu moczowego
Powieka sina	Niedobór żelaza w organizmie
Powieka brązowa	Anemia
Drganie dolnej powieki	Niedobór magnezu

Nos

Jest wykładnikiem cech szczególnych duchowego życia człowieka. Jeśli jest on odchylony w prawo, to lubicie zajmować się pracą fizyczną, a jeśli w lewo – to wolicie pracę umysłową.

O czym może „opowiedzieć" nos

Oznaki zewnętrzne	Przyczyny ich powstania
Czerwony guzkowaty nos z żyłkami	Wysokie ciśnienie tętnicze, choroby serca
Nos sinoczerwony	Niskie ciśnienie tętnicze
Blady koniec nosa	Nieżyt żołądka, skurcz żołądka, wrzód żołądka
Nos czerwony	Alkoholizm
Nos zabarwiony na brązowo	Schorzenia wątroby
Częste krwotoki z nosa	Schorzenia płuc, zaburzenia funkcji wątroby
Zaczerwienienie skóry wokół nosa	Niedobór magnezu w organizmie
Na skórze wokół nosa wyraźnie widać naczynia krwionośne	Zastój krwi, mało ruchu na świeżym powietrzu, zapalenie żył
Nieduże żyłki na skrzydełkach nosa	Schorzenia wątroby
Skrzydełka nosa mają sinoczerwone zabarwienie	Schorzenia serca
Gruby koniec nosa	Rozszerzony żołądek (amator jedzenia)
Ostry koniec nosa	Żołądek wrażliwy

Rozdwojony koniec nosa	Przewlekłe schorzenia żołądka
Pobielenie końca nosa	Zaburzenia krążenia krwi, choroba wrzodowa
Zbyt krótki nos	Chore serce, zakłócenia pracy narządów krążenia

Usta

Kształt i kolor górnej wargi wskazują na stan krwi. Kształt i kolor dolnej wargi wskazują na stan narządów położonych w dolnej części ciała.

O czym mogą „opowiedzieć" usta

Oznaki zewnętrzne	Przyczyny ich powstania
Nieproporcjonalnie małe usta	Zaburzenia w wydalaniu moczu, często występuje zapalenie pęcherza moczowego. Osoby z takimi ustami często obgryzają paznokcie
Wąskie blade wargi u kobiet	Niedobór hormonów estrogenowych
Bladość warg	Skłonności do choroby wrzodowej
Żółtawe zabarwienie skóry wokół ust	Schorzenia pęcherzyka żółciowego i wątroby
Brązowe zabarwienie skóry wokół ust	Schorzenia układu pokarmowego
Zapach z ust	Próchnica, schorzenia układu pokarmowego, choroby nosa
Wąska górna warga	Skłonności do cukrzycy
Pionowa zmarszczka nad górną wargą	Osłabienie pracy gruczołów płciowych, zaburzenia hormonalne, początek okresu przekwitania

Kąciki ust zabarwione na żółto- brązowy kolor	Chora wątroba
Zajady w kącikach ust	Anemia. Brak żelaza w organizmie
Maleńkie pryszczyki w kącikach ust	Choroby wątroby i pęcherzyka żółciowego
Brzeg dolnej wargi ma na dole zgrubienie	Zapalenie dwunastnicy Przecią- żona wątroba
Bardzo gruba warga dolna	Możliwe schorzenia układu po- karmowego, wątroby
Poprzeczna zmarszczka pod dolną wargą	Hemoroidy
Popękane wargi	Niedobór witamin i substancji mineralnych B_{12}, Ca, Mg

Zęby

Aby mieć zdrowe zęby, należy prawidłowo się odżywiać i prawidłowo czyścić zęby. Powoli przeżuwać pokarm. Nie jeść gorącego i zimnego pożywienia. Regularnie, co 6 miesięcy odbywać wizyty profilaktyczne u stomatologa!

Jak się okazuje, zdrowymi zębami są zęby przypominające kolorem kość słoniową (nie mylić z żółtym kolorem zębów u palaczy). Im ładniejszy jest kształt zębów i im równomierniej są one zabarwione, tym człowiek jest zdrowszy. Zniszczone zęby są sygnałem niezdrowego stanu organizmu. Podstawową przyczyną psucia się zębów w naszych czasach jest przede wszystkim spożywanie produktów poddanych obróbce termicznej (gotowanych), produktów zawierających cukier, spożywanie w dużych ilościach kawy i słodkich napojów, lodów i produktów syntetycznych.

Nieprawidłowe odżywianie, poczynając od wieku dziecięcego, prowadzi do całkowitego rozkładu przemiany Ca (wapna) w organizmie, co w końcowym rezultacie odbije się na stanie kości i zębów (dokładniej – patrz Książka 2, s. 11–31; Książka 1, s. 85–97).

O czym mogą „opowiedzieć" zęby

Oznaki zewnętrzne	Przyczyny ich powstania
Zęby żółte	Zakłócenia pracy wątroby i pęcherzyka żółciowego
Zęby brązowo czarne	Zakłócenia pracy układu pokarmowego, szczególnie jelita grubego
Zęby śnieżnobiałe	Zaburzenia bilansu substancji mineralnych w organizmie
Duże odstępy między zębami	Ogólne osłabienie organizmu
Zgrzytanie zębami	Choroby układu nerwowego, u dzieci obecność pasożytów
Wrażliwość na zimno, słodkie i kwaśne	Obnażenie szyjki zęba
Ból ustający przy nacisku na ząb	Ból zęba pochodzenia neurologicznego

Język

Jest zwierciadłem organizmu. Na podstawie stanu języka możemy bezbłędnie stwierdzić, czy człowiek jest zdrowy, czy chory. Nawet jeśli symptomy choroby zniknęły, a stan języka nie uległ zmianie, możemy z całą pewnością powiedzieć, że choroba nie ustąpiła. Szczególnie charakterystyczne są zmiany na powierzchni języka przy chorobach organów trawienia: żołądka, wątroby, jelit. Większość ludzi ma na języku białoszary nalot, który jest oznaką zaburzenia funkcji trawienia. Nieprawidłowy sposób odżywiania większości ludzi prowadzi do kwasicy (kwaśnego odczynu krwi), co stwarza w organizmie korzystne warunki dla rozwoju chorobotwórczych pasożytów (grzybów, drożdży itp.). Właśnie kwaśny odczyn krwi jest przyczyną wielu chorób układu trawienia, serca, wątroby, układu nerwowego, bólów głowy. Występowanie grzybicznego białoszarego nalotu na języku jest wyraźną oznaką tego, że powinniście natychmiast zmienić tryb życia, przeprowadzić oczyszczenie organizmu, prawidłowo łączyć produkty spo-

żywcze, spożywać więcej artykułów dających zasadowy odczyn krwi – warzyw, owoców, świeżo przygotowanych soków.
Często ludzie latami leczą choroby serca, gdy dolegliwości ser-
cowe powstają na skutek schorzeń wątroby. Kiedy tylko wyle-
czy się schorzenia wątroby, których symptomy można wykryć
na podstawie języka, serce przestaje boleć.

O czym może „opowiedzieć" język

Oznaki zewnętrzne	Przyczyny ich powstania
Czysty, różowy, gładki język bez nalotu	Zdrowe organy trawienia
Biały nalot na 1/3 języka	Nieżyt żołądka
Biały nalot na 1/3 tylnej części języka	Procesy zapalne w układzie pokarmowym
Biały nalot na całej powierzchni języka	Zapalenie jamy ustnej
Żółty nalot na języku	Podrażnienie pęcherzyka żółciowego, hemoroidy
Brązowy nalot na języku	Schorzenia jelit
Czarny nalot na języku	Grzybiczna infekcja błony śluzowej jamy ustnej
Gładki różowy język	Anemia. Niedobór żelaza w organizmie
Suchy język, czerwony pas pośrodku języka	Zapalenie jelit z towarzyszącym wzdęciem brzucha
Krwawoczerwony język pokryty pęknięciami	Nieżyt żołądka
Paski piany z obu stron języka	Reumatyzm
Zaczerwienienie i obrzmienie języka z prawej strony	Zapalenie wątroby i przewodów żółciowych
Język podobny do truskawki, pokryty czerwonymi i białymi plamami	Szkarlatyna
Drżenie języka	Zapalenie mózgu, nerwowość
Pieczenie języka	Anemia, niedobór żelaza w organizmie

| Suchy popękany język
Blada dolna strona języka
Żółta dolna stroną języka | Możliwa cukrzyca
Niedobór witamin
Choroby wątroby |

Ucho

Odzwierciedla twórcze siły człowieka. Duże uszy ma człowiek dążący do samodoskonalenia i wiedzy.

Małe uszy – oznaka lekkomyślności i ograniczoności. Osoby z małymi uszami szybko się męczą.

O czym może „opowiedzieć" ucho

Oznaki zewnętrzne	Przyczyny ich powstania
Uszy czerwone	Zaburzenia funkcji nerek, niedobór żelaza w organizmie
Błyszcząca skóra na uszach	Niedobór Ca w organizmie
Brązowa skóra wokół uszu	Choroby jelit, zaparcia
Wyraźnie zarysowany zewnętrzny brzeg ucha	Zdrowy kręgosłup
Jeśli na brzegu ucha są wgniecenia lub brzeg ucha jest słabo zarysowany, świadczy to o osłabieniu poszczególnych części kręgosłupa	Schorzenia, pojawiające się w wyniku przemieszczenia kręgów patrz książka *Droga do zdrowia*, s. 77

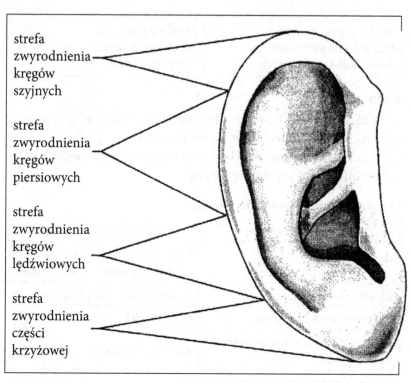

strefa
zwyrodnienia
kręgów
szyjnych

strefa
zwyrodnienia
kręgów
piersiowych

strefa
zwyrodnienia
kręgów
lędźwiowych

strefa
zwyrodnienia
części
krzyżowej

Podbródek

Wykładnik cech charakteru człowieka.

Podbródek wysunięty do przodu – świadectwo silnej woli.

Podbródek wciągnięty do wewnątrz wskazuje na słabą wolę, szybkie męczenie się, skłonność do neurastenii.

Oznaki zewnętrzne	Przyczyny ich powstania
Wgłębienie pośrodku podbródka Zwiotczała tkanka podbródka	Bóle kręgosłupa, hemoroidy Zaburzenia krążenia krwi złe trawienie
Obrzmienie podbródka Odrętwienie odcinka między podbródkiem a dolną wargą	Zaburzenia pracy nerek Możliwy zawał. Natychmiast zwrócić się do lekarza. Przeprowadzić badania serca i naczyń

Szyja

Wykładnik wieku biologicznego.

Szyja krótka – możliwość zaburzeń układu krążenia. Skłonność do udaru. Ludziom z krótką szyją nie wolno dopuścić do zwiększenia wagi ciała. Powinni obserwować poziom cholesterolu. Więcej być w ruchu na świeżym powietrzu.

Szyja długa – skłonność do angin, zapaleń oskrzeli i płuc. Ludzie z długą szyją powinni hartować ciało, szczególnie nos. Starać się oddychać nosem. Nie dopuszczać do katarów.

Oznaki zewnętrzne	Przyczyny ich powstania
Niebieskawe pasy na szyi Tętnica szyjna pulsuje przy spokojnym stanie orgnizmu Zwiotczała skóra pod podbródkiem	Zakłócenie działalności serca Rozszerzenie serca Przeciążenie serca, spowodowane zbędną masą ciała

Skóra

Najważniejszy narząd oddychania. Aby być zdrowym, należy dążyć do maksymalnego kontaktu skóry z powietrzem, wodą i, w granicach rozsądku, ze słońcem.

Oznaki zewnętrzne	Przyczyny ich powstania
Twarz blada	Niedociśnienie, anemia, zaburzenia krążenia
Skóra żółtawa	Zakłócenia funkcji wątroby lub pęcherzyka żółciowego
Skóra czerwona	Niedociśnienie, zaburzenie krążenia krwi
Skóra gładka, jedwabista	Skłonność do reumatyzmu, podagry, schorzenia nerek i pęcherza moczowego
Sucha, szorstka skóra	Skłonność do chorób skórnych
Skóra zimna i wilgotna	Skłonność do schorzeń wątroby
Pomarszczona, starcza skóra twarzy	Schorzenia trzustki, cukrzyca

Skóra twarzy zabarwiona na brązowo	Schorzenie gruczołu nadnerczowego
Zielonkawy kolor twarzy	Pojawia się przy schorzeniach onkologicznych
Nieprzyjemny zapach skóry	Źle zbilansowane, nieprawidłowe żywienie
Sucha, łuszcząca się skóra	Nadmiar szlaków w organizmie
Skóra twarzy na nosie i policzkach pokryta siatką naczyń krwionośnych	Nadmierne spożycie białka zwierzęcego. Nadmiar kwasu moczowego. Chora wątroba. Przejadanie się
Pojawienie się na skórze czerwonych plam	Zbyt duże spożycie białka zwierzęcego i smażonych potraw
Zaskórniki	Nieprawidłowe żywienie, zbyt duże spożycie białka zwierzęcego, skrobi, tłustych potraw. Zanieczyszczenie organizmu szlakami, nadmiar toksyn
Pryszcze	Nieprawidłowe odżywianie. Przewaga potraw mącznych i zawierających cukier, toksyczny stan jelita grubego
Białe zaskórniki (kaszaki)	Uszkodzenie błony śluzowej jamy ustnej
Białe plamy na skórze	Niedobór w organizmie witaminy B_{12} oznaka cukrzycy lub schorzenia tarczycy. Jeśli na waszym ciele pojawiły się białe plamy, koniecznie zwróćcie się do lekarza

Chociaż wszystkie zmiany na skórze związane są ze stanem organów wewnętrznych organizmu, tym niemniej naturalna kosmetyka może wyświadczyć skórze nieocenione usługi. W książce *Uleczyć nieuleczalne* na s. 134–138 pisałem o leczniczej sile ziemniaków. Ten tani i łatwo dostępny artykuł okazuje się bardzo skuteczny w pielęgnacji skóry.

• Jeśli macie suchą skórę z przebarwieniami, spróbujcie przecierać ją świeżym sokiem z ziemniaków. Do dwóch stołowych łyżek świeżego soku dodajcie łyżeczkę od herbaty mleka.

• Jeśli skóra jest tłusta, przebarwienia i piegi przecierajcie mieszanką z 1 stołowej łyżki świeżego soku z ziemniaków i 5 kropel soku z cytryny. Tym, którzy mają rozszerzone naczynia włosowate widoczne na skórze, radzę następującą maseczkę. Wytnijcie w gazie lub cienkim ręczniczku otwory na oczy, nos i usta, zmoczcie gazę sokiem z ziemniaków i połóżcie na twarz na 30 minut. Jeśli zaczerwienienie twarzy związane jest z podwyższonym wydzielaniem żołądka, wypijajcie 3 razy dziennie po jedzeniu pół szklanki świeżo przygotowanego soku z ziemniaków. Dla osób w starszym wieku polecam maski z ziemniaków gotowanych. Ziemniak ugotowany w „mundurku" rozgniećcie i ciepły połóżcie na twarz.

• Jeśli starzejąca się skóra jest zwiotczała i sucha, dodajcie do ziemniaka żółtko jajka. Maseczkę kłaść na 30 minut. Po 30 minutach zdejmijcie maseczkę chusteczką zmoczoną w gorącym mleku, jeśli skóra jest sucha. Jeśli skóra jest tłusta, zmoczcie chusteczkę ciepłą gotowaną wodą. Po zdjęciu maseczki nanieście na twarz krem odżywczy. A potem popatrzcie na siebie w lustro. Na pewno odmłodnieliście.

Skóra i biorytmy

Ponieważ wszystkie procesy fizjologiczne organizmu są w ścisłej zależności od wpływu Słońca i innych planet (mam na myśli rytmy kosmiczne), ludzie urodzeni w różnych porach roku mają charakterystyczne symptomy stanu ich skóry. Mówiąc prościej, dla każdego znaku zodiaku charakterystyczne są określone zmiany skóry.

Baran. Skóra Barana skłonna jest do schorzeń zapalnych i ropnych. Z powodu swojej niecierpliwości Barany często same sobie niszczą twarz. Bardzo często „rzucają się" na każdy pryszczyk jak na najgorszego wroga, bezlitośnie zaczynają go wyciskać, robiąc sobie krzywdę. Baranom poleca się maseczki nawilżające skórę: z pomidorów, truskawek, jabłek, marchwi... Wszystkie owoce i warzywa nadają się, najważniejsze, aby zawierały jak najwięcej witamin A i B.

Byk. Kobiety, urodzone pod znakiem Byka powinny zwracać uwagę przede wszystkim na szyję. To ich słaba strona. I w ogóle skóra Byków skłonna jest do różnych alergii i nadmiernej potliwości. Byki powinny stosować do pielęgnacji skóry nawilżające maski witaminowe: z poziomek, ogórków, bananów, marchwi z dodatkiem oliwki. Dla Byków wskazane są kąpiele z siana, morskiej lub zwykłej soli. Po przyjęciu naprzemiennego prysznica ciało trzeba natrzeć wyciągiem z szałwii, kory dębu lub zielonej herbaty. Szczególną uwagę należy poświęcać skórze szyi. Aby skóra szyi pozostała jak najdłużej młoda, należy raz w tygodniu kłaść na nią naprzemienny kompres. Najpierw gorący na 3 minuty, potem zimny na 1 minutę i tak 2–3 razy. Podczas oglądania telewizji trzeba przyjąć za zasadę wykonywanie następującego zabiegu: wziąć zwykłą łyżkę, lekko posmarować ją ciepłym olejem roślinnym i masować tą łyżką szyję od góry w dół, im dłużej, tym lepiej.

Bliźnięta. Wszystkie problemy, związane z pielęgnacją skóry związane są ze zwiększoną nieufnością Bliźniąt i nieprzestrzeganiem normalnego rytmu życia. Bliźnięta są tak zaangażowane w pracę, że zostaje im bardzo mało czasu, aby dbać o swoje zdrowie. Skóra Bliźniąt jest dość sucha, skłonna do łuszczenia. Szczególną uwagę Bliźnięta powinny poświęcać skórze rąk i ramion. Dla Bliźniąt wskazane są maseczki nawilżające z różnych owoców egzotycznych: kiwi, bananów, odżywcze zawierające jajko, twaróg, drożdże. Myć się najlepiej wodą ziołową, którą dość łatwo przygotować. Do 0,5 litra wrzątku wsypać 1 łyżkę dowolnych ziół, np. szałwii, pokrzywy itp.

Rak. Kobieta Rak woli dbać o siebie bez postronnej pomocy, nie bardzo dowierza gabinetom kosmetycznym. Tym niemniej dla Raków bardzo korzystne są zabiegi fizjoterapeutyczne, a szczególnie masaż. Ich skóra jest bardzo delikatna i wymaga pielęgnacji. Myć się najlepiej naparami mięty, rumianku, kwiatu lipy, tymianku. Rak ma skłonności do alergii i obrzęków, dlatego też dla pielęgnacji skóry twarzy korzystne są kompresy z wywaru z liści lub pąków brzozy. Skórę Raków odmładzają i odżywiają warzywne maseczki z kapusty i ogórka oraz z żytniego chleba.

Lew. Kobieta-Lwica zawsze chce być piękna i robić wrażenie. Nadmierna miłość do słodyczy często odbija się na twarzy w postaci różnych wyprysków. Naczynia krwionośne rozszerzają się, a na twarzy pojawiają się żyłki. W związku ze zwiększoną wrażliwością na promienie ultrafioletowe Lwy powinny z umiarem przebywać na słońcu, najlepiej opalać się w cieniu. Lwy rzadko chorują na alergie i skórę przeważnie mają zdrową. Dla Lwów wskazane są maseczki z ziemniaków, bananów, arbuzów. Do odżywienia skóry najlepsze są kremy zawierające mleko migdałowe i kokosowe.

Panna. Skóra Panny jest odzwierciedleniem stanu jej jelit. Różnorodne wysypki, pryszcze, podrażnienia są wynikiem stanu zapalnego układu pokarmowego lub zaparć. Wszystkie Panny mają bardzo delikatny żołądek i powinny być ostrożne w jedzeniu. Aby Panna zachowała świeżą i młodą skórę, powinna przestrzegać diety wzbogaconej produktami roślinnymi. Dla Panien wskazane są maseczki z jabłek, płatków owsianych, kabaczków. Z zaparciami należy walczyć przy pomocy świeżo przygotowanych soków z buraków i jabłek, zamoczonych na 5–8 godzin suszonych owoców oraz spożywania produktów z kwaśnego mleka.

Waga. Skóra Wag jest bardzo wrażliwa, skłonna do alergii, sucha i szybko się starzeje. Szczególnej uwagi wymaga skóra wokół oczu, gdzie często pojawiają się ciemne kręgi, obrzęki, szczególnie jeśli Wagi denerwują się. Wagom poleca się maseczki nawilżające z poziomek, brzoskwiń, ogórków. A na noc należy wypijać szklankę zimnej wody mineralnej.

Skorpion. Skorpiony często cierpią na różne ropne wysypki, szczególnie na brzegach warg i na nosie. Wskazane są dla nich maseczki nawilżające z jabłek i wiśni oraz odżywcze na bazie twarogu i jaj. Dobrze jest myć się w naparach z liści czarnej porzeczki i mięty. Organizm Skorpionów wykazuje szczególne zapotrzebowanie na witaminy B, C, E.

Strzelec. Skóra Strzelca bywa tłusta, porowata z zielonkawym odcieniem. Dla Strzelców wskazane są maseczki z ogórków, winogron. Myć się należy wywarami z liści czarnej jagody, maliny, pietruszki. Strzelce mają bardzo wrażliwą wątrobą i z tego powodu często cierpią na czyraczność.

Koziorożec. Podstawowymi problemami Koziorożców są: skłonność do alergii, suchość i łuszczenie się skóry, brodawki. Ich skóra wymaga zabiegów tonizujących. Jeśli są problemy ze skórą, to lepiej myć się wodą gotowaną lub mineralną. Maseczki nawilżające z kapusty, liści szpinaku, żółtek jaj. Koziorożce powinny szczególnie uważać na zęby i starać się je czyścić nie szczotką, a wskazującym palcem, nakładając na niego trochę pasty. Taki masaż dziąseł uchroni ich delikatne zęby przed paradontozą.

Wodnik. Skóra Wodnika zwykle nie sprawia mu kłopotów, ale częste stresy i przeciążenie nerwowe mogą być przyczyną pojawienia się na skórze różnorodnych egzem i świerzbiączek Najważniejsze, aby Wodniki nauczyły się kierować swoimi emocjami i częściej się odprężać. Wodnikom zalecane są maseczki nawilżające z pomarańczy, grapefruita, cytryny, arbuza. Ich skóra wykazuje zapotrzebowanie na witaminy D i B.

Ryby. Skóra Ryb jest wrażliwa i często ma skłonności do obrzmień i alergii. Nawilżać skórę najlepiej maseczkami z marchwi, poziomek, ogórków, winogron. Do oczyszczenia skóry wskazane są napary z szałwii, piołunu. Dobry masaż twarzy i całego ciała pozwala Rybom utrzymywać skórę w dobrym stanie.

Bez wątpienia, gwiazdy mają duży wpływ na stan naszej skóry. Ale nie mniejsze znaczenie ma stan układu pokarmowego i jelita grubego. I dlatego, niezależnie od tego pod jaką „gwiazdą" urodziliście się, co jakiś czas oczyszczajcie organizm, szczególnie jelito grube i wątrobę. Inaczej mówiąc, polegaj na gwiazdach, ale sam nie pokpij sprawy.

Jak już wiemy, worki pod oczami to rezultat zaburzeń pracy pęcherza moczowego, nerek i serca. Aby zlikwidować przyczynę ich powstania, należy skierować wysiłki na oczyszczenie tych organów. Ale ponieważ powrót do utraconego zdrowia wymaga czasu, a worków pod oczami chcecie się pozbyć jak najszybciej, spróbujcie zastosować następujące porady:

• Zróbcie kompres z szałwii. Łyżeczkę od herbaty szałwii zalejcie 1/2 szklanki wrzątku, odstawcie na 15 minut. Następnie przecedźcie. Otrzymaną porcję podzielcie na pół. Jedną ostudzoną część wstawcie do lodówki, a drugą pozostawcie ciepłą. Połóżcie się wygodnie i na 10 minut połóżcie na dolne powieki tampony zmoczone ciepłym naparem, a potem (też na 10 minut) – zimnym. Powtórzcie to 2 razy, najlepiej przed snem, kiedy nigdzie się nie spieszycie. Przeprowadźcie 15 zabiegów co drugi dzień. Następnie 1 miesiąc przerwy i znów 15 zabiegów.

• Sałatka z pietruszki. Drobno posiekane liście pietruszki nałożyć na dolne powieki i przykryć namoczonymi w wodzie tamponami na 10 minut. Najlepiej przed snem. Minimalna ilość 15 zabiegów w miesiącu.

• Przygotujcie następujący zestaw: 1/2 ziemniaka zetrzeć na tarce, dodać w równej ilości mąkę pszenną i przegotowane ostudzone mleko. Wszystko wymieszać i położyć na 15 minut na oczy. Następnie opłukać twarz ciepłą wodą (najlepiej mineralną) i nałożyć krem odżywczy na dzień.

W jednym z wielu listów od czytelników napisano: „W ciągu wielu lat nie mogę pozbyć się potliwości rąk i nóg. Czego tylko nie próbowałam – nic nie pomaga. Na tym punkcie mam kompleksy. Staram się nigdzie nie wychodzić, ponieważ od razu zaczynam się denerwować i pocić".

Po pierwsze – należy nauczyć się panować nad swoim systemem nerwowym. W tym celu należy zająć się treningiem psychiki. Po drugie – przestać o tym ciągle myśleć i jeść mniej mięsa. Właśnie jego spożycie daje nieprzyjemny zapach potu. Należy oczyścić organizm i przyzwyczaić skórę do różnic temperatur (naprzemienny prysznic). Kilka konkretnych rad, jak pozbyć się nieprzyjemnego zapachu stóp.

1. Trzeba wziąć świeże liście brzozowe, rozgnieść je i wsunąć między palce. Następnie założyć skarpetki i pochodzić 2–3 godziny, można i więcej.

2. Można nasypać do skarpetek drobno zmieloną w młynku do kawy korę dębową, a potem założyć skarpetki na nogi. Zabieg wykonać na noc. Rano umyć nogi ciepłą wodą i dobrze wytrzeć. Powtórzyć 7 razy co drugi dzień.

3. Można nasypać do skarpetek kwasu bornego w proszku, założyć na nogi i przespać w nich całą noc. Rano umyć nogi zimną wodą i dobrze wytrzeć. Powtórzyć 7 razy co drugi dzień.

4. Codziennie rano i wieczorem podstawiać nogi pod strumień zimnej wody na 5–10 sekund, powtarzać przez 90 dni. Ten nieskomplikowany zabieg można stosować w ciągu całego życia, zniknie wtedy nie tylko potliwość, ale również choroby gardła i serca.

Teraz, kiedy znamy niektóre oznaki zewnętrzne wskazujące na możliwość wystąpienia choroby, powinniśmy dokonać podsumowania. Ponieważ zarówno chorób, jak i ich oznak jest bardzo wiele, rozpatrzmy te, które spotykane są najczęściej.

Choroby	Widoczne oznaki zewnętrzne
Anemia	Bladość twarzy, brązowe zabarwienie dolnej powieki, perłowe zabarwienie białkówki oka, perłowe zabarwienie zębów, bladość małżowin usznych, zajady w kącikach ust, uczucie pieczenia języka, język gładki, czerwony
Nadciśnienie	Czerwony, guzkowaty nos z żyłkami, zrośnięte brwi, zaczerwienienie policzków
Niedociśnienie	Bladość poszczególnych fragmentów policzków, bladość skóry czoła, bladość twarzy, obwisłe powieki

Choroby	Widoczne oznaki zewnętrzne
Bóle głowy	Zrośnięte brwi, zmarszczki z jednej strony czoła, wyraźna zmarszczka między brwiami
Hemoroidy	Zagłębienie pośrodku podbródka, powstanie żółtego nalotu na zębach
Twory hemoroidalne (krwawnicowe) na organach wewnętrznych	Plamy pigmentacyjne na dolnej wardze
Zapalenie wątroby	Żółte białkówki oczu, żółtość skóry, policzki zapadnięte z obu stron, żółte zabarwienie skóry wokół ust, nieznaczne żyłki na skrzydełkach nosa, brązowe zabarwienie skóry wokół oczu, ciągłe występowanie białych plam na paznokciach, zgrubienie dolnego brzegu wargi
Nieżyt żołądka	Biały nalot na środkowej trzeciej części, języka, bladość małżowin nosowych
Cukrzyca	Gładka, sucha dolna warga z sinoczerwonym zabarwieniem, pojawienie martwych włosów, wczesna siwizna
Skłonność do cukrzycy	Suchy język i popękany język, wąska górna warga
Długowieczność	Duże uszy z wyraźnie zarysowanymi płatkami
Trzustka przeciążona na granicy choroby	Pomarszczona skóra twarzy, wąska górna warga, zgrubienia poniżej granicy oczu

Choroby	Widoczne oznaki zewnętrzne
Zapalenie prostaty	Bardzo gruba dolna warga, bladoróżowe zabarwienie skóry wokół oczu
Nadmierne obciążenie tarczycy, mogące doprowadzić do choroby	Wypukłe paznokcie, krótkie brwi, brak bocznych części brwi, częste mruganie, nalot na dolnych powiekach, opuchnięta szyja, wąski grzbiet nosa, górny brzeg ucha zwinięty w rurkę
Osłabienie funkcji gruczołów płciowych u kobiet	Włosy na górnej wardze, zakola na czole u kobiet, gęste, krzaczaste brwi
Zapalenie gruczołów płciowych	Głębokie zmarszczki na szyi, blade płatki uszu, opuchnięta górna warga
Wrażliwy żołądek	Ostry nos
Skurcze żołądka	Garbienie się przy chodzeniu
Schorzenia żołądka	Zmiana kształtu paznokcia na palcu środkowym, pojawienie się pęknięć
Zaparcia	Brązowa skóra wokół oczu
Zaburzenia krążenia krwi	Zbielenie koniuszka nosa, zrośnięte brwi, wczesna siwizna, bladość twarzy, bladość warg, zgrubienie paznokci, „ścięta" potylica
Krew – objawy zastoinowe	Na skórze koło nosa popękane naczynia krwionośne
Mała ilość erytrocytów we krwi	Blada dolna (wewnętrzna) część języka

Choroby	Widoczne oznaki zewnętrzne
Choroby płuc	Oba ramiona cofnięte, zaczerwienienie policzków, długa szyja, częste krwotoki z nosa, wypukłe paznokcie
Bolesne lub rzadkie menstruacje	Cienkie, delikatne brwi
Neuralgia (skłonność do chorób układu nerwowego)	Lewe ramię wyższe niż prawe
Neurastenia	Niespokojne spojrzenie
Niedobór witaminy A	Niezdolność do płaczu, przy wchodzeniu ze światła do ciemnego pomieszczenia utrata zdolności widzenia
Niedobór witaminy B	Obrzmiewanie języka
Niedobór żelaza w organizmie	Zapadłe, sinawe powieki dolne, okresowe pojawianie się białych plam na paznokciach, czerwone uszy częste zajady w kącikach ust
Niedobór wapnia w organizmie	Błyszcząca skóra uszu
Niedobór magnezu	Drżenie dolnej powieki, przypływ energii po godz. 20^{00}, zaczerwienienie skóry koło nosa
Niedobór substancji mineralnych w organizmie	Kruche, łamliwe paznokcie
Niedobór hormonów estrogenowych u kobiet	Cienkie, delikatne brwi
Wyczerpany system nerwowy	Trudności przy wchodzeniu po schodach (szczególnie w młodym wieku)
Zaburzenia przemiany materii	Nalot na dolnych powiekach, białe plamy na paznokciach
Skłonność do otyłości	Okrągłe grube uszy, bardzo grube płatki uszu

Choroby	Widoczne oznaki zewnętrzne
Przeciążenie organizmu, szybkie męczenie się	Małe uszy
Zaburzenia funkcji trawienia	Podłużne bruzdki na paznokciach, w połączeniu z różnymi wypryskami na skórze powstawanie pryszczy, czerwone uszy
Kręgosłup – częste bóle, choroby kręgosłupa	Ścięta potylica, szeroki krok, ciągłe znoszenie na boki przy chodzeniu
Zwyrodnienie kręgów szyjnych	Wyraźna zmarszczka przy prawej brwi
Spadek potencji u mężczyzn	Pionowe zmarszczki przed uchem
Potencja u kobiet – początek okresu przekwitania	Wiele głębokich małych zmarszczek nad górną wargą
Chore nerki	Duża i mięsista górna warga, gruba skóra na czole i głębokie zmarszczki, czerwone uszy, obrzmiałe dolne powieki, długie, wąskie, wypukłe paznokcie, ciągła obecność na paznokciach białych plam, powstawanie worków pod oczami
Choroby i zaburzenia funkcji pęcherzyka żółciowego	Żółte zabarwienie skóry koło ust, pożółknięcie zębów, żółta skóra koło oczu, ciągłe bóle w okolicy prawej łopatki, żółte zabarwienie oczu
Choroby pęcherza moczowego	Obrzmienie dolnych powiek i ich zabarwienie na różowosiny kolor, nieproporcjonalnie mały wzrost
Reumatyzm	Paski piany z obu stron języka

Choroby	Widoczne oznaki zewnętrzne
Skłonność do reumatyzmu	Lewe ramię wyższe niż prawe, na paznokciach wgłębienia w kształcie punktów
Serce – niewydolność i choroby	Woskowe zabarwienie dolnych powiek, obrzmiałe dolne powieki, grube żyły na szyi, zbyt krótka szyja, zbyt krótki nos, trudności przy wchodzeniu po schodach
Skłonności do zawału serca	Pomarszczone płatki uszu! Drętwienie przy nacisku miejsca między dolną wargą i podbródkiem
Skleroza	Na wewnętrznej stronie dłoni wyraźnie występują żyły, przy wyprostowanej dłoni wyraźnie widać zagłębienie
Choroby stawu kolanowego	Niezdolność do schodzenia po schodach
Zakrzepica – powstawanie skrzepów	Na skórze koło nosa wyraźnie widać popękane naczynia krwionośne
Cholesterol – zakłócenie bilansu	Okrągłe wzgórki koloru żółtobrązowego (podobne do maleńkich brodawek) na górnej powiece
Mała ilość energii życiowej	Wąskie pismo
Tracenie na próżno życiowej energii	Szerokie, zamaszyste pismo
Skłonność do epilepsji	Zrośnięte brwi
Wrzód żołądka – skłonność	Wąski, wgłębiony (rozdwojony) koniuszek nosa
Wrzód żołądka	Bóle w lewej łopatce, biały koniuszek nosa

Ramiona

Lewe ramię wyższe niż prawe	Skłonność do reumatyzmu	patrz Reumatyzm
Bóle w prawej łopatce	Schorzenia wątroby, pęcherzyka żółciowego	patrz Choroby wątroby
Bóle w lewej łopatce	Wrzód żołądka	patrz Choroby układu pokarmowego
Oba ramiona uniesione	Zaburzenia pracy płuc	
Oba ramiona wysunięte do przodu	Mała pojemność płuc, skrzywienie odcinka piersiowego kręgosłupa	patrz Kręgosłup
Oba ramiona cofnięte	Zaburzenia oddychania, możliwa astma oskrzelowa	patrz Kręgosłup ćwiczenia oddechowe

Drodzy Czytelnicy, chcę jeszcze raz zwrócić waszą uwagę na to, że niektóre oznaki rozpoczynających się chorób widać na naszym ciele zanim zostaną wykryte w trakcie badań. Dlatego, niezależnie od tego czy jesteście chorzy czy zdrowi, przypatrzcie się sobie uważniej. Tym samym będziecie mogli uchronić się przed nieprzyjemnymi „niespodziankarni", które poważnie mogą nadwątlić wasze zdrowie.

Na zakończenie chciałbym przypomnieć, że ostateczną diagnozę każdej choroby powinien postawić lekarz. Z kolei wasza dokładna obserwacja działania własnego organizmu pomoże lekarzowi trafnie tę diagnozę postawić.

BRAK POZYTYWNEGO NASTAWIENIA DO ŻYCIA

Człowiek jest produktem swojego trybu życia. Inaczej mówiąc, wszystko co jest dobre i złe w naszym życiu – to wynik naszego sposobu myślenia. *Jeśli nasze myśli są pozytywne, to w życiu zazwyczaj czeka nas wszystko co najlepsze, jeśli dominują myśli negatywne – to i życie staje się nieudane i trudne.*

Nasze myśli stanowią nie tylko o naszych powodzeniach i klęskach życiowych, ale także odgrywają znaczącą rolę w naszym zdrowiu. Na przykład, wiele osób uskarża się na bóle głowy, mięśni szyi i pleców. Jaka jest przyczyna tych dolegliwości? Szyja – to symbol miękkości, giętkości, elastyczności podejścia do problemów, umiejętności nich oceny z różnych stron. Ludzie uparci, nie potrafiący pójść na kompromis, pozbawieni umiejętności spojrzenia na sprawę oczami swego oponenta, zawsze będą odczuwać bóle głowy, bóle szyi i pleców, dopóki nie nauczą się traktować cudzej opinii (innego zdania) z większą miłością i zrozumieniem. Koniecznie należy zrozumieć, że każda dolegliwość w naszym ciele ma nie tylko fizyczne, ale również i psychiczne przyczyny. Jeśli człowiek przyzwyczaił się do krytykowania wszystkich i wszystkiego, to zaczynają go boleć stawy i mięśnie; jeśli w człowieku dominuje gniew i nienawiść, to jego organizm jak gdyby się spalał, jest atakowany przez różne infekcje. Długo pamiętana doznana kiedyś krzywda rozkłada, „pożera" ciało i w końcu prowadzi do powstawania nowotworów i rozwoju chorób onkologicznych.

Człowiek, który nieustannie ma poczucie winy również cierpi na różnorodne dolegliwości, które pojawiają się w całym ciele. Nasuwa się jasny wniosek: lepiej jak najszybciej pozbyć się negatywnych myśli kiedy jeszcze jesteśmy zdrowi, niż usiłować wykorzenić je już po pojawieniu się choroby.

Kontrola swoich myśli skierowana, na ciągłe myślenie pozytywne – to droga nie tylko do zdrowia psychicznego, ale również i fizycznego.

Oznacza to, że nasze myśli mogą uczynić nas zdrowymi lub chorymi, młodymi lub starymi.

RADOŚĆ NA STAROŚĆ

„Nie tak straszna jest śmierć, jak straszna jest starość" – mądrość Wschodu.

Na przestrzeni wieków ludzie marzyli o nieśmiertelności i poszukiwali legendarnego eliksiru młodości. Obecnie tym zagadnieniem zajmują się uczeni całego świata.

Wiele osób uważa, że ze starością nie należy walczyć. Starego organizmu nie należy próbować zmieniać, podobnie jak spróchniałego drzewa nie da się ożywić lub odbudować rozpadającą się zmurszałą chatę. Starość należy podtrzymywać, polepszać jej stan, likwidować cierpienia związane z dolegliwościami i pomagać organizmowi zgasnąć bez męczarni.

Chciałabym przedstawić inny pogląd na tę sprawę. Istnieje przekonanie, że natura stworzyła dla nas nienaruszalny porządek: rodzimy się, dorastamy, starzejemy się i w końcu umieramy. Okazuje się jednak, że natura zarządziła inaczej: co sekundę w organizmie człowieka pojawia się sześć milionów nowych krwinek i sześć milionów starych obumiera. W ten sposób odbywa się ciągłe odnawianie organizmu. Powstaje pytanie: dlaczego organizm się starzeje? Właśnie dlatego, że sami tego chcemy. *Wszystko zależy od naszej psychiki, od naszego mózgu, który „nastrajamy" na nieuchronność starzenia się i śmierci.*

STAROŚĆ – TO NASTAWIENIE

Od .pewnego momentu człowiek zaczyna świadomie dzielić swoje życie na etapy: małżeństwo, urodzenie dziecka, oczekiwanie rozpoczęcia menopauzy (u kobiet), przejście na emeryturę itd. Z uwagi na przekonanie, że poszczególne etapy naszego życia *się* zmieniają i nic na to nie poradzimy, jak gdyby sami „programujemy" swój organizm na nadejście starości. Gdy tylko pojawią się pierwsze zmarszczki, wypadają włosy, pojawiają się bóle w stawach, człowiek stawia sobie diagnozę: to dlatego, że się starzeję. To znaczy, że muszę się oszczędzać, gromadzić siły, mniej się ruszać, więcej odpoczywać. Nikt nie myśli o tym, że pojawiające się oznaki starości to stan, w który sami się „wpędziliśmy" złym odżywianiem, lenistwem, brakiem chęci do bycia młodym. Mówiąc obrazowo, przy pomocy psychiki sami siebie zabijamy. Zaczynamy się starzeć – bo sami podświadomie tego chcemy. Przełomowym etapem w naszym życiu jest wiek 40–50 lat. W tym okresie należy szczególnie dbać o czystość i ładny wygląd swojej skóry, włosów, rąk, nóg, paznokci, o figurę, sprawność ruchową stawów, mięśni.

Lekki chód, prosta postawa, elastyczne ciało, wciągnięty brzuch, czyste, bystre oczy – to cechy nie starzejącego się ciała. Błędem, szczególnie u kobiet jest to, że zauważywszy zmarszczki lub fałdy tłuszczowe, coraz rzadziej zaglądają do lustra, starają się nie oglądać własnego odbicia, a podświadomie przez cały czas dręczy je myśl: Czyżbym to była ja? Do czego doprowadziło mnie życie? Jak ja źle wyglądam! Czyżby to już była starość?

Takie myśli prowadzą do zniechęcenia i powodują brak zainteresowania własnym wyglądem. Kobieta przestaje akceptować siebie, zachwycać się sobą i jeśli myśli w ten sposób, to już „zameldowała na stałe" starość w swoim organizmie.

MECHANIZM STARZENIA SIĘ

Starość, to zachwianie równowagi między starymi i młodymi komórkami. Dzieje się tak z dwóch uzależnionych od siebie powodów. Z jednej strony w organizmie „starzeją się" hormony, z drugiej – zaburza się kontakt między hormonem a komórką. Nasz mózg wpływa na komórkę poprzez swojego pośrednika – hormony. Każda komórka ma swoje końcówki – receptory. Jeśli receptory nie reagują na hormony – następuje starzenie się komórki i jej obumieranie. Spróbuję wyjaśnić to zjawisko na prostym, banalnym przykładzie. Przypuśćmy, że telewizor jest naszym organizmem, pilot od niego – to nasz mózg, który może go włączać, wyłączać, zmieniać kanały itd., baterie w pilocie – to hormony, kontakt między pilotem i bateriami – to receptory. Jeśli baterie się zestarzały – źle pracują, niszczą kontakty utleniając się. Całkowicie sprawny układ telewizor – pilot zaczyna funkcjonować, nieprawidłowo, a następnie w ogóle przestaje działać. Ale jeśli się wymieni baterie i oczyści kontakty, to wszystko zaczyna pracować z nową siłą. Coś podobnego zachodzi w naszym organizmie, lecz proces ten jest bardziej skomplikowany.

RECEPTY NA MŁODOŚĆ

Obecnie stworzono hormony nowej generacji, jak się powszechnie twierdzi, bez skutków ubocznych. Można wprowadzić do organizmu sztuczne hormony, ale jak wskazuje praktyka, pozwala to tylko zahamować procesy starzenia. Na dodatek nie wszyscy i nie zawsze, stosując hormony, uzyskują zamierzony efekt. Jak twierdzą uczeni, wykorzystujemy możliwości naszego mózgu tylko w 10%. A to znaczy, że w organizmie każdego z nas są rezerwy, zapasy hormonów, które należy „zmusić" do pracy.

Problem polega na tym, jak wydać im odpowiednie polecenie. Natura postąpiła bardzo mądrze dając człowiekowi pamięć. Wspomnienia budzą w nas emocje, a emocje zmuszają hormony do pracy z nową siłą – a więc i cały organizm. *Znaczy to, że eliksirem młodości są przede wszystkim nasze pozytywne myśli, emocje i uczucia.*

Zupełnie nie ma znaczenia ile mamy lat, zawsze możemy przesunąć wskazówki naszego „zegara biologicznego" ze starości na młodość. W tym celu należy nauczać się „wybierać" z pokładów pamięci wspomnienia o młodości, o pierwszej sympatii, o wszystkich miłych chwilach, które przeżyliśmy. Przecież dla człowieka (szczególnie dla kobiet) nie ma lepszego lekarstwa na choroby jak miłość!

Nieprzypadkowo dawniej kobiety przechowywały swoją suknię ślubną i od czasu do czasu wyjmowały, żeby się nią pozachwycać, a czasami nawet ubierały się w nią. Regularnie należy przeglądać zdjęcia, na których zostaliśmy utrwaleni w młodym wieku, częściej spotykać się z przyjaciółmi z młodości, ze szkoły. Takie spotkania dla naszego organizmu, naszej psychiki są swoistym eliksirem młodości. *Stałe nastawienie psychiczne na młodość i zdrowie nie tylko hamuje nadejście starości, ale może przywrócić nam młodość.*

• Korzystając z podanych niżej rad możemy, zdobyć zdrowie, zatrzymać nadejście starości.

1. Kochaj siebie takim jakim jesteś.
2. Nigdy nikomu nie zazdrość.
3. Jeśli się sobie nie podobasz – zmień się.
4. Złość, obraza, krytyka siebie i innych, to najbardziej szkodliwe emocje dla zdrowia.
5. Jeśli coś postanowiłeś – działaj.
6. Pomagaj biednym, chorym, starym i czyń to z radością.
7. Nigdy nie myśl o chorobach, starości, śmierci.
8. Najlepszym lekarstwem na choroby i starość jest miłość.
9. Twoimi wrogami są: obżarstwo, chciwość, uleganie własnym słabościom.
10. Troski prowadzą do zejścia z tego świata. Westchnienia niszczą ciało człowieka.
11. Największym grzechem jest strach i podłość.
12. Najlepszym dniem – dzień dzisiejszy.
13. Najlepsze miasto to to, w którym ci się najlepiej powodzi.

14. Najlepsza praca – ta, którą lubisz.
15. Największy błąd – utrata nadziei.
16. Największy prezent, który możesz podarować lub otrzymać, to miłość.
17. Największe bogactwo – zdrowie.

MYŚL, KTÓRA LECZY...

• Metoda samoleczenia

Natura w każdym z nas umieściła cudowną, znakomitą indywidualną „aptekę", w której znajdują się wszystkie leki na wszystkie nasze choroby. Pozostaje tylko jedno zadanie – nauczyć się z tych leków korzystać.

Proces samoleczenia składa się z dwóch etapów. W pierwszym etapie należy nauczyć się rozluźniać mięśnie całego ciała. Drugi etap, to wprowadzenie do naszego „komputera" – podświadomości odpowiedniego programu uzdrawiającego, skierowanego na uruchomienie procesów samoregulacji. Metoda samoleczenia jest skuteczna, ponieważ w naturalny sposób wykorzystuje indywidualne możliwości obronne organizmu (bez żadnych skutków ubocznych).

Etap I – rozluźnienie. Położyć się na plecach, na rozłożonym na podłodze miękkim kocu. Ręce ułożone wzdłuż tułowia, dłonie zwrócone na zewnątrz, lekko zgięte palce rąk, stopy rozchylone, głowa przechylona na bok, usta uchylone, język przyciśnięty do górnego rzędu zębów, oczy zamknięte. Zamknięte oczy pozwalają się skoncentrować. Przyjąwszy prawidłową pozycje rozluźniającą należy się uspokoić, postarać o niczym nie myśleć, a najważniejsze – wyrównać i uspokoić oddech. Aby się rozluźnić potrzeba zwykle 2–5 minut.

Etap II – samoleczenie. Komórki każdego organizmu naszego ciała posiadają zdolność prymitywnego myślenia (które przypomina nierozwinięte myślenie małego dziecka). To zawsze należy brać pod uwagę, gdy zwracamy się do chorego organu. Człowiek powinien wyobrazić sobie chory organ, skoncentrować swoją uwagę na przekazaniu w myślach choremu organizmowi rozkazu, spróbować się z nim „skontaktować". Żądania skierowane do chorego organu powinny być wyrażone zdecydowanie i jasno, w formie przemawiania do kapryśnego, ale ukochanego dziecka, które nie wypełnia swoich obowiązków. Każdy organ naszego ciała ma swój „charakter". Żołądek i wątroba to organy uparte i „niezbyt mądre" i dlatego też zwracać się do nich należy tonem ostrym, rozkazującym. Serce jest mądrzejszym organem, ulega rozkazom w delikatnej, serdecznej formie.

Przykład: Przeprowadziwszy pierwszy etap relaksu, należy rozpocząć drugi: spróbować w myślach zajrzeć w głąb swojego serca i zobaczyć w nim maleńki kolorowy płomyczek – źródło miłości i ocalającej energii. Obserwować, jak płomyczek się zwiększa, wypełnia całe serce, a potem ogarnia całe ciało od czubka głowy po koniuszki palców rąk i nóg. Proszę spróbować poczuć, jak światło oczyszcza ciało z chorób, likwiduje stany zapalne, a wraca zdrowie i rześkość. Należy powiedzieć sobie spokojnie: „Z każdym wdechem jestem coraz bliższy pełnego oczyszczenia. Światło w moim ciele to uzdrawiająca energia". Jeśli zna się konkretne miejsce, gdzie znajduje się guz, stan zapalny itp. należy położyć tam prawą rękę i wyobrazić sobie, że uzdrawiające światło, skoncentrowane pośrodku dłoni, jest gorące i jego promień rozpuszcza guz, tak jak promienie słońca topią śnieg lub bryły lodu.

Jest to tylko przykładowe wyobrażenie. Myślę, że każdy z Państwa ma dość fantazji, by stworzyć własne obrazy. Najważniejsze, by rozluźnić mięśnie i „zapisać" leczniczy program w podświadomości. Seanse można przeprowadzać w dowolnym czasie, najlepiej w samotności, aby nikt nam nie przeszkadzał. Jeżeli pomaga Państwu spokojna, relaksująca muzyka, proszę ją wykorzystywać. Spokojna, lubiana melodia wzmacnia efekt relaksu.

W taki sposób możemy oddziaływać na wszystkie chore organy naszego ciała, jak również na system nerwowy, pamięć, wzrok, słuch, itp. Najważniejsze, by robić to poważnie, przyznając się do tego, że za wiele naszych chorób jesteśmy sami odpowiedzialni.

JEŚLI BOLI DUSZA

Jeżeli pojawiają się bóle w lędźwiach lub plecach, to nie zawsze są, one wywołane przemieszczeniem kręgów. Czasem przyczyną tych bólów mogą być problemy psychiczne. Po postawie człowieka można poznać, jak on się czuje. Jeśli człowiek jest pewny siebie, to zawsze chodzi wyprostowany, z podniesioną głową i na odwrót – gdy jest rozstrojony, przygnębiony lub zasmucony, zwykle opuszcza głowę i wciąga ramiona. Jeżeli spróbujemy wyjaśnić to z naukowego punktu widzenia, wygląda to następująco: podczas gniewu, rozdrażnienia, w chwilach smutku lub w ogóle w stanie dyskomfortu psychicznego mięśnie pleców naprężają się, twardnieją i gwałtownie się kurczą. Kurcząc się odruchowo (niezależnie od świadomości), uciskają na przechodzące wewnątrz nich zakończenia nerwowe, stąd i pojawia się ból. Istnieją ludzie skazani na bóle pleców. Są to zwykle osoby, które są niezdolne do pokonywania stresowych sytuacji, w chwili ich zaistnienia zachowują się biernie i bojaźliwie, często zamykają się w sobie, decyzje podejmują wolno i niepewnie. Jeśli macie podobne cechy charakteru i w pojawiających się bólach pleców znaczną rolę odgrywają czynniki psychiczne (a wg danych statystycznych ma to miejsce u co drugiego człowieka), to z dużą pomocą mogą przyjść różnorodne psychotechniki usuwania napięcia w organizmie. Jeżeli opanujecie Państwo nieskomplikowane sposoby regulowania psychiki, będziecie mieć możliwość przywrócenia naturalnej harmonii ciała i duszy. Wykonując ćwiczenia w ciągu 10–20 minut, możecie osiągnąć pełne odprężenie i jednocześnie zdjąć całe napięcie z mięśni swojego ciała (można ćwiczyć ze spokojną, relaksującą muzyką w tle).

• Stojąc opuścić ręce, rozluźnić je. Lekko potrząsając rękami pomyśleć, że chcecie z nich strząsnąć kropelki wody. To samo zrobić ze stopami. Następnie obie ręce wyciągnąć do góry nad głową, jak gdybyście starali się dosięgnąć rękami słońca. Teraz proszę wyobrazić sobie, że ciało stało się ciężkie i przypomina lilię wodną na długiej łodydze. Wolno opuszczajcie się na podłogę, coraz mocniej i mocniej odczuwając ciężar ciała. Pomóżcie sobie i zamknijcie oczy. Najlepiej położyć się na plecach, rozłożywszy szeroko ręce i nogi. Skoncentrujcie uwagę na koniuszkach palców nóg, są ciężkie i nieruchome. Ociężałość obejmuje kolejno stopy, nogi, biodra, tułów i ramiona, palce rąk. Ciało stało się ciężkie, jakby od środka wypełniło się jakimś ciężarem. Podbródek opadł na pierś. Dolna szczęka odchyliła się, też opadła. Pomyślcie, że sprężyna rozciąga mięśnie twarzy w górę, w dół, w lewo, w prawo. Spróbujcie poczuć się tak ciężko, jak gdybyście mieli zapaść się pod ziemię. Oddychajcie wolno i spokojnie, wydłużając maksymalnie wdech i wydech. Spróbujcie wyobrazić sobie miękki biały obłok, płynący po niebie. Potem wyobraźcie sobie, że jesteście tym obłokiem. Jesteście lekkim, białym obłokiem, a wasze ciało jest lekkie i spokojne. Swobodnie płyniecie nad ziemią, ślizgacie się po niebie nad polami, lasem, jeziorem. Spróbujcie poczuć zapachy kwiatów, drzew iglastych lub morza. Pozostańcie w takim stanie spokoju jak długo chcecie.

Możecie wyobrazić sobie, że wasze ręce zamiast palców mają rurki, przez które po kropelce spływa z ciała napięcie, ciężar psychiczny, zmęczenie. Kiedy poczujecie, że mięśnie odpoczęły i w ciele nie ma już napięcia, wolno wyprężcie całe ciało. W tym celu wyciągnijcie ręce nad głową, jak gdybyście chcieli rozciągnąć ciało jak gumę. Wolno obróćcie się na prawy bok, wygnijcie plecy, przeciągnijcie się jak małe dzieci po śnie w łóżeczku. Teraz przewróćcie się na lewy bok i zróbcie to samo. Powoli usiądźcie, jeszcze raz przeciągnijcie się i otwórzcie oczy. Powoli wstańcie i weźcie się do pracy. Wasze mięśnie odpoczęły, macie wspaniały nastrój i spokój w duszy, osiągnęliście równowagę psychiczną.

Tym, którym chronicznie brakuje czasu na zajęcie się swoim zdrowiem, polecam następujący zestaw ćwiczeń.

• Zestaw ćwiczeń

Mogą je wykonywać nawet najbardziej chorzy ludzie. Ćwiczenia te wspaniale rozluźniają, likwidują zmęczenie po długiej pracy siedzącej, gdy czujemy ciężar w głowie i napięcie mięśni całego ciała. Można wykonywać je w dowolnym miejscu – w pracy, stojąc na przystanku, rozmawiając przez telefon.

Ć w i c z e n i e 1. Wibromasaż. Należy wspiąć się na palce, aby obcasy oderwały się od podłogi na 1–2 cm, a następnie gwałtownie opuścić pięty, jak gdyby uderzając całą masą ciała o podłogę. Takie uderzenia należy wykonywać nie śpiesząc się, nie częściej, niż 1 raz na sekundę, przez okres nie dłuższy niż 1 minuta, tzn. 60 razy. Ci, którzy długo siedzą, powinni powtarzać takie ćwiczenia 3–5 razy dziennie Gest to również wspaniała profilaktyka przeciw żylakom i schorzeniom serca).

Całkiem niezauważalnie dla otoczenia można wykonywać i inne, unikalne w swojej prostocie i nadzwyczajne ze względu na swą skuteczność ćwiczenia.

Zamki mięśniowe. Nie na próżno jogowie długi czas trzymali te ćwiczenia w tajemnicy. Zamki mięśniowe sprzyjają rozluźnieniu mięśni całego ciała, poprawiają krążenie krwi, są profilaktyką przeciw schorzeniom narządów rodnych u kobiet i prostaty u mężczyzn.

Ć w i c z e n i e 2. Przedni dolny zamek. Wykonanie go osiągamy poprzez skurczenie mięśni obejmujących ujście moczowodu. Zwykle mimowolnie kurczymy je, kiedy trzeba dobiec do toalety lub wydalić resztki moczu przy jego oddawaniu. Aby było łatwiej wykonać to ćwiczenie, spróbujcie Państwo w czasie oddawania moczu świadomie go wstrzymać. Zapamiętajcie to odczucie i róbcie to ćwiczenie 3–5 razy dziennie w ilości 5–10 razy.

Ć w i c z e n i e 3. Tylny dolny zamek. Obkurczanie mięśni odbytnicy. Wykonujcie to ćwiczenie, jak gdybyście chcieli wstrzymać opróżnienie jelita grubego (3–5 razy dziennie).

Ć w i c z e n i e 4. Całkowity dolny zamek stanowi jednoczesne wykonanie zamka przedniego i tylnego. Daje to podwójny efekt uzdrawiający. Ćwiczenie to najlepiej wykonywać podczas wydechu (1 raz dziennie po 10 powtórzeń).

Przywykliśmy do chodzenia w pozycji zgarbionej, jakbyśmy odczuwali na sobie ciężar życia. Spróbujcie chodzić z dumnie podniesioną głową, wyprostujcie ramiona, patrzcie na świat radosnymi, śmiejącymi się oczami i wtedy będziecie mieć mniej problemów. Żeby zawsze wyglądać na zadowolonych i szczęśliwych dobrze jest wykonać następujące ćwiczenie:

Ćwiczenie 5. Podejść do ściany, przylgnąć do niej jednocześnie piętami, pośladkami i potylicą (stać tak 3–5 minut). Następnie wciągnąć brzuch, patrzeć prosto przed siebie i pomyśleć, że nie ma na świecie człowieka szczęśliwszego, zgrabniejszego i piękniejszego od nas. Gdy tylko tak Państwo pomyślicie, to poczujecie, jak mięśnie „napełniają się" radością, a w oczach pojawia się blask. Proszę zapamiętać te odczucia i starać się nigdy i nigdzie o nich nie zapominać.

Ćwiczenie 6. Jeżeli dużo czasu spędzacie Państwo na nogach lub odwrotnie – długo siedzicie, polecam ćwiczenie, które pozwoli szybko zdjąć napięcie z mięśni całego ciała. W tym celu proszę zgiąć prawą nogę w kolanie i przycisnąć piętę do prawego pośladka, a prawą ręką przytrzymać dolną część kolana. Postać w tej pozycji 1–2 minuty, potem zmienić nogę.

W odróżnieniu od wszystkich żyjących na ziemi organizmów, człowiek – dzięki swojej psychice – może wpływać na wszystkie procesy życiowe w swoim organizmie. Nauka zna nieskończoną liczbę faktów, kiedy to ludzie bezustannie myślący o jakiejś chorobie, zapadali na nią i na odwrót – pozbywali się nieuleczalnych chorób dzięki pozytywnemu stanowi psychicznemu.

Żeby żyć długo i zdrowo, trzeba zrozumieć swój organizm. Jest to taka sztuka, której nikt nas nie może nauczyć. Każdy musi się tego nauczyć sam...

ZANIEDBANY KRĘGOSŁUP

CHORY KRĘGOSŁUP – CHORY CZŁOWIEK

Pewnego razu zwróciła się do mnie kobieta w wieku 35 lat, która cierpiała na nieustające bóle głowy. W okolicy serca odczuwała stale ciężar, a przy najmniejszym wysiłku zmęczenie. W czasie badania zauważyłem u niej zwyrodnienie kręgów szyjnych.

Inna z moich pacjentek cierpiała na bezsenność i bóle żołądka. Przyczyną tych dolegliwości było lekkie zwichnięcie kręgów szyjnych i piersiowych.

W obu przypadkach po nastawieniu kręgów dolegliwości ustąpiły. Chcę dodać, że jedna i druga osoba miały rentgenowskie zdjęcia, na których nie były widoczne żadne zmiany w kręgosłupie.

Dlaczego przytoczyłem te przykłady? Czasami najlepsze badania nie są w stanie wykryć minimalnych zwichnięć, które powodują powstawanie pozornie nie związanych z kręgosłupem dolegliwości.

Kręgosłup jest podstawą, na której utrzymuje się wszystko, z czego składa się ciało człowieka. *Bardzo często występują minimalne zwichnięcia kręgów, mięśnie wokół zwichniętego kręgu stają się sztywne, a to przeszkadza kręgowi wrócić na swoje prawidłowe miejsce.*

Większość ludzi ma już tak duże zwyrodnienia kręgosłupa, że na ich zlikwidowanie potrzebna jest cierpliwość i czas.

Ale to wszystko można naprawić. Człowiek powinien zrozumieć, że jest gospodarzem swojego ciała. Aby kręgosłup był zdrowy powinniśmy:

1) spać na twardym materacu,
2) twardej poduszce,
3) wykonywać odpowiednie ćwiczenia,
4) ciągle być w ruchu,
5) prawidłowo odżywiać organizm.

Dlaczego korzystne jest spanie na twardym materacu?

1/3 swojego życia człowiek śpi. W czasie snu jego mięśnie rozluźniają się, napinając ciało nieświadomie. Ruchy te różnią się od wykonywanych w ciągu dnia, dlatego sen jest najlepszym czasem do rehabilitacji kręgosłupa.

Materac, na którym śpimy powinien być na tyle twardy, na ile można to wytrzymać bez ryzyka zaburzenia snu. Spać powinno się równo, na plecach, ręce powinny być ułożone wzdłuż ciała, a nogi rozluźnione. Kiedy ciało znajduje się w takiej pozycji, jego waga rozkłada się równomiernie na powierzchni łóżka, mięśnie są maksymalnie rozluźnione i wszystkie zwichnięcia kręgów, które mogły wystąpić w ciągu dnia lekko się prostują.

Serce ma w tym momencie minimalnie obciążenie, lekko pompuje krew, co powoduje lepsze krążenie. Z kolei lepsze krążenie krwi ułatwia pracę wątrobie, która łatwo wyrzuca z organizmu szkodliwe toksyny.

Dobra praca wątroby powoduje lepszą przemianę materii i dlatego bez żadnej diety, po dwu miesiącach spania na twardym materacu nasza waga spadnie od 3 do 5 kg, a różne dolegliwości znikną. Chcę powiedzieć, że śpiąc przez pierwsze dni na twardym materacu będziemy odczuwać bóle mięśni i kręgosłupa. Natomiast od chwili kiedy znikną zwichnięcia kręgów, bóle ustąpią (po 10–14 dniach).

Dlaczego szkodliwe jest spanie na miękkim materacu?

Naukowo udowodniono, że jeśli kręgi od 3 do 20 rozkładają się równomiernie w poziomie, wątroba pracuje efektywnie. *Natomiast u osób śpiących na miękkim materacu kręgi zawsze obrazują wygięcie, co mocno pogarsza pracę wątroby.*

Wątroba to „chemiczne laboratorium" naszego organizmu, od pracy której zależy „jakość" naszej krwi, a dobra „jakość" krwi – to zdrowe zęby, włosy, paznokcie, skóra.

Jakość (czyli w tym przypadku twardość) materaca, na którym śpimy ma kolosalny wpływ na zdrowie naszego kręgosłupa, a pośrednio na cały organizm.

Dlaczego korzystne jest spanie na twardej poduszce?

Poduszka, na której śpimy powinna być twarda, niska i mała. Osoby, które są przyzwyczajone spać bez poduszki, powinny podkładać pod kark wałek skręcony z ręcznika, lub twardy jasiek. Twarda poduszka podtrzymuje normalny stan przegrody nosowej. Każdy wie, że przy zemdleniach, utracie świadomości, alkoholowym zatruciu, zaleca się powąchać watę zmoczoną w amoniaku. Skutek jest natychmiastowy. *Przegroda nosowa jest odpowiedzialna za fizjologiczną równowagę wszystkich organów naszego ciała. I dlatego łatwe oddychanie przez oba nozdrza jest bardzo istotne dla prawidłowego funkcjonowania organizmu.*

Natomiast gdy śpimy na miękkich, dużych i wysokich poduszkach kręgosłup jest skrzywiony na tyle, że trudno oddychać przez nos i dlatego zaczynamy oddychać przez usta. Przyzwyczajenie oddychania przez usta jest niebezpieczne dla zdrowia, ponieważ przez jamę ustną łatwo dostają się do dróg oddechowych zarazki.

Następstwem spania na miękkich, wysokich poduszkach są częste katary, choroby gardła, oskrzeli i płuc.

Kiedyś człowiek opierał się na czterech kończynach i jego kręgosłup, tak jak u zwierząt, był ułożony w poziomie, a wszystkie części jego ciała były zrównoważone tak, że położenie kręgosłupa było idealne i dzięki temu wytrzymywało wiele obciążeń.

Kiedy jednak człowiek zaczął chodzić na dwóch nogach, kręgosłup stał się tą częścią ciała, którą łatwo uszkodzić.

Mało ruchliwy tryb życia, nieprawidłowe ułożenie ciała podczas pracy lub nauki itp. są w stanie spowodować minimalne zwichnięcie kręgów. *Zwichnięty kręg uciska nerwy i naczynia krwionośne, które są powiązane z konkretnymi organami ciała. Jeśli nerw jest uszkodzony, to i organ którym on „kieruje" źle funkcjonuje.*

Amerykański uczony M. Glass pisał: co dziesiąty uczeń w Ameryce nosi okulary, jest alergikiem, cierpi na bóle głowy i brzucha. Przyczyną tych wszystkich dolegliwości jest zwyrodniały kręgosłup. Ludzie często nie wiedzą, że 60% wszystkich chorób ma jedną przyczynę – zły stan kręgosłupa.

Oto niepełny spis chorób, które są wynikiem braku należytego zainteresowania swoim kręgosłupem.

Przy przemieszczenia kręgów szyjnych mogą się pojawić następujące dolegliwości: bóle głowy, rozdrażnienie, nerwowość, bezsenność, katar, wysokie ciśnienie, ciągłe przemęczenie, alergia, głuchota, choroby oczu, wypryski, pryszcze, różnorodne egzemy, choroby gardła, przeziębienia, choroby tarczycy.

Przy przemieszczeniu kręgów piersiowych: astma, kaszel, ciężki oddech, sapanie, bóle rąk (od łokcia w dół), pleców, choroby związane z nieprawidłowym funkcjonowaniem serca, bronchit (zapalenie oskrzeli), zapalenie płuc, choroby pęcherzyka żółciowego, choroby wątroby, niskie ciśnienie, zaburzenia w krwiobiegu, zapalenie stawów, choroby żołądka, zgaga, owrzodzenie żołądka i dwunastnicy, nieżyt żołądka, choroby nerek, stany ciągłego zmęczenia, choroby skóry (wągry, wypryski, pryszcze, egzema, czyraki), reumatyzm, bóle brzucha, niektóre rodzaje bezpłodności.

Przy przemieszczeniu kręgów lędźwiowych: zaparcia, biegunki, skurcze w nogach, choroby pęcherza moczowego, rozregulowanie cyklu miesiączkowego, bolesna miesiączka, impotencja, silne bóle w kolanach, ischias, lumbago, bóle lędźwiowe, zły krwiobieg w nogach, obrzęki kostek, „zimne" nogi, słabość w nogach, skurcze w mięśniach nóg, hemoroidy.

Każda choroba ma swoją przyczynę...

Chciałbym opowiedzieć o przypadkach, które, wydawałoby się, nie mają ze sobą nic wspólnego, ale ich dokładna analiza pozwoli od razu określić, jak ściśle związane jest nasze zdrowie ze stanem kręgosłupa.

Zwrócili się do mnie o pomoc rodzice 15-letniej dziewczyny. Przydarzyła się jej tragedia. Bez powodu lewa strona jej twarzy wykrzywiła się, lewe oko nie zamykało się, nie unosiła się brew. Różnorodne zastrzyki, które brała przez miesiąc oraz fizjoterapia nie przynosiły żadnych efektów. Myślę, że nie potrzeba pisać, jakim psychicznym ciosem była dla tej młodej osoby taka „kosmetyczna dolegliwość". Podczas spotkania z nią od razu zwróciłem uwagę na jej chód – był sztywny. Poprosiłem ją, aby podniosła i opuściła ręce, usiadła i wstała. Następnie poleciłem jej zdjąć obuwie, stanąć na lewej nodze i spróbować utrzymać równowagę choć przez 1 minutę. Ustała ona jednak zaledwie kilka sekund.

Opisaną wyżej diagnostykę stosują zawsze mnisi tybetańscy, jeśli zaistnieją podejrzenia nieprawidłowego „położenia" kręgów części lędźwiowej, a dokładniej – 1. kręgu lędźwiowego. Ten kręg odpowiada za wszystkie ruchy naszego ciała w kierunku góra-dół: podnoszenie i opuszczanie rąk, zamykanie i otwieranie oczu, wstawanie. Trudności z wykonywaniem jakiegokolwiek z wymienionych wyżej ruchów świadczą o stwardnieniu i zmęczeniu 1. kręgu (przy czym żadne ze współczesnych badań nie jest w stanie wykryć tych zmian). Dalsze działanie polegało tylko na tym, aby z tego kręgu zdjąć zmęczenie, a to, jak mówią, sprawa techniki. Po „rozblokowaniu" kręgu pokazałem jej, jakie ćwiczenia powinna wykonywać samodzielnie. Był to konieczny warunek, aby kręg wrócił na miejsce i prawidłowo wykonywał te ruchy, które powinien. W ciągu miesiąca spotkałem się z nią kilka razy, żeby zobaczyć jak odbywa się „regeneracja" kręgosłupa. A po dwóch miesiącach wszystko było w całkowitym porządku. Mięśnie twarzy zaczęły pracować, oko zaczęło się zamykać. Jak opowiadał mi jej ojciec, reakcja lekarza prowadzącego była następująca: „To zadziwiające, że u pańskiej córki tak wszystko dobrze przebiega, a u innych moich pacjentów z podobnymi dolegliwościami wyniki są o wiele gorsze". Przypadek sprawił, że u jednego z lekarzy tego szpitala wystąpił podobny nerwoból. Widząc, że dziewczyna jest w coraz lepszym stanie ciągle ją pytał: „Powiedz, jakie lekarstwa przyjmujesz? (...) Dziwne, ja biorę te same, a mnie jakoś nie przechodzi". Istnieje bardzo mądra sentencja Hipokratesa, która najlepiej potwierdza opisany przypadek: „Każda choroba ma swoją przyczynę, której nie likwiduje żaden lek".

Starożytna medycyna ma w swoim arsenale setki sposobów diagnozowania na podstawie oznak zewnętrznych. Zmarszczki na twarzy, kształt i kolor uszu, sposób zdzierania obuwia, kształt paznokci itp. mogą absolutnie dokładnie opowiedzieć o chorobach. Chińczycy na podstawie pulsu rozpoznają ponad 300 schorzeń, a tybetańscy lamowie po zapachu (który jest specyficzny u każdego człowieka) – ponad 150 chorób. Ja mam podświadomy nawyk uważnej obserwacji człowieka podczas rozmowy i notowania w myślach jego chorób. Często, widząc na ekranie telewizora znanych aktorów lub polityków, żona prosi, abym określił stan ich zdrowia. Pewnego razu podczas kolejnej takiej zabawy powiedziałem, że jej ulubiony piosenkarz, który w tym momencie występował, ma zwyrodnienie 2. kręgu lędźwiowego i z tego powodu kuleje. Ponieważ piosenkarz był popularny i żona znała jego biografię, powiedziała, że miał on poważny wypadek i z tego powodu chodzi z laską. Ja upierałem się przy swoim. Jeśli doprowadzi się do porządku jego kręgosłup, przestanie kuleć. Na tym nasz spór się zakończył. Po kilku miesiącach dzwoni telefon, to ulubiony piosenkarz mojej żony chce umówić się na spotkanie. Jak się okazało, na imieniny otrzymał od przyjaciela moją książkę i w związku z tym chciał dowiedzieć się czegoś ważnego dla siebie. Podczas spotkania opowiedział mi o swoim wypadku oraz o tym, że z każdym dniem chodzenie staje się dla niego coraz większym problemem. Lekarze proponują operację biodra (endoproteza), a on chciałby dowiedzieć się, czy może istnieją inne sposoby. W diagnostyce kręgosłupa jest kilka ćwiczeń-testów, które pozwalają określić stan 2. kręgu lędźwiowego. Poprosiłem go o ich wykonanie. I kiedy próby zakończyły się niepowodzeniem, wyjaśniłem mu: nasz drugi kręg odpowiada za utrzymywanie równowagi ciała przy ruchu w prawo-w lewo. Jest to związane z ruchem przy chodzeniu. Jeśli człowiek kuleje na jedną nogę jest to, w większości przypadków, wina wymienionego wyżej kręgu. Żeby ostatecznie przekonać go o tym, naprawiłem mu kręg. Od tej chwili laska i operacja nie były mu potrzebne. Kiedy piszę te słowa on już nie kuleje. Myślę, że jeśli będzie dbał o swoje zdrowie, to stanie się zupełnie innym człowiekiem – zdrowym i energicznym.

WIEK KRĘGOSŁUPOWI NIE SZKODZI

Jesteśmy cywilizacją ludzi, prowadzących mało ruchliwy tryb życia. Brak ćwiczeń i nieprawidłowe odżywianie sprawiają, że nasz kręgosłup jest sztywny i nieelastyczny. Chrząstki i krążki między kręgami ulegają zniszczeniu z powodu braku obciążenia fizycznego. Kręgosłup kurczy się i krzywi. Przyzwyczailiśmy się za wszystko to winić wiek. Ale wiek nie ma tu nic do rzeczy. Proszę popatrzeć, jak dzisiaj chodzą dzieci. Garbią się, ledwie powłóczą nogami. Z latami wady te utrwalają się, a my zgodnie uważamy je za charakterystyczne dla wieku. W swoim życiu niejednokrotnie spotykałem ludzi mających ponad sto lat, niemniej ich kręgosłup był mocny i zdrowy, pracowali i nie narzeka. li na samopoczucie. Kiedy ludzie zaczynają skarżyć się na ból w kręgosłupie (a przecież sami są temu winni), zawsze przypomina mi się jubileuszowy koncert znanego na całym świecie tancerza Mahmuda Isymbajewa, który poświęcony był jego osiemdziesięcioleciu. Przystojny, szczupły, pełen energii i siły, prawie bez przerwy przetańczył 1,5 godziny, a po zakończeniu koncertu bardzo nisko się ukłonił, aż prawie dosięgnął głową do podłogi. Widać więc, że wytrzymałość każdego kręgosłupa określana jest nie przez wiek, ale przez „materiał", z którego jest on zbudowany oraz obciążenie fizyczne, któremu poddawany był w ciągu całego życia.

KIEDY ŁUPIE W KRĘGOSŁUPIE

Trudno znaleźć człowieka, którego nie męczyłyby bóle w stawach i kościach. Tym, którzy cierpią jest wszystko jedno jak nazwiemy ich chorobę: reumatyzm, artretyzm czy osteoporoza. Ból przez to się nie zmniejszy. W swojej praktyce spotkałem wielu cierpiących. Były między nimi dzieci, młodzież, ludzie w średnim wieku. Ale szczególnie żal mi starszych osób, bo są one, jak nikt inny, nieszczęśliwe i bezradne. My, młodsi nie widzimy ich męczarni dlatego, że coraz rzadziej można spotkać na ulicach rześkich i cieszących się życiem ludzi w podeszłym wieku. Z reguły .siedzą oni w domach sam na sam ze swoimi dolegliwościami. Większość z nich zmęczyła się już życiem. Nocami cierpią na bezsenność, ich ruchy są ograniczone, w głosie brzmi smutek, a w oczach widać zmęczenie (w naszej świadomości jest głęboko zakorzeniona myśl, że jeżeli ma się70 lat i jeszcze się żyje, to już jest dobrze). Jedyne, co mogą ci ludzie usłyszeć na pocieszenie, to „nie denerwuj się, co robić – starość nie radość". Tak mówimy my, młodsi, nie myśląc o tym, że może przyjść czas, kiedy i nam będą mówić z wielkim współczuciem podobne słowa pocieszenia.

ŻYCIE TO RUCH

W naszym ciele jest około 600 mięśni. Każdy mięsień opleciony jest naczyniami krwionośnymi, dzięki czemu pomaga im przepompowywać przez siebie krew. Jeżeli jesteście Państwo w ruchu, to oprócz serca pracuje jeszcze 600 malutkich dodatkowych „serc". Im więcej z tych 600 „mięśniowych serc" pracuje, tym lepszy jest stan serca, układu krwionośnego – tym lepszy stan zdrowia. Bez żadnych wątpliwości mogę stwierdzić, że spacer na świeżym powietrzu to najlepsze lekarstwo na serce (szczególnie, gdy serce to reaguje na zmiany pogody). W czasie marszu pracuje największa ilość mięśni naszego ciała. Aby się o tym przekonać wystarczy ująć się w pasie, a wtedy można wyczuć, jak każdy mięsień ciała, a także organy wewnętrzne reagują na krok.

SZYBKIM KROKIEM OD ZAWAŁU

Szybki marsz pomaga uniknąć zawału i wylewu krwi do mózgu, obniżając prawdopodobieństwo ich wystąpienia o 40%. Taki wniosek wyciągnięto z przeprowadzonego w Ameryce badania, którym objęto 85 tysięcy przedstawicielek tzw. słabej płci.

Pracownik kliniki dla kobiet w Bostonie, dr G. Monson w ciągu 8 lat badał pielęgniarki w wieku 40–65 lat i wyjaśnił, że połowa z nich zachowała dobrą formę dzięki „żwawości" podczas chodzenia. Jego wnioski są następujące: u kobiet, które tylko przez 3 godziny w tygodniu odbywały spacery szybkim krokiem, ryzyko wylewu lub zawału serca spada prawie dwukrotnie. W ogóle wszystko jest proste: regularny ruch utrzymuje w normie ciśnienie krwi, zmniejsza poziom cholesterolu, pomaga utrzymać prawidłową wagę i obniża prawdopodobieństwo zachorowania na cukrzycę.

Podobne wnioski sformułowali już starożytni Grecy, np. grecki filozof Arystoteles powtarzał swoim uczniom: „Nic tak nie niszczy organizmu, jak długotrwała fizyczna bezczynność". Pozostaje więc tylko cieszyć się z tego, że po upływie tysiącleci wreszcie staliśmy się mądrzejsi!

Ruch jest pożyteczny dla wszystkich – młodych i starych. Szczególnie dużo ruchu potrzebuje chory organizm. **Chory organizm wymaga wysiłku kilkadziesiąt razy większego, niż organizm zdrowy.** Ci, którzy cierpią na schorzenia serca, układu krwionośnego, źle znoszą zmiany ciśnienia atmosferycznego, mogą przy pomocy regularnych ćwiczeń tak wytrenować swój organizm, że nie będzie on źle reagował na burze magnetyczne, skoki ciśnienia, promieniowanie słoneczne itp.

Ruch jest źródłem życia i zdrowia. Dlatego jeśli możecie Państwo biegać – biegajcie, możecie chodzić – chodźcie, nie możecie chodzić – czołgajcie się! A przede wszystkim starajcie się jak najmniej siedzieć i leżeć.

Czytający te zdania biznesmeni i bizneswomen mogą pomyśleć z ironią: dobrze mu dawać takie rady, gdy siedzi na leśnej działce lub w zaciszu gabinetu. A co mamy zrobić my, którzy śpimy najwyżej 3 do 5 godzin na dobę, których stresy i napięcia opanowały tak, że ledwo starcza nam czasu, aby połknąć tabletkę, gdy coś jest nie w porządku z naszym zdrowiem.

Chcę udzielić odpowiedzi tym, którzy myślą podobnie: z reguły treść moich książek obmyślam w czasie codziennych porannych szybkich spacerów (10–12 km) i chcę powiedzieć, że dzięki nim mam dobrą kondycję, zdrowe serce i świetną pamięć. Miałem w życiu i ciężkie momenty, kiedy nie dość, że nie mogłem chodzić, ale nawet nie wstawałem z łóżka przez dwa lata w wyniku kontuzji kręgosłupa. I jedynie miłość do samego siebie i pragnienie, aby być zdrowym pozwoliły mi nie tylko pozbyć się problemów z kręgosłupem, ale i skutecznie likwidować podobne problemy u innych.

Teraz dużo się mówi o tym, że dążenie do życia „z prędkością światła" powoduje ogromną ilość zawałów serca. Takie określenia jak „stres", „napięcia dnia codziennego" używane są jako wytłumaczenie zwiększonej śmiertelności na skutek zawałów serca. Jednak zawałów serca, szczególnie w młodym wieku, nie kojarzyłbym z napięciami nerwowymi. Przyczyna jest prostsza: organizm zatruty jest od środka w wyniku nieprawidłowego rytmu życia. Naczynia krwionośne niszczone są przez sole „nierozpuszczalnego" wapnia i przez osad „złego" cholesterolu. Oprócz tego krew jest tak gęsta i zakwaszona, że powstawanie skrzepów w naczyniach krwionośnych jest nieuniknione. Oznacza to, że wcześniej czy później tragedia zawału może spotkać każdego, kto na czas, dopóki jest jeszcze zdrowy nie zatroszczy się o swoje serce.

Nie raz spotykałem ludzi, którzy jedli i pili wszystko bez ograniczeń, spędzali całe noce przed ekranem komputera. W ich gabinetach dym papierosowy mieszał się z zapachem świeżo parzonej mocnej kawy. Tym ludziom zawsze brakowało czasu na spacer, a telefon dzwonił prawie przez 24 godziny na dobę. Ale oni wciąż powtarzali, że są w dobrej formie, że nic ich nigdy nie boli. I nawet gdy padali „rażeni" zawałem serca, nie uznawali swojej słabej woli za jego przyczynę. Według nich wszystkiemu winne było napięcie towarzyszące wykonywanej pracy, stres, nerwy. A przecież największy stres przeżywa noworodek w chwili gdy przychodzi na świat. Przygniata go ciśnienie atmosferyczne kilkakrotnie wyższe od ciśnienia, panującego w łonie matki. Od niepamiętnych czasów człowiek znajdował się pod presją różnych stresów. Nasi przodkowie żyli w takim stresie, którego my nie możemy sobie nawet wyobrazić. W tych odległych czasach człowiek w każdej chwili mógł paść ofiarą dzikiego zwierza, polowali też na niego pobratymcy. Nawiedzały go potężne kataklizmy: huragany, trzęsienia ziemi, powodzie, a na co dzień walczył z wiatrem, słońcem, deszczem, śniegiem. Odporność na to wszystko ludzie zachowali w genach i dlatego ani stres, ani napięcie nie są dla nich niczym nowym. Życie zawsze było nieprzerwanym stresem. Żyć, to znaczy przez 24 godziny na dobę odczuwać zagrożenia ze wszystkich stron.

Czytelnik może się ze mną nie zgodzić: przecież nasi dalecy przodkowie nie dożywali nawet czterdziestki! To prawda, teraz żyjemy dłużej, ale żyć dłużej wcale nie znaczy żyć lepiej. Gdy człowiek w pełni sił w wieku 40–50 lat staje się po zawale serca lub udarze mózgu inwalidą, to komu potrzebne te 20 lat, które przeżyje jako osoba na wpół niepełnosprawna, męcząc siebie i całą swoją rodzinę.

Wielu ludzi, którzy przez 15–20 lat „robili pieniądze", gdy zniszczyli swoje zdrowie, mówili ze smutkiem: „oddałbym wszystko, by być zdrowym, ale niestety...". A gdyby zrozumieli to wcześniej, mogliby i zarabiać pieniądze, i cieszyć się dobrym zdrowiem. Zawsze jest mi szczerze żal tych, którzy gotowi są stracić lata życia dla zrobienia kariery, ale nie chcą poświęcić nawet 5 minut dla swojego zdrowia.

UZDRAWIAJĄCY CHÓD

Chód bardzo słusznie nazywa się królową ćwiczeń fizycznych. W żadnych innych ćwiczeniach nie osiąga się takiej harmonii w pracy mięśni i krwi. Chód wcale nie wymaga specjalnego ubioru, sprzętu, można go uprawiać w dowolnym czasie, w każdą pogodę. Codzienny spacer, chociaż 1–3 kilometry, to wspaniały stymulator mięśnia sercowego i układu krwionośnego. Najlepiej odbywać spacery po lesie lub parku. Jeśli nie ma takiej możliwości, to chodzić po korytarzu lub balkonie. Podczas spaceru należy chodzić lekko, swobodnie, starać się nie myśleć o sprawach i pracy, a myśleć tylko o tym, że z każdym krokiem krew, przepływając przez naczynia oczyszcza i odżywia ciało, z każdym krokiem ciało napełnia się zdrowiem, mózg się oczyszcza i wypełnia pozytywnymi myślami. Podczas każdego kroku powtarzajcie sobie Państwo pozytywne słowa: „Zdrowie. Siła. Młodość. Piękno". W uzdrawiającym chodzeniu jest ważne, żeby obciążenie nie spowodowało zmęczenia. Po takim chodzeniu powinniście odczuwać lekkość i rześkość. Obciążenie w czasie zajęć z uzdrawiającego chodzenia zwiększajcie stopniowo.

• Obciążenia przy uzdrawiającym chodzeniu dla osób ze znacznymi zaburzeniami w stanie zdrowia:

Przez 1–3 miesiące odbywać spacery wolnym krokiem po 20–30 minut, 2 razy dziennie.

Od 3 do 6 miesięcy od 1 do 3 kilometrów szybkim krokiem, i od 6 do 12 miesięcy od 4 do 10 km codziennie.

• Uzdrawiający bieg. Starożytni Spartanie mówili: „Jeśli chcesz być silny – biegaj, chcesz być zdrowy – biegaj, chcesz być mądry – biegaj".

Uzdrawiający bieg wzmacnia ścianki naczyń krwionośnych, zmniejsza (spala) cholesterol, normalizuje przemianę materii, ciśnienie, poprawia pracę układu żołądkowo-jelitowego, wzmacnia kręgosłup, mięśnie, stawy. Bieg, to jeden z najlepszych środków podwyższenia odporności organizmu na różne infekcje, wspaniały czynnik pozwalający osiągnąć młodość i zdrowie. Wszystkie te cenne zalety biegu kilka lat temu zapewniły mu ogromną popularność. Jednak pojawienie się w prasie materiałów o tym, że uprawianie biegu może spowodować różne choroby serca, u większości zrodziło wątpliwości co do pożyteczności biegu. Chodzi o to, że wiele osób, które zaczęły uprawiać bieg, nie uwzględniło możliwości i specyfiki swojego organizmu, a tym samym naruszyło główną zasadę – *zasadę stopniowego zwiększania obciążenia*. Wielu zaczęło biegać nie po to, by zyskać zdrowie, a po to, by szybko zrzucić zbędne kilogramy. Niewytrenowany, zanieczyszczony organizm otrzymał zbyt dużą dawkę obciążenia i nie wytrzymał...

Człowiek powinien się starać wyrobić nawyk umiarkowania. To znaczy, że powinien przestrzegać umiarkowania we wszystkim: jedzeniu, piciu, obciążeniach fizycznych (wysiłku fizycznym) itd.

Jakich zasad należy przestrzegać uprawiając bieg, żeby zyskać rześkość, młodość i zdrowie?

1. Dopasujcie odpowiednie obuwie ze zgrubieniem pod piętą; nie bardzo ciasne, ale też nie za luźne.

2. Lepiej biegać po ziemi lub trawie (amortyzują bodźce). To wzmacnia mięśnie i stawy.

3. Biegając po asfalcie uszkadzacie sobie Państwo stawy, co z czasem może doprowadzić do zapalenia stawów.

4. Jeśli wcześniej nie trenowaliście, przebiegnijcie najpierw 30–60 metrów, łączcie bieg z chodem.

5. Biegnijcie lekko, swobodnie, maksymalnie rozluźniając mięśnie i maksymalnie skracając krok, ważny jest nie sam efekt biegu, a ten drobny skok, chwila wysiłku dla wszystkich mięśni.

W odróżnieniu od ćwiczeń fizycznych podczas biegu odbywa się uderzenie na piętę, w wyniku czego kontruderzenie przemieszcza w górę strumień krwi w naczyniach. Taki hydromasaż wspaniale wzmacnia ścianki naczyń i zapobiega odkładaniu się w naczyniach cholesterolu, a w stawach soli.

6. Żeby lepiej się spocić, a przez to oczyścić organizm, należy biegać w ubraniu.

7. Po biegu należy poleżeć przez połowę czasu, który został spożytkowany na bieg. Nogi należy ułożyć powyżej poziomu serca. Właśnie takie ułożenie ciała pomaga zapobiec zawałowi. Chodzi o to, że 70% krwi znajduje się poniżej poziomu serca i nie jest mu łatwo pompować ją do góry, tym bardziej, że podczas biegu krwiobieg zwiększa się i dlatego po biegu należy dać sercu wypocząć.

8. Biegać wieczorem należy w 2–3 godziny po jedzeniu.

9. Bieg zawsze powinien przynosić radość, a nie zamieniać się w ciężką monotonną pracę.

10. Starajcie się biegać w samotności. Stan zdrowia i przygotowanie fizyczne są u każdego człowieka różne, indywidualne.

To wpływa na szybkość i tempo biegu. W grupie rozpoczynający mimo woli zwiększa tempo, co może negatywnie wpłynąć na jego zdrowie.

11. Biegajcie co drugi dzień – to daje maksymalny uzdrawiający efekt.

CHODZENIE BOSO

W odróżnieniu od wszystkich ssaków żyjących na Ziemi, tylko człowiek chodzi na dwóch nogach i to nie jest przypadek, ponieważ człowiek przedstawia sobą „baterię", bieguny której są przeciwne, ale posiadają ładunek: górna część ciała i głowa posiadają ładunek dodatni, a dolna część i nogi – ładunek ujemny. Z Kosmosu otrzymujemy energię dodatnią, a z Ziemi – ujemną i im większa wymiana energii, tym odporniejszy i zdrowszy jest nasz organizm. Człowiek może otrzymywać energię z kosmosu za pośrednictwem prawidłowego oddychania, hartujących zabiegów wodno-powietrznych i pożywienia roślinnego, dlatego powinien dążyć do maksymalnego kontaktu ciała z wodą i powietrzem. Energię z Ziemi można głównie uzyskiwać przez gołe stopy. Hipokrates już 4 wieki p.n.e. napisał: „Najlepsze obuwie – to brak obuwia".

W różnych naukowych laboratoriach na całym świecie były badane procesy zachodzące w organizmie człowieka pod wpływem chodzenia boso. Jak obliczyli specjaliści, na stopach znajduje się 72 tysiące zakończeń nerwowych i dlatego chodzenie boso jest naturalnym masażem stóp, który – jak teraz powszechnie wiadomo – korzystnie wpływa na pracę organów wewnętrznych. Z chwilą pojawienia się obuwia zmniejszył się kontakt organizmu ludzkiego z ładunkami elektrycznymi Ziemi. Właśnie na tym polega głównie jedna z przyczyn takich rozpowszechnionych chorób jak bóle głowy, rozdrażnienie, nerwice, choroby wieńcowe, predyspozycje do szybkiego męczenia się i wiele innych.

Często widzi się na ulicach żebrzące małe dzieci rumuńskie, lekko ubrane, przeważnie chodzą boso w deszcz i mróz. Taka choroba jak grypa lub przeziębienie nie dotknie ich nawet wtedy, kiedy wszędzie panuje epidemia grypy.

Nasi pradziadowie i dziadowie nie nosili modnych i pięknych butów na sztucznej podeszwie, większość swojego życia chodzili boso i dzięki temu byli bardziej wytrzymali i zdrowsi niż my.

Niestety, nam cywilizacja stworzyła inne warunki życia, choć nawet w warunkach tej cywilizacji można znaleźć 1–2 minuty, żeby nasze stopy podstawić pod strumień chłodnej lub zimnej wody.

• Jeśli będziemy codziennie pod strumień zimnej wody podstawiać na przemian stopy na 10–15 sek. to grypa, przeziębienie i wiele innych chorób nie będzie nam zagrażać.

Przez kontakt gołych stóp z ziemią, organizm pobiera zdrowotną energię. Chodzenie boso po ziemi, porannej rosie, morskim piachu, śniegu, bardzo mocno ładuje „akumulator" naszego życia.

Chodzenie boso daje nie tylko wspaniały efekt hartujący i ogólnie wzmacniający, to również cudowna profilaktyka przeciw bólom w plecach, krzyżu, ramionach i mięśniach nóg.

Uwaga! Ci, którzy lekko i często się przeziębiają, najpierw powinni zacząć chodzić boso lub w skarpetkach rano i wieczorem po mieszkaniu od 15 do 30 minut. Codziennie należy zwiększać czas o 10 minut, dopóki nie dojdzie się do 1 godziny.

Po miesiącu można zacząć chodzić po ziemi (sad, park, działka). Z chwilą pojawienia się jesiennych przymrozków i mroźnych dni, chodzić po szronie (30–60 sek.), a potem po śniegu 1–2 minuty.

Po każdym takim hartującym chodzeniu wytrzeć dokładnie stopy do sucha.

Niezależnie od tego ile macie lat, zaczynajcie chodzić boso i wtedy każdy dzień będzie wypełniony zdrowiem i radością.

OPERACJA TO OSTATECZNOŚĆ

Chorzy często liczą na operację jako panaceum na wszystkie dolegliwości. W USA wykonuje się rocznie ok. 200 tys. różnych operacji u chorych z zespołem bólowym krzyża. Połowa z nich nie przynosi poprawy, czyli jest niepotrzebna.

Operacja polega na usunięciu zniszczonego dysku. Ale usunięcie jednego może spowodować konieczność ponownej operacji usunięcia następnego, z odcinkowym usztywnieniem kręgosłupa. Trzeba bowiem pamiętać, że operacja usuwa przyczynę ucisku na struktury nerwowe, ale nie usuwa przyczyny zniszczenia samego dysku.

Operacja to ostateczność, kiedy zawiodą wszystkie metody „zachowawcze".

Przez całe życie „zapracowujemy" na stan własnego kręgosłupa. Jeśli zaniedbujemy go na co dzień, musimy liczyć się z faktem, że raczej prędzej niż później ból przekroczy granicę naszej wytrzymałości. Wtedy znajdziemy czas nawet mnóstwo czasu – na leczenie. Czy nie lepiej poświęcić odrobinę uwagi i czasu na profilaktykę?

Profilaktyka jest najlepszym sposobem na uniknięcie kłopotów z kręgosłupem

1. *Należy cały czas obserwować siebie, chodzić prosto, stać prosto, siedzieć prosto, brzuch powinien być wciągnięty, plecy wyprostowane, głowa uniesiona lekko w górę.*

2. *Siedząc nie należy nigdy zakładać nogi na nogę, ponieważ pod kolanami znajdują się dwie duże arterie (tętnice), których ucisk powoduje naruszenie ogólnego krążenia krwi.*

3. *Przyzwyczajenie siadania z nogą założoną na nogę z wiekiem powoduje bóle w kręgosłupie i mięśniach nóg, żylaki, choroby naczyń krwionośnych kończyn dolnych.* '

4. *Nie podnoś ciężarów z pozycji stojącej. Mniej obciążasz kręgosłup jeśli uginasz kolana.*

5. *Wzmacniaj mięśnie brzucha – odciążają kręgosłup o 20%.*

6. *Ciężar rozkładaj na oba ramiona.*

Proponuję zestawy kompleksowych ćwiczeń, których wykonywanie pozwoli na utrzymanie dobrej sylwetki, likwidację bólów w kręgosłupie. Przedstawione zestawy ćwiczeń nie wymagają dużo czasu i wysiłku, a efekt jest doskonały.

• **Zestaw ćwiczeń nr 1**

Po przebudzeniu należy kilka razy przeciągnąć się. Leżąc na plecach z całej siły naciskać tyłem głowy na poduszkę przez 5 sek. – 5 sek. odpoczywać. Powtarzać 6 razy. Następnie położyć poduszkę na piersi i przez 5 sek. mocno ją obejmować – 5 sek. odpoczywać. Położyć poduszkę między nogami, ściskać ją mocno kolanami przez 5 sek. – 5 sek. odpoczywać. Powtarzać 6 razy. Następnie na 5 sek. podnieść nogi do góry pod kątem 45° – 5 sek. odpoczywać 6 razy. Palcami jednej nogi przez 5 sek. ciągnąć na siebie palce drugiej nogi i tak na zmianę 6 razy. Tak minęło 5 minut. Ćwiczenia zakończone, mięśnie i naczynia krwionośne rozgrzane. Ze względu na to, że ćwiczenie jest wykonywane w pozycji leżącej, obciążenie mięśnia sercowego jest minimalne i dlatego mogą je wykonywać zarówno starzy, dorośli jak i dzieci.

• **Zestaw ćwiczeń nr 2**

Ten zestaw ćwiczeń koryguje pracę mięśni, nerwów, wewnętrznych organów i naczyń krwionośnych, normalizuje pracę układu nerwowego i pokarmowego, ma dobry wpływ na zdolności umysłowe.

Jest wskazany dla osób, które prowadzą intensywny tryb życia.

1. Usiąść na krześle, ręce położyć na kolanach, podnosić i opuszczać ramiona 10 razy.
2. W tej samej pozycji robić skłony głową w prawą i lewą stronę – po 10 razy w każdą stronę.
3. Następnie skłaniać głowę do przodu i tyłu po 10 razy w każdą stronę.
4. Skłaniać głowę w prawo – 10 razy w lewo, i w lewo 10 razy.
5. Wyciągnąć ręce do przodu w poziomie, kręcić głową w prawą i lewą stronę po 5 razy.
6. Podnieść ręce do góry nad głową równolegle i kręcić głową w prawo i lewo po 5 razy.

7. Położyć ręce na ramiona pod kątem prostym, odchylać ręce do tyłu, a podbródek ciągnąć do przodu i w górę.
8. Ręce położyć na kolanach, oczy zamknięte. Powoli kręcić głową wkoło 5 razy w prawą i lewą stronę. Następnie z zamkniętymi oczami zrobić 3 razy głęboki wdech i wydech. Otworzyć oczy.

Po wykonaniu tych ćwiczeń należy przyjąć kontrastowy prysznic – 30 sek. ciepły, 10 sek. chłodny lub zimny.

• **Zestaw ćwiczeń nr 3** (kompleks Nishi – Japonia)

Wśród innych zestawów ćwiczeń fizycznych pierwszeństwo daję właśnie temu. Dlaczego?

Po pierwsze: żaden ze znanych mi zestawów nie regeneruje wszystkich układów organizmu w takim stopniu, jak ten. Po drugie: Japończycy znani są z umiejętności gromadzenia doświadczeń wiedzy światowej z różnych dziedzin nauki, w tym medycyny. Po trzecie: dane statystyczne (w Japonii), dotyczące osób, które wyleczyły się świadczą o wysokiej efektywności tego zestawu ćwiczeń. Po czwarte: ja sam, codziennie wykonując ten zestaw ćwiczeń pozbyłem się poważnych kłopotów z kręgosłupem (o których pisałem) i odzyskałem dobrą kondycję fizyczną i psychiczną.

1. Ćwiczenie „rybka". Pozycja wyjściowa: Leżąc na plecach położyć dłonie na wysokości 4. i 5. kręgu szyjnego, zgiąć łokcie, całym ciężarem przylgnąć do podłogi. Nogi złączyć, palce nóg podciągnąć w stronę głowy. Wszystkie wypukłości (potylica, ramiona, łydki, miednica) wcisnąć w podłogę. Wykonanie: W tej pozycji rozpocząć szybkie wibracje – kołysanie ciała z prawej strony w lewą, na podobieństwo szybko płynącej rybki. Ćwiczenie wykonywać rano i wieczorem po 1 minucie. Ćwiczenie to, mimo swej prostoty, daje zadziwiające efekty w usuwaniu wad kręgosłupa. Podczas wykonywania ćwiczenia „rybka" kręgi wchodzą na swoje miejsce, osłabiając tym samym ucisk na przyciśnięte przez nie naczynia krwionośne i zakończenia nerwowe (co jest przyczyną wielu chorób).

2. Ćwiczenie „karaluszek". Pozycja wyjściowa: Pod szyję położyć twardy wałek, podnieść do góry obie ręce i nogi tak, aby stopy były równoległe do podłogi. W takiej pozycji potrząsać rękami i nogami jednocześnie (podobnie jak przewrócony karaluch). Wykonywać 1–2 minuty rano i wieczorem. Na czym polega tajemnica tego ćwiczenia? Wszyscy wiedzą o uzdrawiających właściwościach biegu. Ćwiczenie „karaluszek" daje efekt biegu, ale bez obciążania stawów i serca, co jest bardzo ważne dla ludzi słabych, przebywających w łóżku ze względu na chorobę, dla osób z ograniczoną możliwością poruszania się. Ćwiczenie uaktywnia cyrkulację krwi nie tylko w kończynach, ale i w całym. ciele.

3. Łączenie dłoni i stóp. Ćwiczenie składa się z czterech etapów. Pozwala unormować zmiany energetyczne w naszym organizmie. Jak wiadomo, tylko u zdrowego człowieka lewa i prawa część ciała ma jednakowy ładunek. Każde zakłócenie równowagi może prowadzić do choroby (na tym opiera się diagnostyka na podstawie aury). Pozycja wyjściowa:

Etap 1. Położyć się na plecach. Dłonie złączyć, lekko dociskając do siebie opuszki palców obu rąk (10 razy).

Etap 2. Złożyć dłonie równolegle do tułowia i przemieszczać je wzdłuż ciała, jakby rozcinając ciało na pół (10 razy).

Etap 3. Złączyć stopy tak, aby przylegały do siebie. W takiej pozycji podnieść nogi i przesuwać w przód – w tył (10 razy). Ręce ze złączonymi palcami poruszać tak, jakby rozcinały brzuch (podobnie jak w etapie 2).

Etap 4. Poleżeć ze złączonymi dłońmi i stopami 3–5 minut. Oczy zamknięte.

4. Ćwiczenia na regenerację kręgów szyjnych i oddychanie:
   a) siedząc na krześle unosić i opuszczać ramiona 10 razy;
   b) skłaniać głowę w prawo i w lewo (po 10 razy), starając się dosięgnąć uchem ramienia;
   c) skłaniać głowę w tył i w przód (po 10 razy);
   d) obracać głowę na boki zgodnie ze wskazówkami zegara i w przeciwnym kierunku (po 10 razy);

e) wyciągnąć ręce do przodu przed siebie, odwrócić dłonie równolegle do siebie, kręcić głową w lewo i w prawo (po 10 razy);

f) podnieść ręce nad głową z dłońmi ułożonymi równolegle do siebie i obracać głowę w lewo i w prawo (po 5 razy);

g) położyć ręce na ramionach. Łokcie odciągnąć do tyłu, wyobrażając sobie, że między łopatkami znajduje się jabłko, które chcemy ścisnąć. Odchylając łokcie do tyłu (jakby próbując ścisnąć jabłko) jednocześnie wyciągać w przód podbródek (tak, jak łabędź, wyciągający szyję). To ćwiczenie umożliwia rozluźnienie kręgów i mięśni szyi, co poprawia przypływ krwi do mózgu, normalizuje pracę układu nerwowego i trawiennego. Wykonywać rano i wieczorem po 3 minuty;

h) siedząc na krześle położyć ręce na kolanach, zsunąć się na brzeg krzesła, zamknąć oczy i rozkołysać ciało w lewo i w prawo, jednocześnie w rytm kołysania wciągać i wypinać brzuch.

Przez całe życie 80% czasu spędzamy w półzgiętej, siedzącej lub leżącej pozycji. Nasz kręgosłup „zastał się, a stawy pokryły się rdzą". Rozruszajcie je, poświęćcie swojemu kręgosłupowi choć trochę czasu. Zapłatą za to będzie zdrowie i dobra kondycja.

• **Zestaw ćwiczeń nr 4**

Ć w i c z e n i e 1. Położyć się na podłodze, podłożywszy miękki dywanik, ręce wzdłuż ciała dłońmi w dół. Silnie podrzucać nogi do góry, próbując dosięgnąć czoła kolanami, po czym nogi opuścić (10 razy).

Ć w i c z e n i e 2. Wstać. Zgiąć się w przód, dotykając palcami podłogi, a jeśli się uda, to i całą dłonią. Głowę skłaniać w przód i w tył w takt skłonów tułowia. Wstać, nogi na szerokość ramion. Ręce zacisnąć w pięści.

Ćwiczenie 3. Wykonywać krążenie obu rąk w stawach barkowych, jakby rysując koła. 10 razy w kierunku zgodnym z ruchem wskazówek zegara i 10 razy w przeciwnym.

Ćwiczenie 4. Zginanie kręgosłupa na boki. Dłonie ślizgają się po tułowiu, jedna w dół do kolana, drugą podnosi się pod pachę. Jednocześnie głowa obraca się z prawej I strony w lewą.

Ćwiczenie 5. Pozycja wyjściowa: nogi rozstawione na szerokość ramion. Podnieść prawą rękę do góry i dotknąć lewej łopatki. Opuścić rękę. Potem lewa ręka do góry – dotknąć prawej łopatki Opuścić rękę. Wykonać po 10 razy każdą ręką.

Ćwiczenie 6. Nogi na szerokość ramion. Ręce podnieść do góry nad głową. Zaczynamy obroty tułowia – zgodnie ze wskazówkami zegara 10 razy, w przeciwną stronę 10 razy. Ręce i głowa obracają się w takt ruchów tułowia.

Ćwiczenie 7. Stanąć prosto. Nogi na szerokość ramion. Podnieść prawą nogę zgiętą w kolanie jak można najwyżej, usiłując dotknąć klatki piersiowej. Potem to samo wykonać lewą nogą, po 10 razy.

Ćwiczenie 8. Postawić przed sobą krzesło. Złapać dwiema rękami za oparcie krzesła i robić przysiady minimum 10 razy. Im więcej, tym lepiej.

Zaczynajcie Państwo wykonywać każde ćwiczenie od 10 powtórzeń, a z czasem ilość powtórzeń zwiększcie do 20–40.

PRZYCZYNY CHORÓB NARZĄDÓW RUCHU

Nie łykać leków!

Pewnego razu zadzwonił do mnie mieszkaniec Niemiec polskiego pochodzenia i powiedział, że będąc na urlopie przypadkiem kupił książkę *Jak żyć długo i zdrowo* i że jest zaskoczony tym, że do tej pory żył w „pełnej nieświadomości" funkcjonowania swojego organizmu. Usłyszałem od niego wiele słów wdzięczności, a na koniec rozmowy nieśmiało poprosił o pomoc. Jego problem polegał na tym, że od kilku dni nie mógł wstać z łóżka z powodu potwornego bólu w plecach. Ponieważ na wizytę u lekarza był umówiony dopiero za kilka dni, poprosił o radę, jak zlikwidować ból. Nie chciał przyjmować środków przeciwbólowych. Wtedy poradziłem mu stary, wypróbowany sposób: ssanie oleju roślinnego. Po trzech dniach radośnie doniósł, że już wstał z łóżka bez żadnych ataków bólu.

Według danych Światowej Organizacji Zdrowia w dniu dzisiejszym około 30% chorych w wieku ponad 50 lat cierpi na jawną lub utajoną formę alergii na różne preparaty.

Bardzo często ludzie w starszym wieku mają taki „wachlarz" dolegliwości, że przyjmowane przez nich lekarstwa zaczynają zwalczać nie choroby, a siebie nawzajem. W takich przypadkach cierpi zazwyczaj wątroba i żołądek chorego. Z tego przede wszystkim powodu na uwagę zasługuje metoda, którą teraz przedstawię.

Można ją stosować w leczeniu zapalenia żył, chronicznej anemii, paraliżu, egzemy, obrzęków, chorób żołądka, jelit, serca, układu krwionośnego, nowotworów, chorób stawów i wielu innych mniej poważnych, lecz dokuczliwych niedomagań. Metoda jest prosta, bezbolesna i absolutnie nieszkodliwa. Z powodzeniem stosowało ją niejedno pokolenie syberyjskich znachorów. Istotą metody jest następujące działanie:

• Rano na czczo lub wieczorem przed snem (po upływie 3–4 godzin od ostatniego posiłku) należy wziąć do ust nie więcej niż 1 stołową łyżkę oleju słonecznikowego lub arachidowego i ssać jak cukierka, trzymając w przedniej części ust. Ssać należy lekko, bez wysiłku przez 25–30 minut. Olej z początku trochę zgęstnieje, potem stanie się płynny i biały. Należy go wypluć, w żadnym wypadku nie łykać! zawiera substancje, wywołujące wiele chorób. Metodę tę można stosować dowolnie długo, dopóki nie odczujecie rześkości, energii, spokoju, nie powróci zdrowy sen i dobra pamięć. Ostre stany chorobowe mijają szybko – w ciągu 2–3 tygodni, chroniczne – w ciągu kilku miesięcy, do roku. Należy mieć na uwadze, że przy chorobach chronicznych (reumatyzm, artretyzm, zapalenie żył) w pierwszym tygodniu mogą wystąpić lekkie niedomagania, słabość itp. Zjawiska te występują przy osłabieniu ognisk choroby. Jest to normalne i należy to przetrzymać. Widocznym objawem pomyślnego przebiegu leczenia są: energia w ciele po przebudzeniu, lepszy apetyt, rześkość. Kwestię, jak długo należy stosować ssanie oleju, każdy powinien rozstrzygnąć sam, biorąc pod uwagę stan własnego zdrowia. Ludzie zdrowi i dzieci mogą również stosować tę metodę w celach profilaktycznych przez 2 tygodnie. Pozwoli to nie tylko zabezpieczyć się przed wyżej wymienionymi chorobami, ale także pozbyć się toksycznych metali ciężkich, które występują w każdym organizmie, nawet zdrowym. Myślę, że nikogo nie trzeba przekonywać, że lepiej zapobiegać chorobie, niż ją leczyć.

Człowiek powinien sam troszczyć się o swoje zdrowie

W jednym z kanadyjskich miast na wykład o leczeniu chorób sokami warzywnymi przywieziono na wózku inwalidę – byłego lekarza dentystę. Każdy staw chorego był tak silnie porażony przez reumatyzm, m.in. szczęki, że nie mógł on nawet przeżuwać jedzenia. Z tego powodu żywił się tylko płynnym pokarmem, wciąganym do ust za pomocą słomki. Był to w pełnym znaczeniu tego określenia żywy szkielet, składający się tylko z kości i skóry. Człowiek ten, wysłuchawszy wykładu, postanowił wypróbować swą ostatnią szansę i zaczął pić soki z marchwi i selera. Oprócz tego przyjmował kąpiele z siana. Po upływie roku, ten naprawdę stojący jedną nogą w grobie dentysta z Kanady, znowu otworzył swój gabinet i robił wszystko to, co powinien robić człowiek jego profesji. Jedynym, co zdradzało w nim byłego chorego na reumatyzm, był mały garb między ramionami.

O tym przypadku opowiedziałem dziewczynie, która zwróciła się do mnie. Z nieznanych przyczyn zachorowała na gościec. Choroba męczyła ją 4 lata. Dziewczyna przestała wychodzić na ulicę, spotykać się z przyjaciółmi, ponieważ wstydziła się pokazać swoje zniekształcone, skręcone palce. Oprócz dokuczliwych dolegliwości fizycznych odczuwała ciężar psychiczny. Wpadła w depresję, straciła zainteresowanie życiem. Dużo sił i czasu potrzebowałem, by przekonać ją, że tak naprawdę każdy sam powinien walczyć o swoje zdrowie. I ku mojej radości ona to zrozumiała. Trzy lata ścisłej diety, praktycznie bez mięsa, różne ziołowe kąpiele, ćwiczenia oddechowe, picie soków po 1,5–2 litry dziennie, kilkakrotne pełne oczyszczanie organizmu wszystko to razem dało w końcu pożądany efekt. Dzisiaj jest zupełnie zdrowa i ma dwie czarujące córeczki, które wychowuje w zgodzie z regułami zdrowego stylu życia. Na jej przykładzie chcę powiedzieć wszystkim, którzy cierpią na dolegliwości układu kostnego, zapalenie stawów itp., że aby zacząć leczenie należy przede wszystkim uświadomić sobie fakt, że sami możemy sobie pomóc. Należy myśleć o tym, że choroba nie przejdzie co prawda w ciągu miesiąca, jak byśmy tego chcieli, ale przejdzie na pewno, jeżeli stworzone warunki pozwolą organizmowi ją zniszczyć. Przyrody się nie oszuka. I jeżeli choroba „dojrzewała" w organizmie wiele lat, to trzeba jakiegoś czasu, aby ją zlikwidować. Z doświadczenia mogę powiedzieć, że różne choroby układu kostnego i narządów ruchu spowodowane są przez następujące przyczyny:

- „zanieczyszczenie" organizmu kwasem moczowym, cholesterolem,
- małą aktywność fizyczną,
- niedotlenienie organizmu,
- brak odpowiednich mikro- i makroelementów w organizmie,
- zakłócenie przemiany fosforowo-wapniowej (patrz: Osteoporoza, książka *Uleczyć nieuleczalne*, cz. 1).

Gdy próbujemy kompleksowo pozbyć się tych przyczyn, dolegliwości z reguły znikają.

KWAS MOCZOWY – CICHY ZABÓJCA

• Likwidacja nadmiaru kwasu moczowego

Bóg stworzył pokarm, a diabeł kucharza. Ta biblijna prawda jest, niestety, przez nas całkowicie zapomniana.

Tak bardzo lubimy jeść, że przyzwyczajenie do spożywania nadmiernych ilości pokarmu pozbawia nas zupełnie rozumu. Nasz organizm po prostu nie daje sobie rady z tą obfitością pożywienia, którą musi przerobić. Świadomie zmuszamy go do gromadzenia niestrawionych resztek w różnych częściach naszego ciała. Te niestrawione resztki w ciągu dziesiątek lat, rozkładając się, zatruwają nas od wewnątrz, powodują różne choroby i przedwczesne więdnięcie naszego ciała.

Na wszelki wypadek przypomnę: jeżeli złączymy dwie dłonie na kształt kuli, zobaczymy, jaka jest fizjologiczna pojemność żołądka. Przy czym to, co mieści się w jednej dłoni, to jednorazowy posiłek, a połowa objętości drugiej dłoni to ilość płynu, którą możemy wypić. I to wszystko! To, co przekracza opisane objętości jest dla organizmu zbędne. A jeżeli to, co zbędne codziennie odkłada się w organizmie nawet w niewielkich ilościach, to z biegiem lat powstają już znaczne ilości. Prawie wszystkie chroniczne choroby „zawdzięczają" swoje pochodzenie kwasowi moczowemu, który stopniowo, jak rdza, przeżera nasz organizm. Skąd się on bierze? Po pierwsze, z nadmiaru spożywanego przez nas pokarmu, a po drugie, z dużej ilości pokarmów pochodzenia białkowego (mięso, mleko, wędliny, kiełbasa itp.). Choroby stawów, kości, bóle w kręgosłupie, chroniczny reumatyzm, artretyzm, podagra, osteoporoza itp. – wszystkie te choroby wywołane są nadmiarem kwasu moczowego w organizmie.

Wiele chorób skóry, szczególnie noszących miejscowy charakter, powstaje w wyniku odkładania się kwasu moczowego w tkankach naszego ciała. Różnego rodzaju egzemy skórne mają ścisły związek ze zgubnym działaniem kwasu moczowego i jego soli.

Kwas moczowy jest dla organizmu trucizną, od której trzeba się uwolnić za wszelką cenę. Organizm płaci za neutralizację kwasu moczowego zmniejszeniem szybkości przemiany materii, ponieważ znaczna część soli mineralnych, witamin, mikro- i makroelementów jest zaangażowana w proces neutralizacji kwasu moczowego. To prowadzi do naruszenia gospodarki cukrowej (cukrzyca). Z reguły po naruszeniu gospodarki cukrowej przychodzi kolej na zakłócenie wymiany tłuszczów, w wyniku czego następuje otłuszczenie ciała. Właśnie dlatego wielu diabetyków cierpi na nadwagę, tj. otłuszczenie.

Ponieważ kwas moczowy ma bezpośredni kontakt z krwią, to jego niszczące działanie nie ogranicza się tylko do chorób stawów, tkanek i mięśni. Ośrodki nerwowe i mózg również cierpią z powodu jego trującego działania. Podwyższone ciśnienie krwi, bóle głowy, częste migreny, neurastenia, bezsenność, a nawet epilepsja (padaczka) wszystkie te dolegliwości mają wspólną przyczynę: oddziaływanie na organizm toksycznych soli kwasu moczowego.

Pewnego razu zwróciła się do mnie kobieta, która wiele lat cierpiała na potworne bóle głowy, tak silne, że środki przeciwbólowe prawie nie skutkowały. Dałem jej tylko dwie rady: zrezygnować ze spożycia mięsa, przeprowadzić kurację oczyszczającą organizm z kwasu moczowego. Po upływie miesiąca pacjentka zapomniała, co to znaczy ból głowy nie do wytrzymania. Później jej córka i niektórzy znajomi cierpiący na bóle głowy z powodzeniem przeprowadzili tę kurację. W ten sposób już wiele lat polecam swoim pacjentom ten niezawodny zabieg, bowiem według słów tych, którzy przeprowadzili kurację, dzięki niej znikają nie tylko bóle głowy, ale i wiele innych dolegliwości, związanych z bólami stawów, kości, mięśni.

Przepisy, które zaproponuję poniżej, pomogły wielu osobom uwolnić się od dolegliwości narządów ruchu. Zalicza się do nich również moja matka (lekarka z 45-letnim stażem), która 30 lat cierpiała na silny reumatyzm, dopóki nie wypróbowała na sobie mądrych rad medycyny ludowej.

OCZYSZCZANIE ORGANIZMU Z KWASU MOCZOWEGO (PIERWSZY SPOSÓB)

• Kurację przeprowadza się przez trzy dni z kolei, podczas kuracji nie należy niczego jeść oprócz pomarańcz lub grapefruitów. W ciągu dnia wypijać 4 l mieszanki soków. Codziennie należy sporządzać nową mieszankę soków.

Składniki mieszanki na 1 dzień (soki muszą być świeżo wyciśnięte): 900 g soku z grapefruitów + 900 g soku z pomarańcz + 200 g soku z cytryn + 2 l wody destylowanej razem 4 litry.

Przeprowadzenie kuracji – przepis na 1 dzień.

1. Rano na czczo należy rozpuścić 1 łyżkę stołową gorzkiej soli w szklance ciepłej wody i wypić. Robi się to w celu wydalenia ze wszystkich części organizmu znajdujących się tam toksyn. Roztwór ten działa na zatrutą toksynami limfę jak magnes na opiłki żelaza. W wyniku tego wszystkie „odpady" zbierają się w jelitach i są wydalane. Działając przeczyszczająco, roztwór gorzkiej soli wymywa toksyny i odwadnia organizm. Aby zrekompensować ubytek wody pije się 4 litry mieszanki soków, która jest szybko wchłaniana przez organizm.

2. Po wypiciu roztworu gorzkiej soli należy ciepło się ubrać i co 30 minut pić mieszankę soków po 100 g dopóki się ona nie skończy. Gdy pojawi się uczucie głodu, należy jeść pomarańcze lub grapefruity, ale nic oprócz tego. W czasie kuracji może wystąpić silne pocenie – to normalne zjawisko, wraz z potem organizm pozbywa się wszelkich nieczystości.

Drugiego i trzeciego dnia należy postępować tak, jak pierwszego.

Czasami w związku z oczyszczaniem możemy odczuwać bóle głowy, nudności i słabość. Nie należy się tym przejmować – jest to zjawisko przejściowe, które minie. Jeżeli jednak ból głowy nie znika, to należy przejść się po świeżym powietrzu lub zrobić intensywny masaż małżowiny usznej, rozcierając ją mocno dużym i wskazującym palcem od dołu do góry i z powrotem do momentu, aż ból ustąpi. Jeżeli pojawiły się mdłości, to należy pogryzać skórkę cytryny lub pomarańczy. Przed snem każdego dnia kuracji koniecznie trzeba wypić napar z ziół przeczyszczających. Jest to niezbędne dla wydalenia z jelita grubego zalegających tam toksyn. W czwartym i piątym dniu pić sok z jabłek i marchwi lub mieszanki soków. Jeść tylko warzywa i owoce. Szóstego dnia można dietę urozmaicić (kasza, jajka, ryba).

Po przeprowadzeniu oczyszczania należy zmienić trochę nawyki żywieniowe. Przynajmniej na 2–3 miesiące należy wyłączyć z jadłospisu produkty zawierające biały cukier i białą mąkę, konfitury, słodycze, wszystkie przetwory konserwowane, szczególnie te, które zawierają ocet. Trzeba ograniczyć spożycie tłustego i smażonego pokarmu. W bardzo małych ilościach można jeść masło, ser, rybę, jajka, mięso. Najlepiej zupełnie zrezygnować z mleka. Z nabiału można spożywać biały tłusty ser (nie więcej niż 50 g dziennie) oraz zsiadłe mleko (nie więcej niż 1 szklankę dziennie). Podstawę pożywienia powinny stanowić sałatki, kasze, warzywa, owoce oraz ich świeżo wyciśnięte soki. Odżywiać się należy zgodnie ze schematem łączenia produktów (Tabela 2).

• Mamy przed sobą do wykonania bardzo trudne i ważne zadanie. Po pierwsze, powinni Państwo pozostać przy zwyczajnym, powszednim dla siebie zestawie pokarmowym, by organizm nie odczuwał niedoboru lub nadmiaru jakiejś substancji. I po drugie, produkty żywnościowe należy stosować w takim doborze, żeby były one trawione prawie równocześnie. To wyklucza przedostawanie się do jelit niestrawionych resztek i eliminuje wszystkie przykre skutki nierozumnego odżywiania. Najprostsza metoda zdrowego odżywiania, które pozwala osiągnąć wspaniałe rezultaty polega na tym, że pewne produkty żywnościowe powinny być spożywane oddzielnie.

Chodzi o to, że białko jest trawione w żołądku 2–4 godziny, a węglowodany – 20–40 minut. Podczas jedzenia spożywamy znacznie więcej węglowodanów niż białka, więc w ogólnej masie strawionych węglowodanów do dwunastnicy przenikają i kawałki białka, które nie zdążyły jeszcze zostać strawione. A do tego nie wolno dopuszczać.

Węglowodany są trawione przez enzym zasadowy, a białko kwaśny. W żołądku kwas i zasada neutralizują się nawzajem i organizm musi wydzielać dodatkowe ilości kwaśnego enzymu, żeby strawić białko. Najprostszy przykład: zwyczajny nasz posiłek, podczas którego organizm jest zmuszony wydzielać 20–25 razy więcej enzymu kwaśnego tylko po to, żeby strawić 100 gramów mięsa, przy czym cała masa zjedzonego pieczywa i dodatków pozostaje nie strawiona.

Do pokarmów białkowych zalicza się: mięso, ryby, jaja, rosoły, bakłażany, fasolę, bób, orzechy, ziarna słonecznika. Do węglowodanów należą: pieczywo, kasze, ziemniaki, cukier, miód. *Jednoczesne spożywanie białka i węglowodanów jest niebezpieczne dla życia, ponieważ stwarza sytuację przeciążenia w procesie trawienia i prowadzi do niepotrzebnego, nadmiernego zużycia biochemicznej energii żołądka i jelit.*

Natomiast białko i węglowodany można w dowolnych ilościach mieszać z tłuszczem i tak zwanymi „żywymi produktami", których długą listę tworzą owoce i warzywa (oprócz ziemniaków), zielenina, suszone owoce, jagody, soki. Dla zilustrowania przedstawiam poniżej bardzo prostą i wygodną tabelkę.

Jeśli zasłonicie Państwo lewą część tabelki, to otrzymacie listę artykułów spożywczych, które można mieszać ze sobą w dowolnych proporcjach spożywając pokarm węglowodanowy. Natomiast jeśli zakryjecie prawą część tabelki, to otrzymacie listę artykułów białkowych. Przerwa między spożywaniem jednego i drugiego rodzaju pokarmu powinna być nie mniejsza niż dwie godziny.

Zrozumiałe jest, że na początku taki podział wydaje się trochę trudny do zaakceptowania. Wiele osób denerwuje to, że muszą zrezygnować z pieczywa, ziemniaków lub kaszy, jeśli zachciało im się zjeść mięso. Ale mówi się, że zdrowie jest droższe.

Tabela 2.

BIAŁKO	TŁUSZCZE I PROD. „ŻYWE"	WĘGLOWODANY
mięso, ryby, jaja, rosoły, bakłażany, fasola, bób, orzechy, ziarna słonecznika	smalec, masło, oleje, margaryny i in. zielenina, owoce, owoce suszone, warzywa (oprócz ziemniaków), soki, jagody, arbuzy, wino wytrawne	pieczywo, kasze, ziemniaki, cukier, miód

└─── **można łączyć** ───┘ └─── **można łączyć** ───┘

└────── **połączenie niebezpieczne dla zdrowia** ──────┘

Proponuję wypracować nawyk jedzenia dwóch posiłków dziennie. Rano między 8 i 9 oraz wieczorem między 17 a 20. W przerwach między posiłkami można jeść warzywa i owoce, pić świeżo przygotowane z nich soki, wodę mineralną (pić przez 2 tygodnie, a potem zrobić miesiąc przerwy). Najlepiej jednak pić zieloną lub ziołową herbatę (rumianek, pokrzywa, melisa itp.) Uwaga! Pokarm należy dokładnie przeżuwać (każdy kęs minimum 30 razy). Kolejność przyjmowanych posiłków powinna być następująca:

- sok, herbata, woda mineralna
- sałatki
- podstawowy posiłek (rano z węglowodanów, wieczorem białkowy).

W czasie spożywania posiłków nie należy pić. Jeśli po jedzeniu mamy pragnienie, można kilka razy przepłukać gardło. W celach profilaktycznych dla zdrowych ludzi najlepszy jest sok z marchwi z dodatkiem buraka w proporcji 4: 1.

103

1. Przy różnych chorobach należy stosować różne połączenia soków. Ponieważ mówimy teraz o chorobach układu kostnego, podam przepisy na soki, które wzmacniają kości. Uwaga! Soki należy pić 15–20 minut przed posiłkiem lub 1–1,5 godziny po posiłku. W przepisach podane są ilości na jednorazową porcję soku; Soki należy pić 2–3 razy dziennie. Stosować je należy w chorobach kości, mięśni, kręgosłupa, zapaleniu stawów, osteoporozie, uszkodzeniach zębów, podagrze, reumatyzmie i paradontozie.

a) marchew – 250 g
b) marchew 230 g + sałata 140 g + szpinak 85 g
c) marchew 280 g + szpinak 170 g
d) marchew 280 g + seler 115 g + korzeń pietruszki 60 g + szpinak 85 g
e) marchew 280 g + burak 85 g + ogórek 85 g
f) marchew 320 g + burak 85 g + sok z orzecha kokosowego 60 g
g) szpinak 200 g
h) marchew 230 g + seler 140 g + korzeń pietruszki 60 g
i) cytryna 200 g

Soki warzywne mogą być przygotowywane rano lub wieczorem, najlepiej jednak przygotowywać je bezpośrednio przed spożyciem. Maksymalny okres przydatności do spożycia świeżo przygotowanego soku warzywnego, przechowywanego w lodówce przy temperaturze 0–4°C, to 8–10 godzin.

2. Po wypiciu soku następnym posiłkiem powinna być surówka. Należy dbać, by surówki były smaczne i proste. Najlepiej przygotowywać je z warzyw sezonowych, rosnących w rejonie, w którym żyjemy. Im więcej różnokolorowych warzyw wchodzi w skład surówki, tym lepiej.

Sałatki wiosenne

• Sałatka z mlecza (mniszka lekarskiego). Posiekać 3 garście liści mlecza, wymieszać z 10 orzechami włoskimi zmielonymi w młynku. Dodać 1 łyżkę stołową oleju słonecznikowego lub miodu. Uwaga! Mlecz przed przygotowaniem sałatki należy włożyć na 20–30 minut do chłodnej, posolonej wody (na 1 l wody 1 stołowa łyżka soli), by zlikwidować gorzki smak.

• Sałatka z pokrzywy i mlecza. Drobno posiekać garść młodych liści pokrzywy, dodać 1 stołową łyżkę soku z cytryny, łyżkę soku z kiszonej kapusty oraz łyżkę oleju słonecznikowego. Oprócz tego dodać 1 małą łyżeczkę pokrojonej cebuli, a z wierzchu posypać 60 g (2 garściami) posiekanych zielonych części mlecza oraz mielonymi orzechami włoskimi (10–15 g).

• Rzodkiewki z orzechami. 100 g rzodkiewek (15 sztuk) drobno posiekać lub zetrzeć na tarce, zmieszać z 40 g (8 sztuk) zmielonych orzechów włoskich, dodać 1 łyżeczkę oleju roślinnego, posypać z wierzchu posiekanym szczypiorkiem.

• Surówka po francusku. 100 g zewnętrznych liści sałaty polać 1/2 łyżki octu jabłkowego lub winnego, dodać 1 łyżkę stołową oleju roślinnego i 1 łyżeczkę pokrojonej cebuli. Wszystko dobrze wymieszać.

• Sałatka z botwiny. Posiekać 80 g botwiny i 2–3 liście sałaty. Polać je 1 łyżką oleju słonecznikowego i wymieszać. 1 surowe jajko wymieszać z sokiem z 1/2 cytryny i wylać na sałatę. Dodać do botwiny, wymieszać. Posypać z wierzchu posiekaną pietruszką i koperkiem lub szczypiorkiem.

• Surówka z młodych buraków. Utrzeć na tarce 5–6 młodziutkich buraków, dodać 2 łyżki śmietany i doprawić szczyptą mielonego kminku.

• Sałatka ze szczawiu i mleczy. Do 1 garści sałaty (30 g) dodać 30 g młodego szczawiu i 30 g liści mlecza. Szczaw i mlecz należy drobno posiekać, na wierzchu położyć 10 orzechów włoskich, polać 1 łyżką miodu i 1 łyżką oleju słonecznikowego. Na koniec wszystko wymieszać.

• Szczypiorek z orzechami. 50 g szczypiorku drobno posiekać i zmieszać z 50 g zmielonych orzechów ziemnych.

• Rzodkiewka z orzechami, pietruszką i miętą. 15 rzodkiewek zetrzeć na tarce, dodać posiekaną nać pietruszki, miętę, koperek, 1/2 łyżeczki kminku, 6 stołowych łyżek mielonych orzechów (50 g). Wszystko dobrze wymieszać. Można udekorować liśćmi sałaty.

• Rzodkiewka z twarogiem (najlepiej tłustym). 3 stołowe łyżki twarogu (75 g) zmieszać z 3 drobno pokrojonymi rzodkiewkami i 1 łyżeczką drobno posiekanego szczypiorku. Wszystkie składniki wymieszać, ułożyć na liściach sałaty.

• Surówka ze szpinaku. Pokroić garść młodego szpinaku, dodać 1 łyżkę drobno posiekanego szczawiu, 1 łyżkę posiekanego szczypiorku. Wszystko wymieszać i dodać 3 łyżki zmielonych orzeszków ziemnych oraz 1 łyżkę borówek.

• Szpinak z jajkiem. Ubić żółtko, dodając po trochu półtorej łyżki masła, po czym wlać 1 łyżkę soku z cytryny. Wymieszać, do otrzymanej gęstej papki dodać zmiażdżony ząbek czosnku i dwie garście drobno posiekanego szpinaku. Wszystko wymieszać. Otrzymaną masę ułożyć na liściu sałaty. Z wierzchu można posypać mielonymi orzechami.

• Surówka z botwiny z liśćmi sałaty. Pokroić 80 g botwiny, 2 lub 3 liście sałaty, polać 1 łyżką oleju roślinnego i wymieszać. Do 1 jajka dodać sok z 1/2 cytryny, wymieszać i dorzucić szczyptę posiekanego kopru, pietruszki i szczypiorku. Wszystko wymieszać.

• Surówka z botwiny. Pokroić liście młodego buraka (60 g – 2 garście). Przygotować sos: 1 żółtko wymieszać z 1 łyżką soku z cytryny, 1/2 łyżeczki musztardy, 1 łyżką oleju roślinnego i 1 łyżeczką pokrojonego szczypiorku. Wymieszać.

Sałatki letnie i jesienne

• Ogórek w zsiadłym mleku. Pokrojony 1 ogórek polać 1/2 szklanki zsiadłego mleka oraz posypać 1/2 łyżki posiekanego kopru.

• Ogórek z pomidorem. Ogórka pokroić na duże kawałki, pomidora w plasterki. Posypać 4 łyżkami zmielonych orzechów.

• Surówka z czerwonej kapusty. Do 50 g czerwonej poszatkowanej kapusty (3 łyżki) dodać 2 łyżki posiekanej pietruszki, 1 łyżkę oleju słonecznikowego i 1 łyżkę miodu. Wszystko wymieszać.

• Surówka ze świeżej kapusty. Do 100 g pokrojonej kapusty dodać 4 stołowe łyżki soku z grapefruita, 1 łyżkę miodu, 1/2 łyżeczki kminku. Wszystko wymieszać.

- Groszek z pomidorami. 50 g świeżego groszku wymieszać z 120 g surowych rozgniecionych pomidorów oraz z 2 stołowymi łyżkami oleju słonecznikowego. Z wierzchu posypać pietruszką i szczypiorkiem.
- Groch z marchewką. 50 g grochu, 1 utarta na tarce marchew, 1 łyżka oleju roślinnego, 1 łyżka soku z malin lub porzeczek, 1/2 pokrojonej cebuli. Wszystko wymieszać.
- Marchew z ziemniakami. Drobno utrzeć 100 g marchwi, wymieszać z 2–3 łyżkami stołowymi soku z grapefruita lub czarnej porzeczki. Dodać 30 g drobno posiekanego surowego ziemniaka oraz 1 łyżeczkę posiekanego szczypiorku. Wszystko wymieszać, ułożyć na dużym liściu sałaty.
- Marchew ze szczypiorkiem. Do 100 g marchwi dodać 30 g szczypiorku. Marchew zetrzeć na tarce i wymieszać z drobno posiekanym szczypiorkiem. Dodać 1 stołową łyżkę oleju roślinnego i posypać drobno posiekanym ogórkiem.
- Surówka świąteczna. 10 g surowego, drobno posiekanego ziemniaka zmieszać z 30 g utartej marchwi i 10 g utartego surowego buraka. Dodać 50 g drobno pokrojonej kapusty, 2 stołowe łyżki oleju i 2 łyżki szczypiorku. Wszystko wymieszać. Masę ułożyć na liściu sałaty, z wierzchu posypać koperkiem lub pietruszką. Całość można udekorować kawałkami pomidorów i rzodkiewek.
- Surówka z kiszonej kapusty. 100 g sałaty pokroić (lepiej porozrywać) na duże kawałki, zmieszać z 4 łyżkami kiszonej kapusty, dodać 2 łyżki soku z kapusty i 1 łyżkę oleju roślinnego.
- Czerwona surówka. Utrzeć 1/4 buraka, dodać 60 g utartej marchwi, 30 g drobno pokrojonych surowych ziemniaków, 1 łyżkę oleju roślinnego, 2 łyżeczki soku z porzeczek lub malin, 1 łyżkę szczypiorku. Wszystko wymieszać, posypać 1 łyżką tartej bułki.
- Surówka oczyszczająca krew. Utrzeć 50 g buraków i 50 g marchwi. Dodać 50 g pokrojonej kapusty, 1,5 łyżki oliwy z oliwek, 1,5 łyżki miodu. Wszystko wymieszać i posypać z wierzchu 1 szklanką jagód lub czerwonych porzeczek.
- Kapusta kminkowa. Drobno pokroić 100 g kapusty, dodać 1 łyżkę miodu i 1 łyżeczkę mielonego kminku.

• Pomarańczowy twaróg. 120 g marchwi zatrzeć na drobnej tarce, zmieszać z 100 g twarogu. Dodać 1 łyżkę oleju słonecznikowego i jeden ząbek czosnku. Wszystko wymieszać i posypać mielonymi orzechami i zieloną pietruszką lub szczypiorkiem.

• Pomidory z orzechami lub sucharkami i marchwią. 100 g rozgniecionych pomidorów wymieszać z 100 g utartej marchwi, 30 g posiekanej pietruszki, 50 g mielonych orzechów lub sucharków. Dodać 1,5 łyżki oliwy z oliwek i wymieszać.

• Pomidory z ziemniakami. Rozgnieść 100 g pomidorów, dodać 2 łyżki oleju roślinnego i 2 łyżki słonej wody z kiszenia ogórków. Wszystko wymieszać i dodać 30 g drobno pokrojonego surowego ziemniaka. Odstawić na 30 minut.

• Pomidory faszerowane kiszoną kapustą. Ściąć górną część pomidora na wysokości 3–4 mm. Ze środka wyjąć miąższ, zostawiając ścianki grubości 2–3 mm. Miąższ zmieszać z drobno pokrojoną czerwoną kapustą i 1/2 łyżeczki oleju roślinnego. Farszem tym napełnić pomidory. Z wierzchu udekorować 1/2 łyżeczki majonezu lub śmietany, posypać posiekaną pietruszką lub szczypiorkiem.

• Seler ze zsiadłym mlekiem lub śmietaną. Grubo pokrojone łodygi selera i kilka pokrojonych na kawałki liści położyć na talerzu i polać 2 łyżkami śmietany lub 1/2 szklanki zsiadłego mleka.

• Surówka z zielonej fasoli. 60 g młodych, delikatnych strączków drobno pokroić, usunąwszy wcześniej włókienka. Dodać 50 g grubo pokrojonej sałaty i 2 stołowe łyżki oleju słonecznikowego (można dodać 1 łyżeczkę miodu do smaku).

• Sałatka ziemniaczana. Drobno pokroić 60 g ziemniaków, dodać 4 łyżki wody od kiszenia ogórków, 1/2 małej cebulki, 2 łyżeczki posiekanego kopru lub pietruszki, 40 g mielonych orzeszków ziemnych, 1 łyżkę miodu (niekoniecznie).

• Surówka z marchwi i selera. Do 50 g utartej marchwi dodać 50 g pokrojonego selera, 1/2 ogórka, 50 g mielonych orzechów, 1 łyżkę miodu. Zamiast orzechów można dodać 2 łyżki oleju słonecznikowego.

• Ziemniaki z kapustą. Drobno pokroić i wymieszać 40 g ziemniaków, 60 g kapusty, 25 g cebuli. Dodać 6 łyżek wody od kiszenia ogórków, orzechy, pietruszkę i kminek.

• Surówka z porów. Pokroić drobno 60 g porów, przyprawić 3 łyżkami majonezu, odstawić na godzinę. Następnie dodać 1 łyżkę pokrojonego selera, szczyptę kminku, 1 łyżkę wody z miodem (1 łyżeczka miodu rozpuszczona w 2 łyżeczkach wody).

• Surówka z dyni. Utrzeć 1 marchew, 50 g dyni, 25 g selera. Dodać 25 g posiekanego szczypiorku lub czerwonej cebuli oraz 10 zmielonych orzechów.

Sałatki zimowe

• Sałatka z buraków i orzechów. Ugotować dużego buraka, utrzeć go na tarce. Dodać 1/2 utartego małego surowego buraka, 1 zmiażdżony ząbek czosnku, 2 łyżki oleju roślinnego. Wymieszać, posypać mielonymi orzechami i szczyptą posiekanego szczypiorku.

• Różowa kiszona kapusta. 100 g kiszonej kapusty wymieszać z 2–3 łyżkami stołowymi soku z buraka. Dodać 1/2 małej białej lub czerwonej cebuli oraz łyżkę oleju roślinnego. Na koniec wymieszać.

• Kiszona kapusta z jabłkami. Do 100 g kiszonej kapusty dodać 1/2 przetartego jabłka (antonówki), 1 łyżkę oleju roślinnego i posypać pokrojoną połówką cebuli.

• Zimowa surówka świąteczna. Drobno pokroić 100 g kiszonej kapusty. Wymieszać 1/2 antonówki, 1 łyżkę oleju roślinnego, 1/2 posiekanej cebuli, szczyptę kminku, sok z 1 cytryny, 1 łyżkę miodu. Połączyć z kapustą, odstawić na godzinę pod przyciskiem.

• Sałatka ziemniaczana. 75 g drobno pokrojonych ziemniaków, 50 g startych lub zmielonych orzechów, 1 łyżka miodu, 1 łyżeczka startego chrzanu.

• Surówka „Witaminka". Utrzeć na tarce 50 g marchwi, 75 g kapusty, 50 g ziemniaków. Dodać 25 g posiekanej natki pietruszki, 25 g porów, 2 łyżki oleju roślinnego, łyżkę miodu, 50 g zmielonych orzechów i wszystko wymieszać.

• Surówka marchwiowo-chrzanowa. Utrzeć na tarce dużą marchew i 50 g korzenia selera. Dodać 1 łyżeczkę utartego chrzanu, 10 g zmielonych orzechów i łyżkę oleju roślinnego, wymieszać.

• Rzodkiewka z kwaśnym mlekiem. 60 g utartej rzodkiewki zalać 1 szklanką kwaśnego mleka i odstawić w ciepłe miejsce na minimum 1,5 godziny (potrawy z dodatkiem rzodkiewki powinny być przygotowane co najmniej 1,5 godziny przed spożyciem, wtedy nie grozi nam ból ani wzdęcie żołądka).

• Pudding z rzodkiewki. 60 g utartej rzodkiewki wymieszać z 10 zmielonymi orzechami włoskimi i 30 ziemnymi. Odstawić na 1,5 godziny, następnie dodać 1 łyżkę oleju roślinnego i wymieszać.

• Surówka świąteczna nr 2. Małą główkę czerwonej kapusty (1/4 dużej – 75 g) lub 75 g białej kapusty drobno poszatkować, dodać 1/2 utartej średniej marchwi, 1/2 kiszonego ogórka, 10-centymetrowego drobno pokrojonego pora, 5 zmielonych orzechów włoskich, 1 łyżkę oleju roślinnego, 2 łyżeczki borówek, 3 łyżki płatków owsianych. Wszystko wymieszać.

• Surówka „Zimowa bajka". Utrzeć średniej wielkości marchew, dodać 3 łyżki kiszonej kapusty, 1 łyżkę wody od kapusty, 1 łyżkę utartej rzodkiewki, łyżkę borówek, malin lub porzeczek. Wszystko wymieszać.

OCZYSZCZANIE ORGANIZMU Z KWASU MOCZOWEGO (DRUGI SPOSÓB)

Stosować przy następujących chorobach: osteoporoza, podagra, chroniczny reumatyzm, kamienie żółciowe i nerkowe, anemia, dna moczanowa, niektóre choroby nerwowe, cukrzyca, nadwaga, nadciśnienie, katar żołądka, choroby wątroby). Najlepszym sposobem uwolnienia organizmu od trującej substancji, która powoli zabija nasz organizm jest picie zwykłego soku z cytryny. Kuracja sokiem cytrynowym nie wymaga od chorego zmiany miejsca pobytu (jak często radzi się przy chronicznym reumatyzmie) ani zmiany diety, jest stosunkowo tania, a przy tym daje fantastyczne rezultaty.

Aby przeprowadzić tę kurację potrzebna jest zwykła cytryna, przy czym najlepiej, jeśli owoc ma cienką skórkę, gdyż wtedy zawiera więcej soku. Świeży sok cytrynowy bardzo szybko rozkłada się pod wpływem powietrza i światła i dlatego za każdym razem należy przygotowywać nową porcję soku.

Wśród ludzi, którzy nie tolerują kwasu rozpowszechnione jest zdanie, że duża ilość soku z cytryny może spowodować rozstrój żołądka. Podobne obawy są nieuzasadnione i ten, kto myśli w taki sposób zupełnie nie zna fizjologii procesu trawienia. Sok z cytryny ma kwaśny smak w momencie przygotowywania. Gdy tylko zostaje wypity, enzymy w jamie ustnej zmieniają jego smak na słodki. Tym niemniej do żołądka dochodzi kwas cytrynowy i askorbinowy. Ale te dwa kwasy, w porównaniu z kwasem solnym zawartym w sokach żołądkowych są tak słabe, że w żadnym wypadku nie mogą zaszkodzić błonie śluzowej żołądka. Wręcz przeciwnie – osoby, które cierpią na katar lub wrzody żołądka odczuwają korzystne działanie kuracji sokiem cytrynowym. Jest on bogaty w witaminę C, mikroelementy i hormony. Wspaniale oczyszcza organizm z nierozpuszczalnych soli i śluzu. Ci z Państwa, którzy chcą wyglądać młodo, powinni pić sok z jednej cytryny dziennie.

Dzięki zawartości hormonów fitoestrogenowych sok z cytryn jest szczególnie pożyteczny dla kobiet w starszym wieku. Zadziwiające związki pierwiastków chemicznych zawarte w soku cytrynowym to wspaniała profilaktyka w chorobach infekcyjnych. Późną jesienią i wczesną wiosną należy zapobiegawczo pić go przeciwko epidemii grypy i przeziębieniom. Kurację sokiem z cytryny można podzielić na dwa rodzaje: profilaktyczną i leczniczą. Profilaktyczna wygląda następująco:

• **Kuracja profilaktyczna**

Sok cytrynowy należy pić według następującego schematu:
dzień 1 i 10 –1 cytryna
dzień 2 i 9 – 2 cytryny

dzień 3 i 8 – 3 cytryny
dzień 4 i 7 – 4 cytryny
dzień 5 i 6 – 5 cytryn.
Od 1. do 5. dnia zwiększamy spożycie o 1 cytrynę, od 6. do 10. dnia zmniejszamy o jedną cytrynę. W sumie przez 10 dni należy wypić sok z 30 cytryn.

Sok przygotowuje się następująco: cytrynę przekroić wszerz na dwie połowy, każdą wycisnąć i pić sok bez dodatku cukru. Jeśli nie możecie Państwo pić czystego soku cytrynowego, to można go rozcieńczyć wodą i dodać 1 łyżeczkę miodu. Wyciśniętych połówek cytryny nie należy wyrzucać, przecież w pozostałej części cytryny i skórce są cenne fitoncydy i olejki eteryczne, które korzystnie działają na pracę serca, naczyń krwionośnych, mózgu. Wyciśnięte połówki cytryn należy drobno posiekać, przełożyć do słoika, zalać miodem lub posypać cukrem i wstawić do lodówki. Po 10 godzinach otrzymacie Państwo wspaniałą esencję (wyciąg z cytryny), którą można pić zamiast herbaty lub kawy, dodając wodę mineralną lub przegotowaną.

• **Kuracja lecznicza**

W czasie tej kuracji sok należy pić tylko w czystej postaci, tzn. nie rozcieńczać go wodą, nie dodawać miodu ani cukru. Sok należy przygotować tak, jak w przypadku kuracji profilaktycznej. Pić go trzeba pół godziny przed lub godzinę po posiłku – jak komu wygodniej. Aby leczyć ciężkie, chroniczne choroby należy w ciągu całej kuracji wypić sok z 200 cytryn. „200 cytryn! Tyle kwasu?" – pomyśli Czytelnik, który na samą myśl o cytrynie czuje w ustach kwaśny smak. Nie pomyliłem się. Właśnie 200 i ani jednej mniej (więcej można). W mojej praktyce niejedna setka ludzi piła duże ilości soku z cytryny, ciesząc się dzięki temu dobrym zdrowiem. Sam piłem do 10 szklanek, tzn. sok z 40 sztuk dziennie. Tak więc nie ma się czego bać. Kiedy Państwo spróbują przekonają się, że mam rację. Bardzo rzadko pod wpływem wprowadzenia do żołądka dużej ilości kwasu cytrynowego mogą pojawić się jakieś zakłócenia w funkcjonowaniu jelita. W tym przypadku należy zaprzestać przyjmowania soku według schematu kuracji leczniczej i przejść na kurację profilaktyczną. Pomoże to żołądkowi przyzwyczaić się do soku cytrynowego. Potem można przeprowadzić kurację leczniczą.

Opiszę teraz schemat spożywania soku w kuracji leczniczej, zalecanej w chorobach chronicznych.

dzień 1 i 12 – 5 cytryn
dzień 2 i 11 – 10 cytryn
dzień 3 i 10 – 15 cytryn
dzień 4 i 9 – 20 cytryn
dzień 5, 6, 7 i 8–25 cytryn

Razem w ciągu 12 dni zużywamy 200 cytryn.

Sok należy pić kilkakrotnie (3–5 razy dziennie). Zwykle na szósty, siódmy, ósmy i dziewiąty dzień przypada największa ilość soku (prawie litr). Osoby przeprowadzające kurację bywają przerażone taką ilością soku, a przecież pije się po 2 litry soku z jabłek lub czarnej porzeczki. A cytryna to też owoc, tylko że ma kwaśny smak.

Podczas leczenia kamieni za pomocą soku z cytryny należy go pić według wyżej opisanego schematu. Sok z cytryny jest jednym z najlepszych środków przeciw kamieniom. Należy dodać, że w trakcie kuracji przez kilka dni widoczna jest wydajniejsza praca nerek. Mocz może zmienić kolor, stanie się ciemny, może pojawić się w nim osad ceglanego koloru, składający się z soli moczanowych. W pierwszej fazie leczenia ilość osadu na litr bywa duża, co świadczy o tym, że organizm pod wpływem kwasu cytrynowego gwałtownie usuwa kwas moczowy. Pod koniec kuracji mocz przybiera kolor bursztynu, nie widać osadów, nawet po długim czasie stania, co wskazuje, że nie ma nadmiaru kwasu moczowego w organizmie. Kuracja sokiem cytrynowym najlepiej zaopatruje organizm w witaminy, których nam chronicznie brakuje. Przecież jeden wypalony papieros niszczy w organizmie do 25 miligramów witaminy C, czyli 1/4 dziennego zapotrzebowania (a kto w dzisiejszych czasach nie pali?). Czym można wytłumaczyć tak zdumiewające działanie soku z cytryny? Kwas cytrynowy jest jedynym kwasem wiążącym się w organizmie z wapniem. W wyniku tego procesu tworzy się unikalna sól. Podczas jej rozpuszczania organizm otrzymuje fosfor i wapń, pierwiastki, które normalizują przemianę materii i regenerują tkankę kostną.

Szczególnie cenne w kuracji cytrynowej jest to, że podczas niej w organizmie powstaje naturalny kwas aminowo-cytrynowy, który jest składnikiem (w postaci syntetycznej) praktycznie wszystkich preparatów farmakologicznych przeznaczonych do walki z wyżej opisanymi chorobami.

WSZYSTKO JEST KORZYSTNE DLA ZDROWIA

W wyniku stosowania różnorodnych kuracji z soku cytryny pozostaje duża ilość skórki, miąższu i pestek, które szkoda wyrzucić. Oprócz witaminy C w cytrynie ujawniono witaminę P, której niedobór prowadzi do zakłóceń w układzie krążenia. Większa część tej witaminy zawarta jest skórce i pestkach cytryny. W tejże skórce oraz pestkach znajdują się najrozmaitsze olejki eteryczne – cytro1e, kwasy organiczne i inne bardzo potrzebne organizmowi pierwiastki.

Chcecie wyglądać młodo, spróbujcie zrobić „eliksir młodości". Rozdrobnijcie 21 ziarnek cytryny, zalejcie je 100 ml spirytusu i postawcie na 7 dni w ciepłym miejscu w temperaturze 17–25°C. Następnie pijcie po 1 łyżce stołowej wieczorem przed snem.

• Syrop cytrynowy. Pozostałą po wyciśnięciu soku skórkę i miąższ cytryny drobno pokroić i włożyć do półlitrowego słoika, zasypać 3 łyżkami stołowymi cukru i dodać 3 stołowe łyżki miodu. Następnie nakryć słoik gazą i wstawić do lodówki. Po 2 dniach powstanie syrop. Można go przyjmować po 1–2 łyżki stołowe na 50 ml wody 4–6 razy dziennie, co jest doskonałe przy schorzeniach serca, reumatyzmie, miażdżycy .

• Wspaniałym środkiem profilaktycznym przeciw podwyż-szonemu cholesterolowi i schorzeniom serca jest następujący zestaw: 1 kg skórek z miąższem rozdrobnić, dodać do nich 100 g startego na tarce chrzanu i 250 g miodu. Zalać to 1 l białego wina wytrawnego i wszystko wymieszać. Następnie mieszankę przez 15 minut podgrzewać na małym ogniu tak, aby nie zawrzała. Potem ochłodzić i wstawić do lodówki. Stosować po 50 g 5 razy dziennie w dowolnym czasie.

• Wiele osób cierpi na niskie ciśnienie. Aby je podwyższyć, niekoniecznie należy pić ogromne ilości kawy lub zażywać lekarstwa. Wystarczy 50 g ziaren kawy zmielić, zmieszać z 250 g miodu i dodać 3 łyżki syropu otrzymanego ze skórki (patrz przepis wyżej). Mieszankę przechowywać w lodówce i pić po jednej łyżeczce od herbaty 2 godziny po' jedzeniu.

• Ile problemów człowiekowi lubiącemu słodycze stwarza paradontoza i chore zęby, jak starannie co rano je czyścimy, próbując usunąć z nich kamień. I tu na pomoc może przyjść skórka z miąższem, którą chcieliśmy wyrzucić. Weźcie skórkę i dobrze przetrzyjcie nią zęby i dziąsła. Zęby zbieleją, a ich korzenie wzmocnią się. Następnie na szczoteczkę wyciśnijcie trochę pasty, posypcie na wierzchu szczyptą zwykłej sody i wyciśnijcie 3-4 krople soku z cytryny. Wyczyśćcie zęby i opłuczcie wodą. Wykonujcie ten zabieg codziennie, a na zębach nie będzie żadnego nalotu, będą śnieżnobiałe i zdrowe, a przy okazji wzmocnicie dziąsła.

• Jeszcze kilka pożytecznych rad na temat spożywania cytryn. Jeżeli zaczyna boleć gardło, pojawiają się pierwsze objawy anginy, należy co 15 minut ssać po plasterku cytryny, ponieważ nawet w minimalnych ilościach roztwór kwasu cytrynowego zabija wszystkie zarazki. Jeżeli cierpią Państwo na paradontozę lub gdy bolą dziąsła, proszę regularnie rano i wieczorem przez 2 tygodnie płukać jamę ustną szklanką ciepłej przegotowanej wody z dodatkiem soku z cytryny. B Wspaniałe rezultaty daje spożywanie cytryny jako środka zapobiegającego wypadaniu włosów. Jeśli macie Państwo łupież i wypadają wam włosy, należy nacierać skórę głowy kawałkami cytryny przez 10 dni. Łupież zniknie, a włosy staną się silne.

• Sok z cytryny może okazać się niezastąpiony przy nadmiernej potliwości. Przed snem należy zrobić ciepłą kąpiel (do 2 litrów wody dodać 4 łyżeczki sody). Moczyć w niej nogi 15–20 minut, wytrzeć, a palce i miejsca między palcami przetrzeć kawałkami cytryny. W ciągu dnia należy nasączać watę sokiem z cytryny i wkładać ją pomiędzy palce u nóg. Po kilku takich zabiegach pocenie się stóp zniknie. Podczas przeprowadzania kuracji cytrynowej od wyciskania soku skóra rąk stanie się miękka i zadbana, a paznokcie nabiorą blasku.

• Jeżeli dokuczają Państwu odciski, należy przyłożyć na noc kawałek cytryny i zakleić ją plastrem. Do rana odcisk stanie się tak miękki, że można go będzie bez trudu usunąć. Jeżeli twarz i całe ciało pokrywają piegi, wystarczy przeprowadzić profilaktyczną kurację sokiem z cytryny, by ich ilość zmniejszyła się.

Krócej mówiąc, sok z cytryny ma szeroki zakres działania na różne dolegliwości, o czym przekonać się można na własnym przykładzie. Znany długowieczny Portugalczyk San Paulo żył 156 lat, a swoją dobrą kondycję zdrowotną tłumaczył m.in. tym, że codziennie spożywał od 10 do 15 cytryn. A więc kupujcie Państwo cytryny i wyciskajcie z nich sok. Wasze zdrowie jest w Waszych rękach!

CHOLESTEROL – „LICZNIK" DŁUGOWIECZNOŚCI

Kuracje obniżające poziom cholesterolu

Większość tłuszczów, które zjadamy, wątroba przetwarza na cholesterol (greckie *chale* = żółć + *stereos* = stężały), który następnie przedostaje się do krwi, a krew roznosi go po całym organizmie. Cholesterol sam w sobie nie jest szkodliwy dla przebiegu wielu procesów w organizmie. Jeżeli powstaje z nienasyconych tłuszczów, wówczas łatwo „topi się" w organizmie nawet podczas niewielkiego wysiłku fizycznego (wystarczy po prostu dobrze się spocić). Jeżeli jednak powstaje z tłuszczów zwierzęcych, wtedy sam wysiłek fizyczny już nie wystarcza dla spalenia normalnej ilości cholesterolu (nie mówiąc już o jego nadmiarze).

Strumień krwi jakby „dusi się" od kleistych cząstek cholesterolu, które osiadają na ściankach tętnic i zanieczyszczają je. Normalny poziom cholesterolu wynosi od 140 do 180 mg na dekalitr krwi. Jeżeli jego poziom dochodzi do 250–300 jednostek to już tragedia. Tętnice są zanieczyszczone, istnieje więc prawdopodobieństwo, że grudki kleistego cholesterolu zablokują je i doprowadzą do chorób serca, wylewów, a nawet do śmierci. Dlatego każdy powinien uważać, aby poziom cholesterolu nie podnosił się ponad bezpieczną normę.

Co robić, aby cholesterol był zawsze w granicach normy?

1. Ograniczyć spożycie tłuszczów zwierzęcych, przestać jeść bez umiaru masło, żółty ser, kiełbasy, mięso, jajka, słodycze. Wystarczy 5–10 g masła, 2–3 plasterki sera dziennie, 3–5 jajek tygodniowo. Jajka powinny być ugotowane na miękko (zalać jajko 1 litrem wrzątku i odstawić na 10 minut; przed spożyciem dodać 2–3 krople soku z cytryny, aby wykluczyć prawdopodobieństwo zarażenia salmonellą).

2. Używać tłuszczu roślinnego (lepszy jest tłoczony na zimno).

3. Walczyć z nadwagą.

4. W ciągu dnia zmuszać organizm do wysiłku fizycznego aż do wystąpienia potu.

Jeżeli zastosują się Państwo do powyższych wskazówek, poziom cholesterolu na pewno nie podniesie się. Ale jeżeli w ciągu wielu lat nieprawidłowego odżywiania się, palenia, siedzenia przed telewizorem, za kierownicą samochodu, za biurkiem w tętnicach osadził się cholesterol trzeba przedsięwziąć specjalne kroki, aby je oczyścić od wewnątrz. Aby to zrobić, należy okresowo przeprowadzać kuracje, mające na celu rozrzedzenie krwi i „zeskrobanie" ze ścianek naczyń krwionośnych tłustego nalotu śmiercionośnego cholesterolu. W tym celu podam kilka przepi-

117

sów, z których proszę wybrać dla siebie najlepszy.

• 10 cytryn włożyć do garnka i zalać wrzątkiem na 10–15 minut, a potem wycisnąć z nich sok. Do soku dodać 1 kg miodu i wymieszać. Obrać 10 dużych główek czosnku i zmielić je w maszynce do mięsa. Przełożyć do słoika, zmieszać z sokiem cytrynowym i miodem. Słoik zakręcić, owinąć ciemnym ręcznikiem i wstawić do lodówki na 7 dni. Po tym okresie dokładnie wymieszać, pić po 1 łyżeczce od herbaty 3–4 razy dziennie. Podana ilość powinna wystarczyć na 2 miesiące. Później proszę zrobić 4 miesiące przerwy, po czym znów przygotować i pić ten sok. Jeżeli będziecie Państwo przeprowadzali taką kurację regularnie, możecie przestać się martwić o stan swoich naczyń krwionośnych.

• Przygotować mieszankę: 1 szklanka nasion kopru włoskiego, 2 łyżki stołowe zmielonego korzenia kozłka lekarskiego, 2 szklanki miodu naturalnego. Wszystko to umieścić w termosie o pojemności 2 l i zalać wrzącą wodą do wypełnienia całego termosu. Odstawić na 24 godziny. Następnie przecedzić, przelać i trzymać w lodówce na najniższej półce. Pić po 1 stołowej łyżce 3 razy dziennie na 30 minut przed jedzeniem, dopóki mikstura się nie wyczerpie. Kurację przeprowadzić raz do roku.

W 1971 roku wyprawa UNESCO znalazła w jednym z tybetańskich klasztorów receptę na „eliksir młodości" (nalewkę czosnkową), datowaną na IV–V wiek p.n.e. Nalewka czosnkowa oczyszcza organizm z odkładającego się tłuszczu, wypłukuje nie rozpuszczony wapń, szybko poprawia przemianę materii, oczyszcza naczynia krwionośne, zapobiega zawałowi serca, paraliżowi, powstawaniu nowotworów, likwiduje szum w głowie, poprawia wzrok, odmładza organizm.

• Nalewka czosnkowa. 35 dag obranego czosnku (z nowych zbiorów) rozetrzeć i zmieszać z 200 ml czystego spirytusu. Szczelnie zamknąć i postawić w ciemnym i chłodnym miejscu (ale nie w lodówce) na 10 dni. Następnie masę przecedzić, przelać do słoika i postawić w ciemnym miejscu jeszcze na 4 dni. Teraz środek jest już gotowy do użycia. Stosować według następującego schematu:

Dzień	Śniadanie	Obiad	Kolacja
1	1 kropla	2 krople	3 krople
2	4 krople	5 kropli	6 kropli
3	7 kropli	8 kropli	9 kropli
4	10 kropli	11 kropli	12 kropli
5	13 kropli	14 kropli	15 kropli
6	16 kropli	17 kropli	18 kropli
7	19 kropli	20 kropli	21 kropli
8	22 krople	23 krople	24 krople
9	25 krople	25 kropli	25 kropli
10	25 kropli	25 kropli	25 kropli
11	25 kropli	25 kropli	25 kropli

Potem należy przyjmować po 25 kropli 3 razy dziennie dopóki nalewka się nie skończy, zawsze z 50 mI kwaśnego produktu mlecznego, najlepiej z kefirem lub jogurtem.

Wiele osób nie lubi ostrego zapachu czosnku. Aby go zlikwidować, po zażyciu nalewki należy zjeść natkę pietruszki, jabłko, skórkę cytryny albo pomarańczy.

Uwaga! Kurację należy przeprowadzać nie częściej niż raz do roku.

Wspaniale obniża poziom cholesterolu następująca kuracja.

• 50 g oliwy z oliwek podgrzać, wlać do szklanki i wycisnąć na to sok z całego grapefruita. Wypić to wszystko. Położyć się na prawym boku, przyłożyć w okolice wątroby termofor lub poduszkę elektryczną, poleżeć 45–60 minut. Zabieg należy wykonywać 7 dni z rzędu co trzy miesiące. Po wypiciu oliwy z sokiem proszę niczego nie jeść przez 2 godziny. Zabieg najlepiej wykonywać przed snem, 3 godziny po ostatnim posiłku.

Organizm człowieka zbudowany jest zgodnie z prawami fizyki i chemii.

Prawa te nigdy się nie zmieniają. Wypisane są na każdym nerwie, każdym mięśniu. Prawa te rządzą komórkami, tkankami i narządami ciała, nakładając na nie określone funkcje.

H. Wollmer, doktor medycyny

Na jednym ze spotkań poświęconych zdrowemu stylowi życia zwróciła się do mnie kobieta z bardzo smutnym pytaniem: Dlaczego jej kości są słabe, skoro przez całe życie wypijała średnio 1–1,5 litra mleka dziennie, zupy mleczne i kasze pojawiały się w jej jadłospisie co drugi dzień, a gdy była przeziębiona, zażywała w dużych ilościach wapń i witaminę C? Innymi słowy, jej organizm otrzymywał więcej wapnia, niż było to potrzebne, ale kiedy złamała rękę, kość wcale się nie zrastała. Wówczas wykryto u niej osteoporozę. Myślę, że i wśród moich Czytelników znajdzie się wielu takich, dla których nabiał był podstawą żywienia, a i wapna w tabletkach im nie brakowało. A jednak badanie na osteoporozę wykazało brak wapnia w kościach. Dlaczego? Chodzi o to, że wapń w tej postaci, w jakiej my go przyjmujemy: pasteryzowane, odtłuszczone mleko, syntetyczne preparaty wapnia, tabletki itp. organizm „przepuszcza przez siebie" jakby „tranzytem". Kości praktycznie niczego nie otrzymują, gdyż ten wapń jest trudno przyswajalny. Każdorazowo kiedy organizm potrzebuje wapnia dla swoich procesów życiowych (np. przy każdej zmianie pogody wzrasta ilość wapnia we krwi), jest zmuszony pobierać go z kości. Właśnie dlatego ludzie często narzekają na bóle w kościach przy zmianach pogody. Inaczej mówiąc, jeżeli dostarczamy organizmowi trudno przyswajalny wapń, organizm przypomina samochód który zakopał się w śniegu: im szybciej kręcą się koła, tym głębiej się zapada, silnik pracuje na podwyższonych obrotach, są wielkie straty paliwa, a samochód wciąż tkwi w tym samym miejscu.

Przyczyny braku wapnia w organizmie

Wśród pierwiastków, które wchodzą w skład naszego ciała wapń zajmuje piątą pozycję po czterech podstawowych: węglu, tlenie, wodorze i azocie. W organizmie jest średnio około 1200 gramów wapnia, przy czym 99% tej ilości znajduje się w kościach.

W ciągu doby z tkanki kostnej dorosłego człowieka ubywa do 700 mg wapnia i również tyle powinno odkładać się znowu, przy czym u rosnących dzieci szkielet odnawia się w ciągu 1–2 lat, a u dorosłych w ciągu 10–12 lat.

Tkanka kostna pełni w naszym organizmie funkcję podpory (utrzymuje nasze ciało w pozycji pionowej), a także służy jako magazyn (hurtownia), z którego organizm czerpie wapń i fosfor, gdy jest ich za mało w produktach żywnościowych. Zawartość wapnia we krwi jest zawsze stała, nawet w ostatnim stadium osteoporozy we krwi może być 99,9 % normy wapnia (jest to reakcja obronna organizmu). Jeżeli zawartość wapnia we krwi jest niewystarczająca, to będzie on intensywnie pobierany z kości. Kiedy proces ten odbywa się dzień w dzień, wówczas masa substancji kostnej zaczyna się zmniejszać.

Wiadomo, że takie produkty jak mięso, ser, cukier, tłuszcze zwierzęce podczas trawienia dostarczają organizmowi duże ilości szkodliwych kwasów (mleczny, szczawiowy, moczowy i in.), które zatruwają organizm. Sole wapnia neutralizują te kwasy, tym samym chroniąc organizm przed całkowitym zatruciem. Im więcej w naszym pożywieniu wyżej wymienionych produktów, tym mniej wapnia w kościach.

Witamina D i C „wspólnikiem" wapnia

Podstawową funkcją witaminy D jest regulacja wymiany wapnia w organizmie. W nerkach z witaminy D powstaje związek, który sprzyja przyswajaniu wapnia, przy czym reakcja ta jest możliwa tylko przy udziale witaminy C. W ten sposób witaminy D i C są niezbędnymi składnikami w reakcjach przyswajania wapnia przez układ kostny. Nie jest możliwe dostarczenie organizmowi dostatecznych ilości witaminy D w produktach żywnościowych. Podstawowym źródłem witaminy D są: jajka, których nie poleca się jeść ze względu na wysoką zawartość tłuszczu i powstającego z tego powodu cholesterolu (z czym zdecydowanie nie mogę się zgodzić); masło śmietankowe, które uparcie próbuje się zastąpić syntetyczną margaryną, z której witamina D uwalnia się z wielkim trudem; wątroba i ryby (ani surowej wątroby, ani surowych ryb nie jemy, a po obróbce termicznej pozostają znikome ilości witaminy D). Witamina ta nazywana jest „słoneczną witaminą", gdyż powstaje w organizmie pod wpływem promieni ultrafioletowych. Od pewnego czasu wszystkim nam próbuje się wmówić, że przebywanie na słońcu szkodzi naszemu organizmowi, że promienie słoneczne sprzyjają powstawaniu chorób nowotworowych. Słońce stało się głównym sprawcą naszych problemów zdrowotnych. Ze wszystkich stron specjaliści ostrzegają: unikaj słońca – ono niszczy twoje zdrowie! Ale zapominamy przy tym, że słońce jest źródłem wszystkiego, co żyje na ziemi.

Znany amerykański naturopata Paul Berg w wieku lat 90 był silny, zdrowy, sprawny fizycznie, zwinny. Przebiegał codziennie 5 kilometrów, dużo pływał, chodził po górach, grał w tenisa, tańczył. Gdy miał 95 lat pracował po 12 godzin dziennie, nie wiedział co to choroby i zmęczenie, był zawsze rześki i pełen chęci życia. W wieku 16 lat umierał na gruźlicę. Sławni lekarze w USA postawili diagnozę: przypadek beznadziejny, nie da się wyleczyć. Lecz Paul Berg trafił do doktora Augusta Raulien z Lozanny – jednego z największych autorytetów w dziedzinie helioterapii (leczenia słońcem). Później Berg napisał: „Wysoko w Alpach doktor Raulien oddziaływał na moje ciało uzdrawiającymi promieniami słonecznymi i przepisał mi dietę z warzyw i owoców. W ciągu dwóch lat z umierającego chłopca zmieniłem się w pogodnego, cieszącego się życiem, silnego człowieka. Od tego czasu pilnie przestrzegałem, pilnowałem, by moje ciało stale otrzymywało dawkę promieni słonecznych, a mój organizm – owoce i warzywa".

Porozmawiajmy teraz o słońcu, nie z punktu widzenia chorób, które ono powoduje, a zdrowia, które można osiągnąć dzięki jego wpływowi. Pod wpływem promieni słonecznych w naszym organizmie wytwarza się witamina D (podstawową jej funkcją jest umożliwienie organizmowi przyswajania wapnia). Witamina D jest niezbędna dla krzepnięcia krwi, normalnego wzrostu kości i tkanek, pracy serca i układu nerwowego. Przy niedoborze witaminy D (na skutek braku światła słonecznego) jest silnie zaburzona przemiana materii i słabiej pracują naczynia krwionośne. Te ostatnie nie zapobiegają przedostawaniu się do krwi bakterii, co w znacznym stopniu osłabia funkcje obronne organizmu. Człowiek staje się mało odporny na infekcje.

Co prawda można otrzymywać witaminę D i wapń pod postacią tabletek zawsze dostępnych w aptece, jednak gdy uwzględni się odmienne zapotrzebowanie różnych ludzi na witaminę D, to praktycznie bardzo trudno jest ustalić odpowiednią dawkę. Trzeba sobie uświadomić, że przy jej niedoborze lub nadmiarze organizm nie będzie przyswajał wapnia, dlatego przyjmowanie go w takiej sytuacji może spowodować więcej szkód niż korzyści.

Zaspokajając potrzeby organizmu na witaminę D człowiek nie może być zależny ani od pokarmu, ani od preparatów chemicznych. Musi ona sama powstać w organizmie w sposób naturalny, pod wpływem światła słonecznego.

Ludzie pierwotni, żyjący pod gołym niebem, nie cierpieli na brak witaminy D. Niektóre współcześnie żyjące prymitywne plemiona nie cierpią nań dotychczas. Dopiero gdy ludzie zaczęli mieszkać w wielkich miastach, gdzie małe okna mieszkań nie pozwalają przenikać promieniom słonecznym, odczuwalny stał się niedobór tej witaminy. Poddając się działaniu promieni słonecznych należy zawsze pamiętać o tym, że człowiek powinien pobierać je w małych dawkach. Dlatego czas przebywania na słońcu to 20–30 minut każdego dnia. Potem powinno się chronić w cieniu. Wykorzystujcie słońce nie dla opalenizny, a dla zdrowia!

Naukowo dowiedziono, że najlepsza pora na kąpiele słoneczne to godziny poranne – od wschodu słońca do godziny dziesiątej. Między godziną 10 a 17 promienie słoneczne mają wysoką radiację, parzą ciało, prowadząc do przedwczesnego starzenia się skóry. Japoński profesor Nishi stwierdził, że określone zabiegi wodno-powietrzne stymulują w organizmie syntezę witaminy D. Dlatego należy wyrobić w sobie nawyk korzystania z porannych i wieczornych naprzemiennych pryszniców. Regularne uczęszczanie do sauny również sprzyja syntezie tej witaminy. Trzeba jednak pamiętać, że kiedy skóra pokrywa się warstwą opalenizny, produkcja witaminy D zostaje wstrzymana, dlatego w miarę jak skó-ra ciemnieje – należy jak najwięcej przebywać w cieniu. Polecam następujące ćwiczenie, które „konserwuje" witaminę D:

• Proszę położyć się na plecach, złączyć dłonie i stopy i leżeć tak około 2–3 minut. Codzienne wykonywanie tego ćwiczenia pomoże organizmowi uniknąć niedoboru witaminy D.

Podczas pobytu na urlopie, kiedy mamy już ładną letnią opa-leniznę, należy korzystać również z takich źródeł witaminy D, jak jajka, masło śmietankowe, wątroba, ryby, warzywa i owoce.

Słońce jest bezcennym darem przyrody. Korzystajcie Państwo z niego rozsądnie, a jego energia będzie zawsze służyła Waszemu zdrowiu.

Witamina D ma jeszcze jedną bardzo ważną właściwość: wchodzi w skład gruczołów wydzielniczych skóry, co oznacza, że im częściej myjemy ciało różnymi syntetycznymi preparatami (tj. kosmetykami), tym więcej wymywamy z naszego organizmu witaminy D. Więc co, przestać się myć? – może spytać Czytelnik. Myć się można, a nawet trzeba, ale jeśli już używacie Państwo syntetycznych płynów do ciała, powinniście po myciu nasma-rować się naturalnym olejem roślinnym, jeżeli nie całe ciało, to przynajmniej ręce i nogi, gdyż właśnie tam przede wszystkim od-bywa się synteza witaminy D. Zwyczaj nacierania ciała po kąpieli wonnymi olejkami wywodzi się z zamierzchłej przeszłości. Przy-gotować taki olejek może bez trudu każdy. Wystarczy do 200 g oleju roślinnego dodać 2 garści płatków róży, postawić buteczecz-kę w ciemnym miejscu na siedem dni i gotowe. Należy mieć ten płyn pod ręką i po każdej czynności: zmywaniu, praniu wcierać go chociażby w dłonie. Wykorzystujcie Państwo właściwość na-szej skóry, która działa na zasadzie podwójnego filtra. Z jednej strony przez pory wydala toksyny, a z drugiej – wchłania poży-teczne substancje.

Myślę, że Czytelnik po tym opisie zrozumiał własności wita-miny D oraz to, że przy obecnym stylu życia chronicznie brakuje nam tej witaminy, a to uniemożliwia pełne przyswojenie wapnia.

Teraz o witaminie C. Jest ona niezbędna do tego, aby organizm był zawsze zdrowy, bez niej w organizmie nie zachodzi ani jedna reakcja utleniania. Gdyby nie było witaminy C, zginęlibyśmy z powodu nieustannie atakujących organizm wirusów, bez tej witaminy nasze naczynia krwionośne zamieniłyby się w puste rurki, niezdolne do transportowania krwi.

Niestety, jest to witamina bardzo „delikatna", niszczy ją światło dzienne lub słoneczne i podgrzewanie powyżej 100°C. Jeden tylko przykład: kiedy przygotowujemy zupę warzywną, w trakcie gotowania zniszczeniu ulega do 50% witaminy C, gdy zupa stoi na kuchence 3 godziny – tracimy jeszcze 20%, a po 6 godzinach, albo po powtórnym podgrzaniu nie ma w niej już witaminy. Obierając ziemniaki tracimy do 30% witaminy, gotując je – jeszcze 30–40%. *W ten sposób, gdy ciągle spożywamy gotowaną żywność, którą w dodatku kilkakrotnie podgrzewamy, witamina C dostaje się do naszego organizmu z żywnością w minimalnych ilościach.* Na szczęście witaminy C jest dużo w warzywach i owocach. Ale dopiero od paru lat mówi się o wartościach surowych warzyw i owoców, a do tej pory, poczynając od lat sześćdziesiątych, ze względu na choroby układu pokarmowego (a cierpiało na te dolegliwości prawie 80% społeczeństwa) spożywanie warzyw i owoców, szczególnie przez osoby w starszym wieku, było kategorycznie zabronione, zresztą, szczerze mówiąc, nie miały one nawet jak spożywać tych bezcennych darów natury (zęby bowiem miały zepsute już od dzieciństwa). W ten sposób tworzyło się błędne koło: skórę z warzyw należy obierać – niszczy żołądek i zawiera azotany (a w skórce jest najwięcej wapnia), warzyw i owoców nie jeść, za to pić więcej mleka i jeść mięso. Nawiasem mówiąc, im człowiek więcej spożywa białka zwierzęcego, tym więcej potrzebuje witaminy C. Taki sposób odżywiania w ciągu ostatnich 50 lat daje fatalne rezultaty, ludzie nie dożywają nawet połowy czasu danego im przez naturę. Średnio co drugi człowiek umiera na skutek chorób serca, co trzeci na choroby nowotworowe, co czwarty zapada na chorobę Parkinsona lub Alzheimera, a co piąty cierpi na cukrzycę i osteoporozę. Zdrowy człowiek w wieku 70–80 lat to rzadkość, a 70% po prostu nie dożywa tego wieku.

Rozmowę o witaminie C chciałbym zakończyć jeszcze jednym szokującym faktem. W trakcie badań naukowych udowodniono, że dym z jednego wypalonego papierosa niszczy w organizmie 25 mg witaminy C, tj. 1/4 dobowej dawki. W ten sposób samo palenie papierosów całkowicie pozbawia organizm tej witaminy. Jeżeli uwzględnimy, że w każdej rodzinie jest przynajmniej jeden palacz, to dla reszty rodziny nie ma znaczenia, czy biorą papierosa do ust, wystarczy, że wdychają dym papierosowy (tzw. bierne palenie). Innymi słowy, w rodzinie palaczy dziecko biernie „pali" już od najmłodszych lat.

Witamina C nazywana jest antyprzeziębieniową, a wiosną i jesienią, zaczynając od dziecka kończąc na dorosłych, wszystkich kosi epidemia przeziębień i grypy, co stanowi jaskrawy dowód braku odporności organizmu, spowodowanego niedostateczną ilością witaminy C. A co z witaminą w tabletkach? – pomyśli dociekliwy Czytelnik. Szkodliwe jest nie tylko przyjmowanie witaminy C, ale i wszystkich syntetycznych witamin. Po pierwsze: witaminy to związki, które nie są wytwarzane drogą syntezy w organizmie człowieka. W roślinach powstają w procesie biosyntezy pod wpływem światła Słońca i Księżyca. W komórkach roślin witaminy występują w łatwo przyswajalnej dla człowieka postaci (prowitaminy), oprócz nich w roślinach występuje niezbędny zbiór soli mineralnych, które sprzyjają pełnemu przyswojeniu ich przez organizm. Właśnie dzięki temu przedawkowanie naturalnych witamin jest bardzo trudne, a syntetycznych bardzo łatwe. Po drugie: sztuczne witaminy – to krystaliczna nieorganiczna substancja (produkt rafinowany), obca dla organizmu. Jest ona albo z trudnością przyswajana, albo też nie jest przyswajana w ogóle (szczególnie przy zaburzeniach metabolizmu). Wielu z Państwa przekonało się o tym „na własnej skórze", kiedy mocz (po spożyciu witamin) ma kolor i zapach spożytych witamin. Często zdarzają się różne formy nietolerancji organizmu (mdłości, osłabienie, swędzenie) po zażyciu syntetycznych witamin. Spożywając je przeciążamy nerki i wątrobę, naruszamy równowagę substancji mineralnych w organizmie. Po trzecie: jednym ze skutków ubocznych stosowania syntetycznych witamin jest zwiększenie apetytu, ponieważ organizm, żeby je przyswoić, potrzebuje dodatkowej porcji soli mineralnych, węglowodanów, składników białkowych. Znajdują się one w roślinach, natomiast w syntetycznych witaminach ich nie ma i dlatego człowiek zaczyna instynktownie dużo jeść, co prowadzi do nadwagi (Amerykanie są najbardziej otyłym narodem na świecie między innymi dlatego, że „jedzą" sztuczne witaminy w dużych ilościach). W naszej świadomości utrwaliła się opinia, że witamina C jest nie szkodliwym preparatem, jednak w ostatnich latach lekarze coraz częściej obserwują skutki uboczne, spowodowane. nadmiernymi dawkami syntetycznej witaminy C. To nie tajemnica, że wiele osób przyjmuje witaminę C i przyj ej pomocy leczy grypę i niektóre inne choroby wirusowe, spożywając według swojego uznania dawkę 4–6 g na dobę, podczas gdy norma wynosi około 100 mg.

Uczeni wielu krajów zgodnie solidaryzują się z opinią, że przyjmowanie syntetycznej witaminy C nie podnosi odporności organizmu na choroby przeziębieniowe, a jej zwiększone dawki pogarszają przebieg niektórych chorób infekcyjno-alergicznych, w szczególności reumatyzmu.

Najbardziej niebezpiecznym skutkiem przyjmowania maksymalnych dawek witaminy C jest zwiększona krzepliwość krwi, w wyniku czego powstają skrzepy. Oprócz tego witamina C może sprzyjać powstawaniu w nerkach i pęcherzu moczowym kamieni z soli kwasu szczawiowego i moczowego. Osobom, które otrzymywały witaminę B2 w zastrzykach lekarze odradzają przyjmowanie witaminy C, ponieważ niszczy ona tę witaminę.

Chorzy na cukrzycę powinni wiedzieć, że duże dawki witaminy C zaburzają proces wytwarzania insuliny przez trzustkę i zwiększają zawartość cukru w moczu i krwi. W ostatnim czasie stwierdzono, że duże dawki witaminy C hamują tempo przesyłania impulsów nerwowo-mięśniowych, w wyniku czego zwiększa się zmęczenie mięśni i zaburzona jest koordynacja reakcji wzrokowych i ruchowych.

Sądzę, że wniosek może być jednoznaczny – przed spożyciem witaminy C należy obowiązkowo skonsultować się z lekarzem i przyjmować tylko naturalne witaminy, w które obfitują warzywa i owoce. Na pewno ich Państwo nie przedawkują.

Kropkę nad „i" w kwestii zaburzenia wymiany wapnia może stanowić nasze bezgraniczne umiłowanie produktów mącznych. Wapń występuje w dużych ilościach w wyrobach mącznych zawsze w formie ciężko przyswajalnej (zły wapń). Z niektórymi kwasami (szczawiowym, moczowy) tworzy trwałe nierozpuszczalne związki. A ponieważ chleb i wyroby mączne są podstawowymi produktami w naszym jadłospisie, więc nic dziwnego, że każdego z nas doprowadzają do szału bóle kręgosłupa, stawów i mięśni.

W jaki sposób w organizmie tworzą się nierozpuszczalne sole wapnia?

Większość z nas je za dużo, je raczej z przyzwyczajenia niż z głodu. Od lat dziecinnych wmawia się nam, że posiłki należy spożywać kilka razy dziennie, niezależnie od tego, czy chce się nam jeść, czy nie. Dlatego organizmowi brakuje „siły życiowej", aby przerobić, przetrawić, przyswoić ten nadmiar produktów. Ogromna ilość kwasów powstaje w wyniku spożywania produktów białkowych pochodzenia zwierzęcego, łączy się z Ca, tworząc nierozpuszczalne krystaliczne toksyczne związki. Organizm nie jest w stanie ich usunąć, więc zaczynają się one odkładać w naszych stawach. Ten proces trwa powoli, latami i mało kto go zauważa aż do chwili, gdy stawy zaczynają nam sprawiać kłopoty. W każdym stawie jest swoisty smar, który zapewnia jego ruchliwość. Niezależnie od tego, czy macie Państwo lat 40, 60 czy 70, ilość smaru się nie zmienia, ale gdy zawierające wapń nierozpuszczalne związki zaczynają wypierać smar ze stawów, jakby cementując je, wówczas odczuwa się ból, zmniejszenie ruchomości i elastyczności stawów.

Pierwszym obiektem ataku są nogi. W nogach jest więcej kości, niż w każdej innej części ciała, w stopie aż 26. Ze stóp toksyczne kryształki przemieszczają się wyżej, co powoduje, że odczuwamy ból w kolanach. Potem przesuwają się do stawów biodrowych. Proszę zaobserwować, jak rano wstajecie z łóżka. Co drugi dzień z jękiem narzekacie: „Och, moje plecy!". Mijają lata i toksyczne kryształki przesuwają się jeszcze wyżej – do kręgosłupa, potem atakują ramiona, szyję, łokcie, a nawet palce. Dochodzi do tego, że niektóre osoby z trudem zwijają dłoń w pięść, przy skręcaniu szyi rozlega się trzask i chrupnięcie. Na usprawiedliwienie wciąż powtarzają: „Stawy bolą, bo się starzeję". No a dzieci? U dzieci tak samo trzeszczy i chrupie. Proszę popatrzeć, jak porusza się młodzież. Widoczny jest brak ruchliwości stawów, kolana mają jak z drewna! Wcześniej na podwórku grali w piłkę, klasy, bawili się w chowanego, a teraz podwórko jest zastawione przez samochody i nie pozostaje nic innego, jak grać w domu, siedząc przed ekranem komputera, *a stawy i kości wymagają ruchu, czym więcej, tym dla nich lepiej.*

Jeżeli z tego wszystkiego, o czym pisałem powyżej, wyodrębnimy najważniejsze punkty, będą one stanowić przyczyny pojawienia się w organizmie chorób kości, stawów, mięśni itp.

◻ Brak w organizmie witamin D i C.
◻ Odżywianie się produktami poddanymi obróbce cieplnej.
◻ Używanie głównie przegotowanej wody.
◻ Spożywanie małych ilości warzyw i owoców oraz ich naturalnych, na świeżo przygotowywanych soków.
◻ Obieranie warzyw i owoców ze skóry.
◻ Nieprawidłowe przygotowywanie posiłków (długie gotowanie, smażenie).
◻ Zbyt duże ilości pożywienia.
◻ Palenie.
◻ Brak ruchu.
◻ Spożywanie w dużych ilościach mleka.
◻ Spożywanie w dużych ilościach chleba i wyrobów mącznych.
◻ Spożywanie w dużych ilościach cukru i słodyczy.

◘ Spożywanie w dużych ilościach tłuszczów zwierzęcych.

◘ Spożywanie w dużych ilościach syntetycznych witamin.

◘ Spożywanie rafinowanych produktów zawierających nierozpuszczalny (nieorganiczny wapń): długo gotowanych kasz, makaronów, zup z torebek i innych.

Gdyby każdy z Państwa uczciwie i z ręką na sercu przekreślił ptaszek, to sądzę, że prawie wszystkie punkty okazałyby się charakterystyczne dla jego trybu życia, co oznacza, że możecie być pewni zachorowania, albo już jesteście chorzy, tylko jeszcze o tym nie wiecie.

Teraz zróbmy krótkie podsumowanie. Nasz nieprawidłowy tryb życia prowadzi do tego, że sami sobie przygotowujemy grunt dla powstania w naszym organizmie choroby. Ten nieprawidłowy tryb życia przekazujemy naszym dzieciom, a one znów swoim. W taki sposób przekazujemy „genetycznie" nie chorobę, ale złe nawyki, które są przyczyną choroby. Ten wniosek dotyczy wszystkich chorób, które określamy jednym słowem – „cywilizacyjne"

Skorupka jajka to nie śmieć

Skorupka jajka jest idealnym źródłem wapnia, który w 90% jest przyswajany przez organizm (kości). Oprócz węglanu wapnia w skorupce są wszystkie niezbędne dla organizmu mikroelementy: miedź, fluor, żelazo, mangan, molibden, siarka, krzem, cynk i inne – w sumie 27! Skład skorupki jajka jest bardzo podobny do składu kości i zębów. Niemieccy i węgierscy uczeni, którzy przez 15 lat badali wpływ skorupki jajka na organizm człowieka zauważyli, że u dzieci i dorosłych podawanie skorupki dało pozytywne rezultaty przy łamliwości paznokci, włosów, krwawieniach dziąseł, zaparciach, pobudliwości, bezsenności, chronicznych katarach, astmie. Jak się okazało, skorupka jajka nie tylko wzmacnia tkankę kostną, ale i usuwa z organizmu pierwiastki promieniotwórcze.

„Skorupkoterapia" w leczeniu i profilaktyce osteoporozy może przynieść nieoceniony pożytek, a co najważniejsze – nie powoduje żadnych skutków ubocznych. Metoda stosowania skorupki jest prosta, nie wymaga poniesienia żadnych kosztów.

- Skorupkę jajka zanurzyć na 5 minut we wrzątku. Pozostawić do wyschnięcia i zmielić w maszynce do kawy. Używać od 0,5 do 1 g dziennie. Można spożywać ją z sokiem z 1/2 cytryny lub dodawać do kasz i twarogów, aby zapobiec osteoporozie. Kurację skorupką jajka należy przeprowadzać 2 razy do roku w styczniu i listopadzie w ciągu 30 dni, stosując 1–2 g dziennie.

Produkty roślinne o dużej zawartości mikroelementów i witamin					
Wapń	Fosfor	Potas	Magnez	Witamina C	Witamina D
skórka warzyw i owoców otręby bób szpinak marchew rzepa sałata groszek mlecz seler jabłka wiśnie agrest poziomki	zielony groszek szpinak orzechy owies bób żyto jęczmień pszenica ogórki kapusta kalafior jabłka gruszki	szpinak ogórki ziemniaki marchew cebula pietruszka szparagi	kapusta marchew buraki sałata owies jęczmień pszenica szpinak pietruszka mlecz pokrzywa maliny pietruszka pokrzywa	pomidory marchew sałata szpinak kapusta ziemniaki buraki jabłka żurawiny groszek porzeczki agrest	pomidory marchew kapusta ziemniaki rzepa buraki szpinak bób groch mlecz

- Sok z liści rzepy jest bardzo skutecznym środkiem dla dzieci i dorosłych, którzy cierpią na rozmiękczenie kości i zębów. Najlepsze efekty można osiągnąć, gdy stosuje się mieszankę soków z liści rzepy (90 g), mlecza (90 g) i marchwi (280 g). Ta ilość soku jest przewidziana na 2 razy: rano i wieczór.

Teraz podsumujmy. Jeżeli chorują Państwo, należy koniecznie:

1. Zmienić sposób odżywiania: ograniczyć spożycie produktów, które wypłukują wapń z kości.
2. Pić świeżo przygotowane soki owocowe (nie mniej niż 2 szklanki dziennie).
3. Dbać o dostarczanie organizmowi naturalnych witamin C i D.
4. Codziennie zjadać 1 skorupkę jajka i jajko na miękko oraz 1 jabłko.
5. Regularnie spożywać fasolę, groch, brokuły, owies bogate w estrogeny.
6. Oczyszczać organizm według sposobów opisanych w niniejszej książce.
7. Codziennie wykonywać wybrany zestaw ćwiczeń.
8. Codziennie rano i wieczorem robić naprzemienne prysznice.
9. Codziennie przez 10–15 minut, włączywszy ulubioną muzykę, tańczyć, podskakiwać – inaczej mówiąc wzmacniać kości poprzez ruch.

OCZYSZCZANIE ORGANIZMU

Organizm każdego człowieka posiada siedem systemów oczyszczania ze śluzówki, substancji smolistych i innych „brudów", które niszczą nasze zdrowie. Są nimi: jelito grube (1), wątroba (2), nerki (3), tkanka tłuszczowa (4), mięśnie i ścięgna (5), nos, uszy oraz oczy (6), płuca i skóra (7).

Jeśli jeden z systemów nie spełnia swojej funkcji, to z pomocą przychodzi drugi. Np. jeśli jelito grube i wątroba nie są w stanie spełniać funkcji oczyszczania, to włączają się systemy oczyszczania poprzez nos, oczy, skórę i płuca. Przy tym na skórze pojawia się wysypka, egzemy lub inne alergie, pojawia się katar. Można wówczas zakrapiać nos, robić okłady na oczy, smarować skórę maścią, ale to wszystko jest tylko walką ze skutkiem. Jest ona długa, uciążliwa, kosztowna i daje mało zauważalne efekty.

Spróbujemy prześledzić jak w większości przypadków wyglądają nasze systemy oczyszczania. Układ pokarmowy jest tak zanieczyszczony, że nie wiadomo, czy z jelita grubego do krwi przenika więcej brudów czy pożytecznych substancji.

Wątroba i woreczek żółciowy do takiego stopnia „zapchane" są kamieniami, rurkami cholesterolowymi, czarnozieloną żółcią, że nie ma mowy o jakimkolwiek oczyszczaniu krwi z substancji trujących.

Nerki nie są w stanie spełniać swoich funkcji, ponieważ są „nafaszerowane" kamieniami i piaskiem.

Pokrycie stawów i kości warstwą soli powoduje ból przy każdym zgięciu szyi, ręki, kolana. Dochodzi do tego, że słyszymy wyraźne chrupanie układu kostnego.

Czy tak zanieczyszczony organizm może być zdrowy?

Żeby pozbyć się prawdziwej przyczyny wielu chorób, trzeba w pierwszej kolejności „wyprowadzić" z organizmu wszystko to, co jak na wysypisku gromadziło się przez lata. W tym celu należy przeprowadzić całkowite oczyszczenie organizmu lub mówiąc prościej „generalne sprzątanie" wszystkich systemów oczyszczających.

Całkowite oczyszczenie organizmu jest nam nie tylko potrzebne, jest nam życiowo niezbędne, dlatego że tylko czysty organizm, wolny od „wewnętrznego brudu", może funkcjonować harmonijnie i właściwie. Każdy etap oczyszczania będzie dawał odczuwalne wyniki. Po oczyszczeniu jelita grubego – przestaną Państwa dręczyć wzdęcia brzucha, zaparcia, zgaga; po oczyszczeniu wątroby poprawia się trawienie, pamięć, pojawia się blask w oczach, połysk włosów, będziecie Państwo wyglądać młodziej i bardziej świeżo, nie będziecie się męczyć, pojawi się energia i siły; oczyszczenie nerek powoduje zanik worków pod oczami, normalizuje się ciśnienie i zanikają różne bóle w dolnej części brzucha (przyczyny których do tej pory nie udało się ustalić); oczyszczenie stawów spowoduje rozpuszczenie znajdujących się w nich soli i jeśli nie były one (stawy) sprawne ruchowo i bolały, szczególnie przy zmianie pogody, to teraz będą sprawne i elastyczne; oczyszczenie limfy i naczyń krwionośnych obroni Państwa przed infekcjami, zawałem, wylewem, żylakami i wieloma dolegliwościami, które czynią czasem nasze życie nie do wytrzymania.

Mieszkanie po remoncie wygląda zupełnie inaczej, wypraną rzecz przyjemnie ubrać, polakierowany samochód cieszy nasze oko, ale wszystkiego tego nie da się porównać do odczuć, które się pojawią po pełnym oczyszczeniu organizmu. Jeżeli zdecydujecie się na ten krok, zapewniam Państwa – staniecie się zupełnie innymi ludźmi.

ZEWNĘTRZNA HIGIENA CIAŁA

CZYSZCZENIE ZĘBÓW

Niewątpliwie o higienie zewnętrznej wiemy o wiele więcej, niż o wewnętrznej. Ale czy zawsze nasza wiedza przynosi oczekiwane rezultaty? Przywykliśmy codziennie myć zęby, niektórzy robią to 2–3 razy dziennie. Długo „trzemy" zęby szczotką, stosując różnorodne pasty i dziwne jest, że mimo tak dokładnego dbania o zęby próchnica i paradontoza rządzi w naszej jamie ustnej. Trudno spotkać człowieka, który miałby zdrowe zęby. Gdzie leży przyczyna?

Szczotki do zębów, którymi się posługujemy, „czyszcząc" zęby jednocześnie je niszczą. Po pierwsze, szczotki są twarde i kaleczą dziąsła. W pokaleczonych miejscach zaczynają rozmnażać się bakterie, ponieważ mikroskopijne resztki jedzenia dostając się do ranek (szczególnie u mięsożerców) zaczynają gnić. Po drugie, szczotka do zębów praktycznie nie masuje dziąseł, co prowadzi do zakłócenia w nich obiegu krwi. Po trzecie, sama szczotka po niedługim stosowaniu staje się siedliskiem bakterii. Z wyżej wymienionych powodów u większości ludzi, którzy regularnie i dokładnie czyszczą zęby, powstają dwa procesy patologiczne: próchnica – niszczenie zębów w wyniku procesów chemicznych na powierzchni zęba; paradontoza – uszkodzenie korzeni zębów w wyniku działania bakterii ropotwórczych i innych „pasożytów". Oba te procesy stają się przyczyną nie tylko bólu zęba, ale i wielu chorób wewnętrznych: zapalenia stawów, rozstrojów funkcjonalnych oczu, nosa, uszu, nadciśnienia, zaburzeń w pracy nerek, serca, żołądka, jelit. Czy można znaleźć wyjście kompromisowe, aby nie przysparzać naszym zębom tak wielu kłopotów swoją ignorancją? Okazuje się, że można. Jogowie, którzy dali początek zabiegom oczyszczającym, nie uznają szczotek z powodu ich niehigieniczności i wolą stosować jednorazową „szczotkę do zębów" w postaci gałązki drzewa. My również jako szczotkę do zębów możemy wykorzystać gałązkę gruszy, lipy, porzeczki, maliny, sosny lub świerka. W tym celu należy przygotować gałązki długości 10–15 cm, na przykład z sosny lub świerka. Zanim zaczniemy czyścić zęby, jeden koniec gałązki trzeba dobrze pogryźć, aby otrzymać coś w rodzaju pędzelka. W trakcie żucia już dezynfekujemy zęby i dziąsła dzięki specjalnym związkom, zawartym w drzewach iglastych. Teraz możemy nanieść na „szczoteczkę" pastę, którą stosujemy na co dzień, dobrze wyczyścić zęby i pomasować dziąsła.

A oto kilka słów o pastach. Nie tak dawno jedna ze znanych na światowym rynku firm produkujących pasty do zębów stanęła przed sądem, ponieważ w jej wyrobach wykryto wysoką zawartość fluoru. Właśnie duża zawartość fluoru stała się przyczyną śmierci dzieci, które czyszcząc zęby lubiły „przekąszać" pastą. W związku z tym tragicznym wypadkiem chcę zwrócić uwagę rodziców na to, aby dokładnie obserwowali, jak ich dziecko czyści zęby i w żadnym wypadku nie pozwalali mu jeść pasty (a wiele dzieci ma taki zwyczaj). Dodam jeszcze, że jogowie w ogóle nie używają pasty do zębów, stosując w zamian drobny proszek zwykłej soli i olej.

Czyścimy zęby przeważnie 30–40 sekund, gdy maksymalny efekt w celu profilaktyki i wzmocnienia zębów można osiągnąć czyszcząc je nie krócej, niż 3–5 minut. Japończycy mają dobre, zdrowe zęby, a rzadko używają szczoteczek. Wolą czyścić zęby palcem wskazującym, nanosząc na niego trochę pasty do zębów. Ten sposób wspaniale czyści i wzmacnia zęby i jednocześnie masuje dziąsła.

Ja ze wszystkich wymienionych sposobów wybrałem swój, który składa się z ich kombinacji. Zanim zaczniemy czyścić zęby, należy przepłukać jamę ustną. W tym celu do 1/2 szklanki wody dodaję 1 łyżeczkę od herbaty soku z cytryny, co dezynfekuje jamę ustną. Potem przygotowuję pastę do zębów o następującym składzie: 3–4 krople soku z cytryny, szczypta sody, szczypta soli, szczypta proszku z imbiru – wszystko wymieszać. Maczam w paście palec i przez trzy minuty kolejno wskazującymi palcami lewej i prawej ręki czyszczę zęby i dziąsła.

Po myciu zębów wypijam szklankę zielonej herbaty, ponieważ chroni ona zęby przed psuciem i hamuje rozmnażanie mikroorganizmów niszczących emalię zęba.

OCZYSZCZENIE JĘZYKA

Większość z nas ma język pokryty białawym lub żółtawym nalotem, co wskazuje na różnorodne schorzenia układu pokarmowego i zanieczyszczenie organizmu szlakami. Należy, oczywiście, doprowadzić układ pokarmowy do porządku. Nie można również godzić się z obecnością nalotu, ponieważ jest on siedliskiem bakterii w jamie ustnej. Język należy czyścić tak samo często jak zęby. Czyszczenie języka jest dość łatwe – palcem wskazującym zeskrobujemy biały nalot (od nasady do podstawy języka), póki nie pojawi się różowe zabarwienie języka. Następnie przepłukujemy jamę ustną roztworem soku z cytryny (na 1/2 szklanki 1 łyżeczka soku) i lekko smarujemy język olejem.

OCZYSZCZENIE NOSA

W odróżnieniu od czyszczenia zębów, ten zabieg nie jest nawykiem większości ludzi. A szkoda. Zapchany śluzem nos to nieprzyjemny towarzysz życia wielu z nas. I chodzi tu nie tylko o trudności w oddychaniu i zakłócenie funkcji powonienia, ale o zaburzenie bilansu energetycznego w organizmie, co prowadzi do poważnych niedomagań zdrowotnych. Według starożytnej medycyny chińskiej oddychanie przez prawe nozdrze jest „słoneczne" lub dodatnie, wzrasta przy tym pozytywny potencjał w organizmie. Oddychanie przez lewe nozdrze jest „księżycowe" lub ujemne. Aby w organizmie utrzymywać równowagę bioenergetyczną niezbędne jest swobodne oddychanie przez nos. Trzeba wiedzieć jeszcze i to, że kurz wdychany przez nos osiada na śluzowej powierzchni kanałów nosowych i wyrzucany jest przez malutkie włoski (kosmki), które znajdują się w ciągłym ruchu. Śluz nosowy posiada właściwości antyseptyczne i zabija ogromną ilość bakterii. W związku z tym, że zawartość brudu i kurzu we wdychanym powietrzu jest tak duża, chusteczka nie wytrze całego brudu i kurzu osiadającego w przewodach nosowych. Oprócz tego, ludzie przeważnie śpią na prawym lub na lewym boku (powinno się spać na plecach), co prowadzi do tego, że w jednej zatoce nosowej gromadzi się więcej odpadów toksycznych. Oddychanie przez obie zatoki staje się nierównomierne, natychmiast zakłócając normalny proces oddychania: zmienia się skład krwi i jej cyrkulacja, co prowadzi do zaburzeń snu, pracy układu nerwowego i pokarmowego. Ludzie, których męczą chroniczne katary, szybciej się starzeją, mają zaburzenia funkcji wzroku, pojawia się szum w głowie, w uszach. Jednym słowem, jeśli nie ma normalnego, fizjologicznego oddychania przez oba nozdrza, z czasem prowadzi to do ogólnego osłabienia napięcia życiowego całego organizmu. Dlatego płukanie nosa i kanałów nosowych powinno znaleźć się wśród codziennych zabiegów higienicznych każdego człowieka, niezależnie od wieku. Na czym polega technika oczyszczenia nosa? Weźcie 1/2 szklanki ciepłej wody, rozpuśćcie w niej 2 szczypty soli, 2 szczypty sodki, 1/2 łyżeczki od herbaty miodu. Zawartość przelejcie do małej buteleczki (do karmienia niemowląt) i nałóżcie na nią smoczek. W smoczku zróbcie dużą dziurkę, aby woda wydostawała się z łatwością. Zatkajcie jedną dziurkę nosa kciukiem, a przez drugą spróbujcie wciągnąć wodę z butelki, tak, aby wylewała się przez usta. Tak samo postępujcie płucząc drugie nozdrze. I tak na zmianę. Kiedy opanujecie technikę przepłukiwania, możecie dwukrotnie zwiększyć ilość wody i pozostałych składników.

Płukać nos należy rano i wieczorem. Płukanie można czasem wykonywać naparem z ziół (mięta, rumianek), posiadają one właściwości antyseptyczne i aromatyczne. Płukanie nosa stymuluje zakończenia nerwowe i błonę śluzową. W czasie upałów płukanie nosa pozwala zachować wilgotność w nosie. Bardzo efektywne jest płukanie nosa wodą morską. Na podstawie własnego doświadczenia i doświadczenia moich pacjentów z przekonaniem mogę stwierdzić, że płukanie nosa jest jedynym efektywnym środkiem przeciw wielu chorobom związanym z jamą nosową. Jest to najlepsza metoda leczenia chronicznego kataru oraz wspaniały zabieg tonizujący dla mózgu i układu nerwowego.

Uwaga! Początkowo będziecie odczuwać w nosie pieczenie i kłucie. Jest to wynik tego, że błona śluzowa jest uszkodzona i niezdrowa. Po 3–4 zabiegach bolesne, nieprzyjemne uczucia znikną.

Wielu laryngologów sprzeciwia się płukaniu nosa roztworami wodnymi, wolą od nich różne krople. Ale myślę, że ci, którzy doszczętnie wysuszyli błonę śluzową nosa i jamy ustnej kroplami i nie uzyskali, mówiąc prawdę, żądanego rezultatu, mogą spróbować zaproponowanych wyżej zabiegów. Często teoria mówi nam jedno, a praktyka pokazuje coś zupełnie innego. Po zastosowaniu płukania, kiedy błona śluzowa nosa zahartuje się, zapomnicie co to znaczy katar i poczujecie co to jest pełnowartościowe oddychanie nosem.

OCZYSZCZENIE USZU

Higiena ucha nie jest bardzo skomplikowana, ale niezbędna dla zdrowia. Natura przewidziała okresowe czyszczenie ucha poprzez przemieszczenie woskowiny usznej, oczyszczającej ucho z zewnętrznych zanieczyszczeń. Z powodu zwiększenia ciśnienia woskowiny na błonę bębenkową możliwe są zawroty i bóle głowy, głuchota. Higiena ucha zewnętrznego polega na prostej zasadzie – należy je gnieść, obracać w różne strony, odciągać w dół, do przodu, do tyłu. Wszystkie te ruchy zmuszają woskowinę i różne „nieczystości" do przemieszczania się w uchu i wychodzenia z niego. Byłoby wspaniale, jeśli do kompleksu porannych zabiegów higienicznych włączylibyście masaż uszu, który wykonujemy w następujący sposób:

1) wzgórek za uchem potrzeć w górę – w dół 8 razy,
2) zagiąć małżowinę uszną z tyłu do przodu 8 razy,
3) pokręcić końce zgodnie ze wskazówkami zegara 8 razy,
4) odciągnąć w dół płatek ucha 8 razy.

Następnie włożyć w otwory uszu wskazujące palce obu rąk i energicznie poruszać z boku na bok, po czym usunąć suche, martwe komórki, kurz i woskowinę.

Jak pokazuje doświadczenie, bardzo wiele osób po przeczytaniu moich książek z samozaparciem zaczyna stosować się do zaproponowanych rad i poleceń, ale mija czas i codzienna „bieganina" (obowiązki, brak czasu) prowadzi do tego, że wracają do zwykłego rytmu życia, bez wysiłków i troski o swoje zdrowie. Chcę podkreślić jeszcze raz, moi mili, że każdy człowiek ma tylko jedno życie i jeśli robicie coś dla zdrowia, to robicie to przede wszystkim dla siebie. W naszym organizmie nie ma rzeczy pierwszo- i drugoplanowych, wszystko jest dla niego ważne. Tylko kompleksowe podejście do wszystkich czynności fizjologicznych pozwoli wam być zdrowymi. Powiem prościej: w czystym ciele – zdrowy duch!

WEWNĘTRZNA HIGIENA CIAŁA

O higienie zewnętrznej każdy wie z dzieciństwa, natomiast o higienie wewnętrznej wiemy niewiele, *podczas gdy stan naszych wewnętrznych organów określa nasz wygląd zewnętrzny.*

Mało kto wie, że u dorosłej osoby w jelicie grubym znajduje się od 8 do 15 kg kamieni kałowych, które człowiek nosi przez całe życie.

Przeważnie po 40 roku życia jelito grube jest tak zapełnione kamieniami, że wypiera ze swoich miejsc inne organy, utrudniając pracę wątrobie, nerkom i płucom. To jest właśnie istotna przyczyna większości chorób. Spróbujmy wyjaśnić, na czym to polega.

Jelito grube jest dla nas jak doniczka dla roślin, a strawiony pokarm gra role dobrze nawiezionej gleby. Człowiek – to drzewo. Ścianki jelita grubego są pokryte korzonkami, które podobnie jak korzenie rośliny, wsysają do krwi pożyteczne substancje. Każda grupa korzonków odżywia odpowiedni organ. Zbyteczne pozostałości są wydalane. To jest zrozumiałe. A co się dzieje z niestrawioną bryłką?

Podczas następnego posiłku dokleja się do niej jeszcze jedna, potem jeszcze... Niestrawiony pokarm przylepia się do ścianek jelita grubego. Człowiek nosi ich aż po kilka kilogramów. A co się dzieje z tymi produktami „przechowywanymi" przez wiele lat w temperaturze powyżej 36°C, nietrudno sobie wyobrazić.

Funkcjonujący nadal pod warstwą „brudów" układ wchłaniający jelita grubego dostarcza do ciała toksyny, substancje rakotwórcze, produkty gnicia. To się rozumie samo przez się, że z tych substancji nie zbuduje się nowych komórek. Rozchodzą się one z krwią po całym organizmie, stopniowo osiadając na ściankach naczyń krwionośnych, w stawach.

Z powyższego jasno wynika, że w człowieku nie może być chory tylko jeden organ. Chory jest cały organizm. Po prostu jakiś organ odmawia posłuszeństwa jako pierwszy i leczyć go nie ma sensu. Bowiem gdy medycyna leczy jakąś konkretną chorobę, to tak naprawdę likwiduje skutek ogólnej choroby, czyli zanieczyszczenia całego organizmu. Tymczasem główny sprawca chorób pozostaje i jest gotowy w każdej chwili ujawnić się w każdej części ciała. Przecież z zanieczyszczonego jelita grubego stale przedostają się do organizmu szkodliwe substancje. Takie jelita są źródłem ogólnego zatrucia.

Stale rosnące zasoby kamieni kałowych zmieniają się w zwały. Ogromny nieruchomy worek z odpadami wypiera z właściwego miejsca organy wewnętrzne, uciska przeponę – główny mięsień oddechowy, wyłącza ją z procesu oddychania, znacznie zmniejszając objętość płuc. Wypierana jest ze swego miejsca wątroba, podpierane są nerki, zmniejsza się ruchliwość jelita cienkiego, u mężczyzn zaciskany jest układ moczowo-płciowy. Szczególnie cierpi dolna część odbytu: przeciążone żyły uwypuklają się, tworząc krwawe guzy. Niezliczone są objawy i uszkodzenia organów, nieprzewidywalna jest diagnostyka chorób powstałych z powodu stale zanieczyszczonego jelita grubego. Ale szczytem wszystkiego jest niedrożność w ostatnim stadium raka, kiedy zatyka się wąski kanał i człowiek skazany jest na śmierć z powodu zatrucia organizmu.

OCZYSZCZANIE JELITA GRUBEGO

Temat lewatywy chciałbym omówić dokładniej, gdyż jest to jeden z najbardziej skutecznych (w warunkach domowych) sposobów oczyszczania organizmu z toksyn.

Niektórzy specjaliści ostrzegają, że przemywanie jelita grubego prowadzi do zniszczenia zdrowej mikroflory. Nie mogę się z tym zgodzić. Przy trybie życia, jaki prowadzimy, ilości przyjmowanych leków, znalezienie człowieka ze zdrową mikroflorą jest praktycznie niemożliwe. Myślę, że nie pomylę się jeżeli powiem, że 90% społeczeństwa ma zwyrodniały układ pokarmowy i naruszoną mikroflorę. Znany na całym świecie amerykański lekarz Walker (żył 106 lat), który przez 50 lat używał lewatywy w leczeniu różnych chorób, mawiał: „Nie ma prostszego i bardziej skutecznego środka oczyszczającego człowieka od wewnętrznych »brudów« niż lewatywa. A osoby, które są jej przeciwne, właśnie potrzebują lewatywy najbardziej". Nasi starożytni przodkowie używali lewatywy w celu utrzymania higieny wewnętrznej swojego ciała. W manuskrypcie „Ewangelia Świata Jezusa Chrystusa" według św. Jana uzdrawiacz tak zwraca się do chorych: „Synowie człowieczy, wy zapomnieliście, czyimi jesteście dziećmi. Waszą matką jest Ziemia. I wszyscy, którzy żyją na Ziemi muszą żyć według praw natury. Zdrowie – to naturalny stan człowieka. Choroba – to odpowiedź Natury na nierozumne zachowanie człowieka. Żeby stanąć na drodze zdrowia, poproście Matkę-Ziemię, trzech sprzymierzeńców: Anioła-Wodę, Anioła-Powietrze, Anioła-Światło. Jako pierwszy przyjdzie z pomocą Anioł-Woda. Znajdźcie dużą dynię z wydrążoną łodygą o wzroście człowieka, oczyśćcie ją wewnątrz, napełnijcie wodą z rzeki ogrzanej Słońcem. Powieście dynię na drzewie, a chylcie głowę nisko do ziemi. Módlcie się do Matki-Ziemi, żeby wybawiła was od grzechów, które popełniliście z obżarstwa. Kiedy woda, opłukawszy jelita, z was wyjdzie, zobaczycie na własne oczy, poczujecie własnym nosem, będziecie mogli spróbować własnymi palcami, jakie ohydne kamienie nosiliście w sobie. Jak może być wasze ciało zdrowym, a rozum nieotumanionym? I tak postępujcie cały tydzień, powstrzymując się przed sytym jadłem. Dopiero wtedy poznacie, jakie to jest szczęście żyć w czystym ciele. I wyciągnijcie jeden, jedynie możliwy dla człowieka rozumnego wniosek: człowiek, omywający siebie tylko z zewnątrz jest podobny do grobowca, wypełnionego cuchnącymi kamieniami i przyozdobionego drogimi szatami".

Praktyka świadczy o tym, że bynajmniej nie każdy człowiek z samozaparciem i gotowością zaczyna stosować te zabiegi. Dlatego też należy głęboko uświadomić sobie, że tylko w ten sposób będziecie Państwo mogli pozbyć się „brudów", zgromadzonych w jelicie grubym. Dla wielu osób zabieg ten, nie wiedzieć czemu, wydaje się wstrętny, chociaż nie odczuwają żadnego wstrętu, nosząc w sobie kilka kilogramów gnijących kamieni kałowych, woń których jest nieporównywalna z żadną zawartością ścieków kanalizacyjnych. Inni natomiast rezygnują z zabiegów, ponieważ trzeba je rzeczywiście wykonywać na kolanach, a pozycję tę przyjmować im niewygodnie lub trudno, albo też nie mają gdzie. Jeszcze inni boją się, że mogłyby im popękać szwy po przebytych operacjach... Wymówki znajdują się różne. I dopiero pod groźbą noża chirurga lub jeszcze gorzej – śmierci, człowiek szybko zgadza się doprowadzić się do porządku. Nawiasem mówiąc, są i tacy, którzy z gotowością i bez problemów godzą się na przemywanie, zwane lewatywą. Praktyka świadczy o tym, że każdy kto weźmie się za higienę wewnętrzną, doprowadza zabiegi do końca i w ten sposób poprawia swoje samopoczucie.

Dlatego też, zanim przejdę do istoty sprawy, proszę zapamiętać i wziąć sobie do serca dwie zasady. Po pierwsze, wyrobić w sobie świadome pragnienie bezlitosnego pozbycia się złogów, które są przyczyną chorób. Po drugie, ściśle przestrzegać wszystkich zaleceń, aby niechcący nie zaszkodzić sobie i aby osiągnąć większą korzyść.

Zabieg nosi nazwę „lewatywy Walkera". Żeby go wykonać będzie potrzebny irygator, cytryny lub ocet jabłkowy i olej roślinny. Irygator bywa dostępny w aptece.

Do irygatora nalewa się dwa litry przegotowanej wody, ochłodzonej do temperatury ciała. Na początku u wielu osób taka ilość wody wywołuje strach. Dlatego też od razu informuję: w jelicie grubym mieści się mniej więcej trzy i pół litra wody. Tak więc macie Państwo jeszcze dużo zapasowego miejsca. Co się zaś tyczy nieprzyjemnych doznań, to na początku one będą, przed tym nie uciekniemy, ale potem całkowicie znikną. Oprócz tego możemy w każdej chwili zatrzymać strumień wody. Należy chyba również zaznaczyć, że w przyszłości, kiedy jelita będą przepłukane, do celów profilaktycznych wystarczy jeden litr wody. Tak więc, jak to się mawia, początki są najtrudniejsze.

Wodę przegotowuje się dla asekuracji. Ale oprócz tego należy wlać do niej 2 łyżki soku z cytryny lub ocet jabłkowy. Rzecz w tym, że procesy fermentacji i gnicia zachodzą w środowisku zasadowym, lekkie zakwaszenie hamuje je, niszczy bakterie chorobotwórcze, stymuluje funkcjonowanie korzystnej i niezbędnej mikroflory. Oprócz tego kwas jest antytoksyczny, zabija pleśń, która jest wypłukiwana przez wodę i wydostaje się w postaci ciemnych strzępków.

Po nalaniu wody i zakwaszeniu jej proszę powiesić irygator gdzieś wyżej i posmarować koniec rurki olejem roślinnym. Właśnie roślinnym, ponieważ jest on produktem naturalnym. Wazelina, krem lub mydło się do tego nie nadają. Następnie należy przyjąć „pozycję tygrysa", to znaczy oprzeć się na łokciach i kolanach, trochę rozstawić nogi, postarać się całkowicie rozluźnić brzuch. Koniec rurki wprowadza się do odbytu, i woda powoli sama spływa. Jej temperatura i niski stopień kwasowości nie wywołują nieprzyjemnych doznań. Oddychać należy głęboko przez szeroko otwarte usta. To także pomoże się rozluźnić i włączy do pracy przeponę. Kiedy naczynie będzie puste, wtedy można się podnieść.

Ale to, niestety, nie koniec zabiegu. Wodę w jelicie grubym należy choć trochę wstrząsnąć. W jaki sposób? Mogą Państwo wykonać „taniec brzucha" albo poskakać. Lub też, jeśli ani jedno ani drugie Państwu nie odpowiada, można potrząsnąć dolną część brzucha rękoma – jednym słowem, postarajcie się gospodarskim sposobem, by to wasze „naczynie" choć trochę się przepłukało.

Na początku dobrze jest naprawdę przyjrzeć się temu, co zmyje się z wodą. Widok jest, mówiąc wprost, strasznie nieprzyjemny. Tym niemniej właśnie ten efekt najbardziej przemawia.

Należy regularnie powtarzać zabieg przepłukiwania: w pierwszym tygodniu – codziennie, w drugim – co drugi dzień, w trzecim co dwa dni, w czwartym tygodniu – co trzy dni. Większość z Państwa pod koniec czwartego tygodnia po wyglądzie i zapachu wydzielin łatwo się zorientuje, że uporała się z zdaniem. Teraz, żeby utrzymać ten stan czystości, wystarczy przepłukiwać jelito grube raz w tygodniu, ale regularnie!!!

Zastanówmy się, co się stało. Odświeżyliście Państwo swoje korzenie. Sprzątnęliście złogi kamieni kałowych, zgniliznę, pleśń, produkty fermentacji. Teraz te oczyszczone „korzenie" zaczęły pobierać ze strawionego pokarmu czyste substancje do tworzenia nowych komórek. Zakończył się proces przedostawania do organizmu szkodliwych substancji, w tym rakotwórczych toksyn i innych „paskudztw". Zaczęła oczyszczać się krew. Z tego wynika, że zahamowany został rozwój chorób. To Państwo go zahamowaliście.

Teraz szybko poprawia się odżywianie wszystkich organów, a czysta krew zaczyna rozmywać złogi szkodliwych substancji odłożonych przez nią w ciele wcześniej. Wyzwala się energia, którą można teraz tracić nie na walkę z zatruciem organizmu, a na walkę z chorobami. Stopniowo powracają na swoje miejsca przemieszczone organy, normalizuje się ich działanie, ciśnienie tętnicze powraca do normy, z dnia na dzień choroby przestają dawać o sobie znać. Ale...

Ale jeszcze do niedawna rozciągnięty, bezwładny, atroficzny worek jelita grubego wisi teraz jak ścierka i jest mało zdolny do wykonywania swoich ważnych życiowych funkcji. Trzeba go ponownie nauczyć pracować, przemieszczać masy pokarmowe. Trzeba zmusić go do przyjęcia naturalnej formy.

W tym celu w okresie robienia lewatyw (a także w ogóle) bardzo korzystnie jest jeść dużo kaszy. Kasza powinna być z gatunku otrębowych. Gotować ją należy koniecznie w wodzie. Jednorodna masa jednocześnie strawionej w żołądku kaszy równomiernie zajmie objętość jelita grubego, nada mu właściwy kształt i zmusi do pracy.

W żadnym wypadku proszę nie gotować kaszy na mleku. I w żadnym wypadku nie gotować kaszy manny.

Opowiedziałem o lewatywie Walkera jako o najprostszym i efektywnym sposobie pozbycia się z jelita grubego złogów kamieni kałowych. Ale tym, którzy twierdzą, że dla nich ten sposób jest nie do przyjęcia, proponuję kilka innych. Z góry jednak zaznaczam, że nie są tak skuteczne jak lewatywa.

Oczyszczenie kefirem

Pierwszy dzień: wypić 2,5 litra kefiru w 6 dozach wraz z sucharkami z czarnego pieczywa (nie spożywać żadnych , posiłków).

Drugi dzień: wypić 1,5 do 2 litrów soku z jabłek w 6 dozach wraz z sucharkami z czarnego pieczywa.

Sok powinien być świeżo przygotowany, jabłka powinny być słodkie (nie spożywać żadnych posiłków).

Trzeci dzień: w ciągu dnia jeść tylko sałatki z gotowanych warzyw (buraki, marchew, ziemniaki, można dodać kiszone ogórki, kiszoną kapustę, cebulę, olej roślinny, wraz z sucharkami z czarnego pieczywa).

Stosować dwa razy w miesiącu.

Oczyszczanie suszonymi owocami

Śliwki suszone 400 g, daktyle 200 g, morele 200 g, figi 200 g – wszystko to zemleć w maszynce do mięsa. Do otrzymanej masy dodać 200 g miodu i wszystko razem wymieszać. Przechowywać w szklanym naczyniu w lodówce. Spożywać wieczorem przed snem po 1 stołowej łyżce.

Kurację należy stosować raz na trzy miesiące.

Oczyszczanie warzywami i owocami

1. Pić po 1/2 szklanki soku z kapusty kwaszonej 3 razy dziennie. Stosować przez 14 dni.

2. Dwie pomarańcze obrać ze skórki na 1–2 milimetry, tak aby na owocach pozostał biały miąższ. Razem z białym miąższem jeść pomarańcze rano i wieczorem. Stosować przez 14 dni.

3. Dziesięć suszonych śliwek wieczorem zalać wrzątkiem, odstawić na noc. Rano na czczo wypić wodę, śliwki zjeść. Następnie znowu zaparzyć 10 suszonych śliwek. Odstawić do wieczora. Wieczorem, przed snem wodę wypić, śliwki zjeść. Kurację stosować przez 10 dni.

Wielu chorych, panicznie usiłując uwolnić się od konieczności lewatyw, gotowych jest przyjmować leki przeczyszczające. Kategorycznie to odradzam. Środek przeczyszczający odwadnia organizm, zabierając z jelit wilgoć, która jest przeznaczona do zupełnie innych celów. Na dodatek ta wilgoć, przechodząc przez przewód pokarmowy w rezultacie wcale nie przepłukuje jelita grubego, a tylko wychodzi z niego normalną drogą, ominąwszy złogi kamieni. Również nie zalecam stosowania środków przeczyszczających przy zaparciach, nawiasem mówiąc, z tych samych przyczyn. Środek przeczyszczający nie uratuje przed zaparciem i nie wybawi od nieczystości. Zaś zwyczajne przepłukiwanie przy pomocy irygatora przywraca i normalizuje pracę jelita grubego i ten kto przeszedł fazę przepłukiwań, nie cierpi na zaparcia.

Wszystkie zabiegi zdrowotne należy wykonywać w określonej kolejności. Inaczej można nie osiągnąć oczekiwanych rezultatów. Pierwszy krok do zdrowia, to właśnie ten, z którym się Państwo zapoznali. Jeżeli go nie zrobicie –dalszej drogi nie ma. Mało tego: jeśli z niego zrezygnujecie i weźmiecie się od razu za wykonywanie kolejnych zabiegów, nie osiągniecie oczekiwanych rezultatów.

Aby było to zrozumiałe, uchylę rąbka tajemnicy dotyczącej następnego sekretu zdrowia: najlepszy wynik osiąga się przy jednoczesnym przestrzeganiu zasad higieny wewnętrznej i rozumnym odżywianiu. Wtedy jesteście Państwo całkowicie zabezpieczeni przed jakimikolwiek chorobami. Ale sama tylko higiena wewnętrzna nie uchroni was przed potężnymi stratami energii na strawienie nieprawidłowo zjedzonego pożywienia. A samo tylko sensowne odżywianie nie obroni przed przedostawaniem się do organizmu, do krwi straszliwego koktajlu szkodliwych substancji. Jeszcze gorzej: wybór tylko racjonalnego pożywienia stymuluje wchłanianie szkodliwych substancji z nieprzepłukanych jelit, a samo oczyszczenie jelit będzie powodowało straty energii na strawienie niewłaściwego pokarmu. Wyjście jest jedno: trzeba zaakceptować cały kompleks proponowanych metod.

Po przeprowadzeniu cyklu oczyszczenia jelita grubego należy się nauczyć prawidłowo spożywać pokarm (patrz tabela nr 2 lub nr 3)

OCZYSZCZANIE JELIT

Odtwarzanie normalnej flory bakteryjnej

Częste przyjmowanie lekarstw (szczególnie antybiotyków), spożywanie słodyczy, ciasta drożdżowego, mleka, a także nieprawidłowe łączenie produktów w potrawach sprzyja zagnieżdżeniu się w przewodzie pokarmowym obcych mikroorganizmów – bakterii, grzybów, drożdży. Te pasożyty wdzierają się do śluzówki dróg pokarmowych, żywią się naszą krwią i wydalają „w nas" trujące produkty fizjologiczne – toksyny. Toksyny te są przyczyną bólów głowy, różnego rodzaju alergii, szybkiego męczenia się, angin, przeziębień, katarów, częstych zapaleń oczu, pęcherza moczowego, nerek, silnych bólów brzucha, żołądka, wątroby, nerek itd. Jednym słowem działalność tych bakterii w naszym organizmie czasem bywa zupełnie nieprzewidywalna. Niszcząc zdrową mikroflorę, bakterie chorobotwórcze powodują dysbakteriozę, na którą cierpi, według danych specjalistów, do 80% populacji, niezależnie od wieku. W walce z chorobotwórczymi „pasożytami" najbardziej skuteczny jest czosnek.

Tabela 3. Łączenie produktów żywnościowych

Nazwa produktu	Najlepsze połączenie	Najgorsze połączenie
Mięso (wszystkich rodzajów)	zielone warzywa	mleko, skrobia, słodycze, inne białka, kwaśne owoce, olej, masło śmietankowe, śmietana
Skrobia (chleb, ziemniaki)	zielone warzywa, tłuszcze zwierzęce i roślinne	wszystkie białka, wszystkie owoce, cukry, kwasy
Zielone warzywa	wszystkie białka, wszystkie produkty skrobiowe	mleko
Orzechy (większość rodzajów)	zielone warzywa, kwaśne owoce	mleko, skrobia, słodycze, inne białka, masło śmietankowe, olej roślinny
Jaja	zielone warzywa	mleko, skrobia, słodycze, inne białka kwaśne produkty, olej roślinny

Mleko	spożywać oddzielnie, można z kwaśnymi owocami	wszystkie białka, zielone warzywa, produkty skrobiowe
Tłuszcze zwierzęce	wszystkie rośliny zbożowe	wszystkie białka
Melo (wszystkie rodzaje)	zawsze spożywać oddzielnie	wszystkie produkty
Rośliny zbożowe (pszenica, żyto, owies)	zielone warzywa	kwaśne owoce, wszystkie białka, wszystkie słodycze, mleko
Rośliny strączkowe	zielone warzywa	wszystkie białka, wszystkie słodycze, owoce (wszystkie rodzaje), masło śmietankowe, śmietanka
Owoce niekwaśne i półkwaśne	kwaśne mleko	kwaśne owoce, skrobia, białka, mleko
Kwaśne owoce	orzechy, kwaśne mleko i inne kwaśne owoce	wszystkie słodycze, skrobia (pieczywo, zboża), białka z wyjątkiem orzechów

Przez dwa tygodnie należy zjadać po 1 ząbku czosnku wieczorem, dwie godziny po kolacji. Sygnałem wyzdrowienia będzie nieodczuwanie ociężałości lub wzdęcia brzucha (powiększenie żołądka) po spożyciu pokarmu. Czosnek należy jeść bez chleba, dobrze przeżuwać. W czasie jedzenia czosnku w jamie ustnej, przełyku i w żołądku pojawia się silne pieczenie. Trzeba pocierpieć, ponieważ sok czosnku, „zabijając" bakterie chorobotwórcze, wchłania się w pojawiające się ranki, gdzie gnieździły się pasożyty. W czasie spożywania czosnku może się wzmóc bicie serca u osób z zaburzeniami układu krwionośnego – to naturalna reakcja, ponieważ czosnek to jedyny produkt zawierający rozpuszczony german, a ten pierwiastek wspaniale regeneruje i oczyszcza naczynia krwionośne. Tak więc chwilowe „niewygody" podczas jedzenia czosnku trzeba przecierpieć. Zapewniam Państwa, że zdrowie jest tego warte. Po zjedzeniu czosnku można przepłukać usta, umyć zęby i przed snem zjeść jabłko lub wypić herbatę z cytryną i miodem. Zapach czosnku zupełnie zanika, jeśli pożuje się skórkę cytryny, pomarańczy lub drobno posiekaną natkę pietruszki. Jeśli Państwo nie jesteście w stanie spożywać czosnek według opisanej wyżej metody, można ząbek przekroić na pół i połknąć jak tabletkę.

OCZYSZCZANIE WĄTROBY

Przy oczyszczaniu wątroby czyścimy także pęcherzyk żółciowy i trzustkę.

Wątroba to jeden z najważniejszych organów naszego ciała. To „laboratorium chemiczne", od którego pracy zależy stan serca, układu krwionośnego, organów trawiennych, nerek, mózgu, układu limfatycznego i w końcu naszej psychiki. U większości osób, które przyzwyczaiły się do spożywania mieszanych produktów, już w wieku 5 lat wątroba jest częściowo wypełniona kamieniami, „korkami" cholesterolu, „łuskami" bilirubiny (pozostałości czerwonych krwinek, które obumarły i z różnych przyczyn nie zostały wydalone z organizmu).

Obecnie istnieje wiele preparatów, które mogą poprawić funkcjonowanie wątroby, ale żaden preparat nie daje takich odczuwalnych efektów jak zabieg jej oczyszczenia. Ludzie, którzy przez kilkadziesiąt lat cierpieli na kamienie w pęcherzyku żółciowym i powinni byli przejść operację, po oczyszczeniu wątroby pozbyli się kamieni raz na zawsze. Operacja nie była potrzebna.

Dość często wątroba może niszcząco wpływać na serce.

Pozwolę sobie przytoczyć przykład z mojej praktyki naturalnego uzdrawiania. Kobieta w wieku 36 lat, z chorobą serca, blada, chuda, miała trudności z oddychaniem, nie mogła chodzić. Lekarze zaproponowali jej operację: usunięcie części aorty i zastąpienie jej naczyniem biodrowym, przy czym uprzedzili ją, że procent pomyślnej operacji jest nieduży 30–40%. Kobieta zgłosiła się do naszego centrum z prośbą o pomoc. Po biodiagnostyce stwierdziliśmy u niej silnie zanieczyszczoną wątrobę. I jaki sens miałaby ta operacja? Przecież w jej naczyniach płynie gęsta, kwaśna, „brudna" krew. Nawet jeśli operacja przebiegnie pomyślnie, to za 5–7 lat będzie to samo. Przeszczep naczyń to tylko walka ze skutkiem, a przyczyna leży w jakości krwi. Jeśli krew się oczyści, oczyści cały system, przez który płynie.

Kobieta przeprowadziła kurację oczyszczenia jelita grubego i wątroby, przy czym wątrobę przeczyściła trzy razy. Po trzech miesiącach stała się innym człowiekiem – zdrowa, pogodna i radosna.

Wiele osób na pewno naiwnie sądzi, że ich wątroba jest w porządku. To duży błąd. Na własnym doświadczeniu i doświadczeniu pacjentów przekonałem się, że to nieprawda. Kamienie żółciowe siedzą w wątrobie bardzo mocno. Po moim pierwszym i drugim oczyszczeniu kamieni nie było, były „koreczki" cholesterolowe (podobne do ciemnozielonych wałeczków), kawałki pleśni (podobne do pajęczyny), ale po trzecim czyszczeniu zszedł półlitrowy słoik kamyczków, a także dużo starej żółci, ciemne płatki i inne „brudy". A przecież wszystko to jest w wątrobie u każdego z nas i im jesteśmy starsi, tym tego brudu jest więcej. Kiedy pozbędziemy się tego wszystkiego, od razu poczujemy się lżej, odczujemy prawdziwą odnowę całego organizmu. Jednym słowem, oczyszczenie wątroby jest rzeczą naturalną i niezbędną dla każdego człowieka, jak generalne porządki w mieszkaniu.

Na podstawie mojego wieloletniego doświadczenia, a także opinii specjalistów leczenia naturalnymi metodami, mogę z przekonaniem stwierdzić, że jeśli kuracja oczyszczająca wątrobę jest przeprowadzana ściśle według opisanych zaleceń i instrukcji, żadnych skutków ubocznych nie zaobserwowano. Czasem po wypiciu 3–4 porcji oliwki zdarzają się wymioty, to znak, że najpierw oczyścił się żołądek. To się może zdarzyć podczas pierwszego zabiegu oczyszczającego, to nic strasznego. Zabieg należy ukończyć nie zwiększając ani ilości oliwki ani soku.

Podczas oczyszczania trzeba być spokojnym i rozluźnionym (zrelaksowanym). Kiedy wątroba jest silnie zanieczyszczona i wydala z siebie „nieczystości", możecie Państwo poczuć, że wątroba jak gdyby „oddycha". Proszę się nie bać, bo strach powoduje skurcze naczyń i przewodów żółciowych, co również może być powodem wymiotów. Ale jeśli już odczuwają Państwo strach, niepokój lub nerwowość (związane z oczekiwaniami rezultatu oczyszczenia), proszę wziąć dwie tabletki Nospy na uspokojenie. Wszystko wróci do normy automatycznie. Oczyszczanie wątroby jest nieprzyjemne, gdy się je przeprowadza po raz pierwszy. Człowiek zawsze się denerwuje, kiedy coś robi pierwszy raz.

Osoby, które mają usunięty pęcherzyk żółciowy na pewno zapytałyby, czy mogą oczyścić wątrobę. Nie tylko mogą, ale jest to konieczne.

Instrukcja metodyczna oczyszczenia wątroby

Uwaga! Skuteczność oczyszczenia wątroby zależy od całkowitego stosowania się do przepisu i przeprowadzenia wszystkich etapów!

Etap pierwszy. Wcześniejsze przygotowanie – „złagodzenie" organizmu. Jest to niezbędne do tego, by rozluźnić, nagrzać i nawilżyć organizm.

„Złagodzenie" organizmu można osiągnąć korzystając z sauny (suchej lub parowej) lub biorąc gorącą kąpiel. Takich zabiegów powinno być przynajmniej 5 (czas trwania od 10 do 20 minut). Najważniejsze, by poczuć rozluźnienie, zrelaksowanie i rozgrzanie całego ciała. Ostatnie „złagodzenie" proszę przeprowadzić na dzień przed głównym zabiegiem oczyszczającym.

Etap drugi. Przez 3–4 dni przed oczyszczeniem żywić się głównie produktami pochodzenia roślinnego, pić 0,5 l świeżo wyciśniętego soku z buraka + jabłek w proporcji (1:4), a codziennie na noc pić napar z ziół przeczyszczających (najlepiej zrobić lewatywę).

Etap trzeci. Oczyszczenie właściwe lepiej przeprowadzić pod koniec tygodnia (piątek – sobota lub sobota – niedziela).

1 i 2 dzień – przez cały dzień pić tylko sok w dowolnej ilości. Gdy chce się jeść – pijcie sok, chce się pić – pijcie sok (burak + jabłka, 1:4). Podczas dnia jak najwięcej się poruszać, przebywać na świeżym powietrzu (ale nie marznąć i nie schładzać ciała). Przy silnym uczuciu głodu jeść pieczone jabłka z miodem. Wieczorem przed snem wziąć ciepłą kąpiel (10–15 min.), wypić napar z ziół przeczyszczających (najlepiej zrobić lewatywę).

3 dzień – rano wypić napar z ziół przeczyszczających, następnie w ciągu dnia do godziny 18^{00} pić sok (podczas silnego głodu jeść pieczone jabłka z miodem). Po godzinie 14^{00} od czasu do czasu nagrzewać powierzchnię wątroby poduszką elektryczną lub termoforem – tak do godziny 18^{00}. O 18^{00} przyrządzić mieszankę z 150 g oliwki z oliwek i 150 g soku z cytryny, 6 plasterków cytryny, ząbka czosnku – rozdrobnić i przełożyć do słoiczka z wieczkiem. Przygotować ciepłą pościel. Jeżeli już wszystko jest przygotowane, należy o 18^{30} wziąć gorący prysznic, dobrze rozgrzać ciało, wytrzeć do sucha i położyć się do łóżka.

O 19^{00} wstać, wypić 2 łyżki oliwki i natychmiast popić 2 łykami soku z cytryny, jeśli zbiera się Państwu na wymioty, ssać plasterek cytryny, jeśli ten stan nie mija, otworzyć słoiczek z czosnkiem i powąchać. Nieprzyjemne uczucie minie. Potem należy znów się położyć i rozgrzewać wątrobę. Za 15 minut znów wypić oliwkę i sok z cytryny. I tak co 15 minut, dopóki nie wypijecie Państwo całej oliwki i całego soku. Jeśli po kolejnej porcji (zwykle po czwartej) nudności nie przechodzą, proszę się ograniczyć do już wypitej ilości. Następnie należy się położyć do łóżka na prawy bok, położyć poduszkę elektryczną lub termofor na wątrobę i oglądać telewizję lub czytać. Jeśli pojawił się niepokój, proszę zażyć dwie tabletki Nospy. Po półtorej, dwu lub trzech godzinach rozpocznie się parcie i opróżnienie jelit. Mniej więcej około północy proszę wypić napar z ziół przeczyszczających (najlepiej zrobić lewatywę) i położyć się spać.

Rano wypijcie napar z ziół przeczyszczających i zjedzcie lekkie śniadanie z produktów roślinnych, owoców i warzyw, można zjeść kaszę na wodzie. Na obiad zupę wegetariańską (jarzynową), na kolację pieczone lub gotowane ziemniaki z dodatkiem zieleniny, ryż z duszonymi warzywami, itp. Od następnego dnia rozszerzajcie menu.

Ile razy należy czyścić wątrobę?

Pierwsze czyszczenie jest najtrudniejsze, ponieważ organizm traci dużo sił. Zwykle jest wydalane dużo starej żółci, pleśni, białych nici, zielonych „koreczków", ale kamieni może nie być. To nie oznacza, że oczyszczenie się nie udało. Po prostu wątroba jest silnie zanieczyszczona i podczas kolejnych oczyszczeń pojawią się kamienie. Drugie oczyszczanie jest już łatwiejsze. Powinno się ono odbyć po 3–4 tygodniach, następne oczyszczenia proszę przeprowadzać raz na 3 miesiące. Po 5–7 oczyszczeniach można przeprowadzać kurację raz na rok.

Czytelnik może zadać słuszne pytanie: po co tak często przeprowadzać kurację pierwszych oczyszczeń wątroby? Wątroba składa się z czterech części i w ciągu jednego zabiegu oczyszczania zdąży się oczyścić tylko jedna część, w ciągu drugiego – druga... a jeśli zmienią Państwo sposób odżywiania się, to po każdym z oczyszczeń będą się z Państwa sypać kamienie jak w kamieniołomach. Kolejne oczyszczania są niezbędne jeszcze dlatego, że kamienie w wątrobie i przewodach żółciowych osadzały się powoli przez wiele lat, stając się gładkie, przyjmowały kształt przewodów żółciowych (proszę sobie przypomnieć kamienie na plaży oszlifowane przez morską wodę). Dlatego one Państwu nie dokuczają bólami, tylko przeszkadzają wątrobie normalnie funkcjonować. Przeprowadzając oczyszczanie, rozdrabniacie kamienie, które zaczynają się poruszać, ich kształt i położenie się zmienia, swoimi chropowatymi brzegami mogą więc podrażniać ścianki przewodów żółciowych. W czasie kolejnych oczyszczeń kamienie się zmniejszają i następnie są swobodnie wydalane. Jeśli po dwóch dniach od czasu pierwszego oczyszczania odczuwacie Państwo ciężar w wątrobie, po 2 tygodniach należy zabieg oczyszczania powtórzyć.

Odżywianie po oczyszczeniu wątroby

Należy wiedzieć, jakie produkty są szkodliwe dla wątroby i wyeliminować je z jadłospisu. Są to: smażone mięso, ryba, ostre tłuste przekąski (szczególnie zimne), żywność, która jest bogata w skrobię – biała mąka, słodkie pieczywo, ciastka, herbatniki, a także grzyby. Przy schorzeniach wątroby należy ograniczyć ocet, pieprz, musztardę, rzepę, rzodkiew, smażoną cebulę, kawę, kakao. W celu wzmocnienia chorej wątroby należy pić soki (burak + marchew), w proporcji 1:4, do 0,5 l dziennie. Wątrobie są niezbędne witaminy A, C, B, K, które w dużej ilości znajdują się w żółtku kurzego jaja, maśle śmietankowym, twarogu, pomidorach, burakach, marchwi, kabaczkach, kalafiorze, winogronach, arbuzie, truskawkach, jabłkach, śliwkach suszonych, przerośniętej pszenicy, dzikiej róży, porzeczkach.

Przy procesach zapalnych w wątrobie i pęcherzyku żółciowym bardzo pożyteczna jest „uzdrawiająca kasza", którą się przyrządza w następujący sposób: 100 g przerośniętej pszenicy, 100 g gotowanych buraków, 100 g gotowanej marchwi, 100 g suszonych moreli. Wszystko skręcić w maszynce do mięsa, do masy dodać 2 łyżki soku z cytryny i trochę miodu. W smaku masa powinna być przyjemnie kwaskowa. Masło śmietankowe i olej roślinny starajcie się Państwo dodawać tylko do gotowych potraw, nie w procesie obróbki kulinarnej. Oczyszczenie wątroby specjalnie opisałem tak szczegółowo – bo to jest jakby mała operacja bez użycia skalpela, do której należy się dobrze przygotowywać zarówno pod względem organizacyjnym, jak i psychicznym.

Oczyszczenie wątroby przy pomocy soków warzywnych

Wyżej opisane oczyszczenie wątroby przy pomocy oleju i soku z cytryny jest najbardziej skuteczne, ale są osoby, które nie są w stanie wypić oleju, mało tego, one nawet nie znoszą jego zapachu. Co wtedy robić? Oczyścić wątrobę mieszankami soków warzywnych. Jest to kuracja dłuższa, tym niemniej skuteczna. Pozwala ona oczyścić wątrobę i rozpuścić kamienie (jeśli one są).

Instrukcja przeprowadzenia kuracji w ciągu 1 dnia

Pić w ciągu dnia 3–4 razy po 1/2 szklanki mieszanki soków z marchwi, buraka z sokiem ze świeżego ogórka, w proporcji 10:3:3 (w ilości 250 g + 75 g + 75 g). Kuracje przeprowadzać należy przez 2 tygodnie. W pierwszym roku przeprowadzać 4 kuracje po 14 dni co 3 miesiące, potem raz w roku.

Sok jabłkowy wspaniale oczyszcza organizm, szczególnie wątrobę, nerki i woreczek żółciowy.

Używać tylko świeżo przygotowanego soku (soki wytwarzane przemysłowo nie nadają się). Jabłka powinny być słodkie, ale można dodać trochę kwaśnych (antonówek). Smak soku powinien być przyjemny. Sok należy pić małymi łyczkami, każdy łyczek potrzymać chwilę w jamie ustnej, aby dobrze wymieszał się ze śliną. Po spożyciu soku niektóre osoby (mające zakłóconą mikroflorę układu pokarmowego) mogą mieć nieprzyjemne odczucia żołądkowe. Czasem mogą pojawić się wzdęcia. W takim przypadku sok przed spożyciem trzeba bardzo dokładnie odfiltrować z drobinek miąższu. Oprócz tego należy przygotować układ pokarmowy do przyjmowania nadmiaru kwasu. W tym celu przed przeprowadzeniem kuracji poleca się przez tydzień pić 1/2 szklanki soku na 15 minut przed każdym posiłkiem. Samą kurację przeprowadzać 3 dni i przez ten czas niczego nie jeść. Korzystnie byłoby zażywać więcej ruchu na świeżym powietrzu.

W ciągu całego dnia można pić tylko sok z jabłek.

1 dzień:

godz. 8 rano – 1 szklanka soku jabłkowego
godz. 10 rano – 2 szklanki soku
godz. 12 w południe – 2 szklanki soku
godz. 2 po południu – 2 szklanki soku
godz. 4 po południu – 2 szklanki soku
godz. 6 po południu – 2 szklanki soku
godz. 8 wieczorem – 2 szklanki soku

Drugiego i trzeciego dnia należy postępować tak samo. Jeżeli w czasie trwania kuracji nie nastąpi wypróżnienie, należy wypić zioła przeczyszczające, a najlepiej zrobić lewatywę.

Oczyszczenie kości i stawów

Oczyszczenie stawów należy przeprowadzić przez kolejne trzy dni, na co zużyjecie Państwo 15 g liścia laurowego. Podczas kuracji, w miarę wydalania soli i piasku, mocz może zmieniać barwę od zielonego do jasnoczerwonego. To normalne zjawisko. Po 7 dniach kurację oczyszczenia powtórzyć!!!

1 dzień – 5 g liścia laurowego drobno pokruszyć, wrzucić do 300 ml wrzątku, gotować na małym ogniu 5 minut, następnie wywar wlać do termosu i odstawić na 5 godzin, żeby się odstał. Płyn przecedzić, przelać do naczynia i pić małymi łykami co 15–20 minut w ciągu 12 godzin.

Uwaga! Całego naparu od razu pić nie wolno, ponieważ można spowodować krwotok!

2 i 3 dzień – tak samo jak w pierwszym dniu. W trakcie kuracji nie spożywać produktów białkowych (mięso, jaja, mleko, żółty ser, twaróg itp.).

Oczyszczenie układu moczowo-płciowego

W pierwszym dniu do półlitrowego słoika wsypać 2 łyżki nieoczyszczonego ryżu, nalać do pełna zimnej, przegotowanej wody i odstawić na 24 godziny. W drugim dniu wziąć drugi słoik, nasypać do niego ryżu, zalać wodą, a z pierwszego słoika ryż przepłukać i znów zalać wodą i odstawić na 24 godziny. I w ten sposób codziennie dodawać po nowym słoiku, a w pozostałych przepłukiwać ryż i zalewać wodą.

Po 5 dniach będziemy mieli 5 słoików z zamoczonym ryżem. W szóstym dniu ugotować ryż, który był w słoiku nr 1, gotować 15 minut i od razu zjeść niczym nie zagryzając. Można jedynie dodać niewiele masła śmietankowego lub oleju roślinnego, ale w żadnym razie soli. Po zjedzeniu ryżu przez 3 godziny nie należy nic jeść ani pić. Do słoika nr 1 znów nasypać ryżu, zalać wodą i postawić za słoikiem nr 5. Tak postępować przez 2 miesiące, po kolei przestawiając słoiki.

Oczyszczanie nerek

Spośród wielu wariantów oczyszczania nerek omawiam 3 najbardziej skuteczne. Można stosować dowolny z nich, można je stosować wymiennie. Proszę wybrać ten, który Państwu najbardziej odpowiada.

Wariant a

Oczyszczenie nerek powinno się przeprowadzać według wyżej podanej instrukcji oczyszczania wątroby przy pomocy soków warzywnych.

Wariant b

Dobry wynik daje oczyszczenie nerek przy pomocy mieszanki soków z marchwi, selera, pietruszki w proporcji (9:5:2).

W ciągu dnia należy 3–4 razy pić, najlepiej przed jedzeniem, 1/2 szklanki mieszanki.

Czas trwania kuracji 1–2 tygodnie. W pierwszym roku kuracje należy powtarzać co 3 miesiące, następnie raz do roku.

Wariant c

W celu rozpuszczenia i rozdrobnienia do wielkości ziaren piasku wszystkich kamieni w organizmie stosuje się napar z owoców dzikiej róży.

2 łyżki stołowe owoców dzikiej róży zalać 200 ml wody, gotować przez 15 minut, następnie ostudzić. Potem przecedzić i pić po 1/3 szklanki 3 razy dziennie.

Czas trwania kuracji – 2 tygodnie. Co 3 miesiące powtarzać kurację.

Wariant d

Sok z pietruszki – bardzo skuteczny środek przy schorzeniach układu moczowo-płciowego i kamieniach w nerkach (szczególnie wtedy, gdy w moczu znajduje się białko, lub w nerkach jest infekcja). Sok z pietruszki jest jednym z najsilniej działających, dlatego też należy go spożywać oddzielnie, w czystej postaci, w ilości powyżej 30–50 g.

Po wydaleniu kamieni z nerek należy zmienić sposób odżywiania, ponieważ kamienie są tylko skutkiem, główna przyczyna ich tworzenia się, to nadmiar kwasu moczowego i jego soli, które w wyniku wielu przyczyn (zaburzenia przemiany materii, dziedziczność, itp.) nie są wydalane z organizmu.

Należy wyeliminować z jadłospisu produkty zawierające dużo białka, szczególnie: wątrobę, smażone i wędzone mięso, słone ryby, buliony mięsne, itd. Należy spożywać więcej sałatek, surówek, owoców, przerośniętej pszenicy, codziennie pić soki. Sałatki można umiarkowanie solić, żeby stymulować funkcjonowanie nerek i unikać słodyczy, które zaburzają ich czynności.

Oczyszczenie limfy i krwi
(ze związków radioaktywnych i toksycznych)

Tę kurację należy przeprowadzać gdy zaczyna się epidemia grypy lub innych zachorowań bakteryjnych. Bez stosowania antybiotyków można szybko i skutecznie zniszczyć infekcje w organizmie, oczyścić układ limfatyczny i krwionośny, a także uzupełnić zapasy naturalnej witaminy C, której niedobór stwierdza się u każdego człowieka, szczególnie palącego (wypalony papieros niszczy w organizmie 25 mg witaminy C).

Kurację przeprowadza się przez trzy dni, podczas kuracji nie należy niczego jeść oprócz pomarańcz lub grapefruitów. W ciągu dnia należy wypić 2 l mieszanki soków + 2 l destylowanej wody. Codziennie należy sporządzać nową mieszankę sokową.

Skład mieszanki na 1 dzień: (soki muszą być świeżo wyciśnięte): 900 g soku z grapefruitów + 900 g soku z pomarańczy + 200 g soku z cytryny + 2 l wody destylowanej – razem 4 litry.

Przeprowadzenie kuracji: przepis na 1 dzień

Rano na czczo należy wypić 1 łyżkę stołową gorzkiej soli (magnezu siarczan) rozpuszczonej w szklance ciepłej wody. Robi się to w celu wydalenia ze wszystkich części organizmu znajdujących się tam toksyn. Roztwór ten działa na zatrutą toksynami limfę jak magnes na opiłki żelaza. W wyniku tego wszystkie „odpady" zbierają się w jelitach i są wydalane niejednokrotnym przeczyszczeniem. Działając „przeczyszczające", roztwór soli gorzkiej wymywając toksyny odwadnia organizm. Żeby zrekompensować ubytek wody pije się 4 litry mieszanki sokowej, która jest szybko wchłaniana przez organizm.

Po wypiciu roztworu gorzkiej soli należy się ciepło ubrać i co 30 minut pić mieszankę soków po 100–150 g, dopóki się ona nie skończy. Gdy pojawi się uczucie głodu – jeść pomarańcze lub grapefruity ale nic oprócz nich. W czasie kuracji możecie Państwo silnie się pocić – to normalne zjawisko, z potem organizm pozbywa się wszelkich nieczystości.

W ciągu drugiego i trzeciego dnia postępować tak samo jak w pierwszym dniu. Kurację stosować wczesną wiosną i późną jesienią, przed rozpoczęciem epidemii grypy lub chorób górnych dróg oddechowych.

Oczyszczenie naczyń

Wariant a

Przygotować mieszankę: 1 szklanka nasion kopru włoskiego, 2 łyżki stołowe zmielonego korzenia kozłka lekarskiego, 2 szklanki miodu naturalnego. Całą tę mieszankę wlać do termosu o pojemności 2 l i zalać wrzącą wodą do pełna. Odstawić na 24 godziny. Następnie przecedzić, przelać i trzymać w lodówce na najniższej półce. Pić po 1 łyżce stołowej 3 razy dziennie na 30 minut przed jedzeniem, dopóki mieszanka się nie skończy. Kurację przeprowadzić raz do roku.

Teraz dokonamy podsumowania: zaczynamy od oczyszczenia jelita grubego, prawidłowo łączymy pokarm według tabeli 2 lub 3, odtwarzamy naturalną florę bakteryjną, następnie kolejno oczyszczamy wątrobę, stawy, nerki, układ limfatyczny i krwionośny, a na końcu naczynia.

DODATKOWE SPOSOBY OCZYSZCZENIA ORGANIZMU

Zapoznaliśmy się z podstawowymi sposobami oczyszczenia, ale oprócz nich można przeprowadzać dodatkowe oczyszczenia, które są konieczne aby maksymalnie oczyścić każdy „zakamarek" w naszym organizmie.

Oczyszczenie jelita grubego aktywizuje działalność mięśni jelit, odżywia i oczyszcza mięśnie.

Lewatywa miodowa. Stołową łyżkę miodu rozpuścić w szklance wody o temperaturze pokojowej, następnie dodać łyżkę stołową soku z cytryny. Stosować 1–2 razy w miesiącu.

Lewatywa kawowa. Do 200 ml wrzącej wody wrzucić 3 łyżki stołowe kawy (ale nie rozpuszczalnej), gotować 3 minuty. Następnie 12 minut trzymać na malutkim ogniu. Przecedzić, ostudzić do temperatury pokojowej. Warunki stosowania jak wyżej. Korzyści z lewatywy kawowej są ogromne, a jej tajemnica polega na tym, że nie tylko aktywizuje błonę jelita grubego, ale również usuwa z niego zatruwające organizm toksyny. Wspaniale stymuluje pracę wątroby i pęcherzyka żółciowego. Wprowadzona przez jelito proste nie działa szkodliwie na układ nerwowy, nie wypłukuje z organizmu wapnia (Ca), nie niszczy witamin grupy B (jak kawa wypita).

OCZYSZCZENIE WĄTROBY

Często, z jakichś powodów, zaproponowane sposoby nie odpowiadają wam (nie wszyscy mogą przez 3 dni pić jedynie soki lub wypić olej, co dotyczy szczególnie dzieci). Wtedy w waszych listach pojawia się pytanie, jak oczyścić wątrobę staremu człowiekowi lub dziecku. Niestety, nasze dzieci już bardzo wcześnie mają zanieczyszczoną wątrobę. Wiele dzieci przeszło mechaniczne zakażenie wątroby wirusem itp. Dla tych cierpiących proponuję następujący przepis. Jego realizacja jest trochę skomplikowana, więc proszę dokładnie zapoznać się z metodyką i dawkowaniem.

METODYKA OCZYSZCZENIA WĄTROBY
(BEZ ZASTOSOWANIA OLEJU)
DLA OSÓB STARSZYCH I DZIECI

Zestawy nr 1 i nr 2 należy przygotowywać jednocześnie.

Zestaw nr 1. Trzy szklanki owsa zmielić i wsypać do 5-litrowego emaliowanego garnka, a następnie zalać 4 litrami zimnej wody. Zamknąć wieczkiem i odstawić na 24 godziny.

Zestaw nr 2. Potem przygotować drugi zestaw: szklankę owoców dzikiej róży rozdrobnić i przełożyć do 2-litrowego garnka, po czym zalać 1 litrem wrzątku. Zamknąć wieczkiem, owinąć z wierzchu ręcznikiem i odstawić na 24 godziny. Po 24 godzinach do garnka z owsem dodajemy 2 stołowe łyżki pączków brzozy i 3 łyżki stołowe liści maliny. Stawiamy garnek na ogniu, doprowadzamy do wrzenia i gotujemy 15 minut. Następnie należy dodać 2 stołowe łyżki kukurydzianych włosków (włoski okrywające kolbę po odwinięciu liści) i gotować na małym ogniu jeszcze przez 15 minut. Następnie mieszaninę odstawić na 45 minut i ostrożnie, żeby nie zmącić, przecedzić. Po 24 godzinach przecedzić zestaw nr 2. Połączyć otrzymany roztwór z zestawem nr 1 i otrzymamy środek do oczyszczenia wątroby dorosłego człowieka. Otrzymaną mieszankę przelać do butelek i trzymać w lodówce lub w suchym, ciemnym i chłodnym miejscu. Mieszankę należy przyjmować po 150 ml 4 razy dziennie na 30 minut przed jedzeniem (w trakcie prowadzenia kuracji starać się jeść 4 razy dziennie niedużymi porcjami). Ostatnie użycie mieszanki nie później, niż o 19^{00}. A teraz dawki dla dzieci:

- od 1 do 3 lat – 1 łyżeczka od herbaty 4 razy dziennie przez 2 tygodnie,
- od 3 do 5 lat – po 2 łyżeczki od herbaty 4 razy dziennie przez 2 tygodnie,
- od 5 do 7 lat – po 1 stołowej łyżce 4 razy dziennie przez 2 tygodnie,
- od 7 do 10 lat – po 2 stołowe łyżki przez 2 tygodnie,
- od 10 do 15 lat – po 4 stołowe łyżki przez 2 tygodnie,
- powyżej 15 lat – po 150 ml 4 razy dziennie póki nie skończy się mieszanka.

Kurację można prowadzić 2 razy w roku. Jeśli przygotowujecie mieszankę w celu oczyszczenia wątroby dzieci, to powinniście zmniejszyć ilość składników wg następujących proporcji: od 1 do 3 lat – 10 razy, od 3 do 5 lat – 8 razy, od 7 do 10 lat – 6 razy, od 10 do 15 lat 4 razy.

OCZYSZCZENIE NEREK

Przygotować mieszankę z następujących świeżo wyciśniętych soków: marchwi 270 ml, korzeń selera 150 ml, korzeń pietruszki 60 ml. Pić 2 razy dziennie na 15–20 minut przed jedzeniem. Piasek zaczyna schodzić po 21–30 dniach. Aby ułatwić zabieg i stymulować pracę nerek, co drugi dzień należy przyjmować kąpiel (patrz – kąpiele lecznicze).

Oczyszczenie nerek pietruszką i selerem

1 kg korzenia pietruszki i 0,5 kg korzenia selera umyć, oczyścić i zmielić w maszynce do mięsa. Przełożyć do garnka o objętości 4–5 litrów, następnie do otrzymanej mieszanki dodać 1 kg miodu pszczelego i 1 l ostudzonej gotowanej wody. Postawić

garnek na maleńkim ogniu i, ciągle mieszając drewnianą łyżką, gotować póki nie zawrze. Następnie przykryć pokrywką i postawić na 3 dni do lodówki. Na czwarty dzień dodać jeszcze 1 l gotowanej wody, znów podgrzać na maleńkim ogniu do wrzenia, po czym ostudzić i jeszcze ciepły roztwór przecedzić. Otrzymany syrop przelać do butelek i przechowywać w ciemnym miejscu. Używać po 3 łyżki stołowe na 15 minut przed jedzeniem 2 razy dziennie, dopóki syrop się nie skończy.

Oczyszczenie nerek z piasku i kamieni porzeczką

3 stołowe łyżki młodych liści porzeczki zalać 0,5 l wrzątku, odstawić na 20 minut, a następnie liście odcisnąć i wyrzucić. Potem podgrzać roztwór na małym ogniu prawie do wrzenia i wsypać do niego 2 stołowe łyżki świeżych, mrożonych lub suszonych porzeczek. Odstawić na 3 godziny i pić po 1/2 szklanki w ciągu dnia maleńkimi łykami, zjadając porzeczki. Ten przepis można stosować przez cały rok, ponieważ oprócz oczyszczenia nerek wywar z liści i jagód porzeczki jest wspaniałą odżywką witaminową.

A oto dwa dodatkowe przepisy, które są bardzo efektywne przy niedomaganiach wywołanych zaburzeniem pracy układu krążenia: zmniejsza się poziom cholesterolu, nadciśnienie, szum w głowie, polepsza się wzrok.

OCZYSZCZENIE UKŁADU KRWIONOŚNEGO

350 g czosnku oczyścić i wycisnąć sok, jednocześnie wycisnąć sok z 24 cytryn, wszystko zmieszać i wstawić na 24 dni do lodówki. Używać po 1 łyżeczce od herbaty przed snem, popijając 1/2 szklanki kefiru.

Oczyszczenie układu krwionośnego

W płóciennym woreczku wymieszać po 100 g kwiatów rumianku, dziurawca, nieśmiertelnika, pączków brzozy. Wieczorem 1 stołową łyżkę mieszanki zalać 0,5 l wrzątku (jeśli wykorzystamy termos – 1 l) i odstawić na 30 minut. Następnie odlać z termosa 1 szklankę cieczy i rozpuścić w niej 1 łyżeczkę od herbaty miodu i wypić. Nic potem nie jeść i nie pić. Rano wypić z termosa pozostały napój, rozpuściwszy w nim 1 łyżeczkę od herbaty miodu i wypić na 15 minut przed śniadaniem. I tak postępować codziennie aż nie wyczerpie się mieszanka ziół.

Oczyszczenie krwi

• Zaparzyć w 1/2 szklanki 1 łyżkę zielonej herbaty (liście) i odstawić na 10 minut, po czym dopełnić szklankę tłustym, nie gotowanym mlekiem (najlepiej wiejskim), wsypać szczyptę soli, rozmieszać. Wypić na czczo. Na noc zrobić tak samo, tylko zamiast soli dodać 1 łyżeczkę od herbaty miodu i wypić 2 godziny po ostatnim posiłku. Pić ten zestaw rano i wieczorem przez 6 dni. Co drugi dzień na noc robić lewatywę (wg metody Walkera). W ciągu tego tygodnia pożywienie powinno być roślinne (warzywa, kasze, chleb, olej).

• Do 100 g soku z majowej i czerwcowej pokrzywy dodać 100 ml soku jabłkowego (może być z kartonu, ale powinien być bez dodatku cukru) i wypić na czczo 30 minut przed śniadaniem. Mieszankę używać przez 20 dni, potem 10 dni przerwy i znów powtórzyć.

OCZYSZCZENIE MIĘŚNIA SERCOWEGO

Dla osób chorych na serce i układ krążenia. Mieszankę, na którą przepis podano niżej, pić 3 razy dziennie – pierwszy raz na czczo przed śniadaniem, drugi raz o godz. 12^{00} i trzeci o godz. 19^{00}.

Do 333 g ciepłego (najlepiej wiejskiego) mleka wcisnąć sok z jednej cytryny. Pić mieszankę przez 2 tygodnie.

OCZYSZCZENIE TARCZYCY

40 pestek z jabłka drobno pokroić i zalać 100 ml wody. Postawić w ciemne miejsce na 7 dni. Pić 15 minut przed jedzeniem

po 7 kropel, rozpuszczając w 20 ml wody. Kurację prowadzić raz na 3 miesiące. Można zamiast pestek z jabłek wziąć 21 pestek z grapefruita. Odżywkę przygotować w analogiczny sposób.

OCZYSZCZENIE NARZĄDÓW ODDECHOWYCH

Dla osób palących i często cierpiących na schorzenia dróg oddechowych.

Umytą czarną rzodkiew, nie obierając skórki, zetrzeć na grubej tarce, odcisnąć sok, dodać do niego 1 łyżkę stołową miodu i pić na noc. Pozostały po odciśnięciu miąższ położyć na bawełnianą tkaninę i równomiernie ułożyć na klatce piersiowej (oprócz okolicy serca), przykryć ręcznikiem, obłożyć torfem i przykryć ciepłym kocem. Jeśli po 30–40 minutach pieczenie będzie silne, kompres zdjąć. Nie dopuścić do oparzenia skóry.

Oczyszczenie narządów oddechowych (kompres z kapusty)

Dla osób palących i chorujących często na zapalenie płuc i drogi oddechowe.

Wziąć 4 liście białej kapusty (ich rozmiary powinny być takie, aby mogły przykryć płuca od strony pleców i klatki piersiowej), włożyć do garnka i gotować dokładnie 3 minuty od momentu zagotowania wody. Następnie posmarować klatkę piersiową i plecy smalcem i przyłożyć 2 liście z przodu i 2 z tyłu. Owinąć chorego ręcznikiem, założyć mu ciepłą koszulę i nakryć ciepłym kocem. Kompresy robić na noc, trzy noce pod rząd. Po drugim kompresie z płuc zacznie schodzić flegma, pojawi się kaszel, chory zacznie się mocno pocić (jest to normalne).

Oczyszczenie narządów oddechowych żywicą

Dla osób palących i często chorujących na zapalenia dróg oddechowych.

Szklankę koziego mleka ogrzewać na małym ogniu (nie doprowadzać do wrzenia) rozpuszczając w nim kawałeczek żywicy sosnowej, około 1–1,5 cm. Ciepłą mieszankę pić na noc. Następnie natrzeć choremu klatkę piersiową i plecy Amolem i założyć mu ciepłą koszulę.

PS. Bardzo dobry efekt przynosi połączenie dwóch opisanych wyżej sposobów (nie potrzeba już nacierać pleców i piersi Amolem).

OCZYSZCZENIE OCZU (SOCZEWKI)

Stosowanie wskazanej niżej metody sprzyja likwidacji zmętnienia soczewki przy katarakcie.

Dwie łyżeczki od herbaty kwiatów nagietka zalać 2 szklankami wrzątku, odstawić na 30 minut, przecedzić. Używać po 1/2 szklanki 4 razy dziennie, najlepiej 15–20 minut przed jedzeniem. Z tego samego roztworu robić okłady na oczy po 5–10 minut rano i wieczorem.

OCZYSZCZANIE CZARNĄ RZEPĄ (STAWÓW, MIĘŚNI, UKŁADU LIMFATYCZNEGO, UKŁADU KRWIONOŚNEGO, ORGANÓW WEWNĘTRZNYCH)

10 kg czarnej rzepy dobrze umyć, usunąć wszystkie uszkodzenia i włoski, nie zdejmując skórki przepuścić przez maszynkę do mięsa. Następnie wytłoczyny odwirować w sokowirówce. Otrzymamy około 3 l soku. Sok przelać do szklanych litrowych butelek lub innych szklanych naczyń, zamknąć szczelnie korkiem i przechowywać w lodówce. Pić po 1 łyżeczce od herbaty godzinę po jedzeniu. Jeśli pojawi się ból wątroby (ponieważ zachodzi oczyszczenie pęcherzyka żółciowego z kamieni i soli), na 40–60 minut kłaść na wątrobę termofor. Jeśli bóle nie pojawiają się, dawkę po 7 dniach zwiększyć do 2–3 łyżeczek. W czasie zażywania soku z rzodkwi unikać ostrych, kwaśnych produktów oraz ograniczyć spożycie chleba, mleka, ryb i produktów mlecznych.

Wytłoczyn, które zostały po odwirowaniu, nie wyrzucać. Zebrać je do garnka, dodać 300 g miodu, wymieszać, nakryć pokrywką, przycisnąć ciężkim przedmiotem i przechowywać w suchym, ciepłym miejscu, od czasu do czasu zamieszać drewnianą łyżką. Kiedy wypijemy sok, należy zacząć jeść wytłoczyny, do tego czasu już zakwaszone. Jeść wytłoczyny podczas posiłków po 1-2 łyżki stołowe. Na podstawie opinii moich pacjentów i własnych obserwacji, mogę nazwać tę kurację eliksirem zdrowia i młodości, ponieważ po jej przeprowadzeniu osobiście poczułem się młodszy i bardziej energiczny. Wygładziły się zmarszczki, a ciało odmłodniało o około 10-15 lat.

OCZYSZCZENIE Z RADIONUKLEIDÓW I METALI CIĘŻKICH

Radionukleidy i metale ciężkie dostają się do naszego organizmu wraz z powietrzem, wodą i pożywieniem. Wszyscy bez wyjątku mieszkańcy miast stanowią maleńką „czernobylską elektrownię atomową", „wybuch" której może grozić rakiem różnych narządów. Dlatego oczyszczenie z radionukleidów i metali ciężkich powinno być nieodłączną częścią naszej higieny.

Oczyszczenie pączkami sosnowymi

4 łyżki młodych sosnowych pączków włożyć do 1/2 litrowego słoika i zalać 1 szklanką miodu. Odstawić do lodówki. Po 2 dniach pojawi się sok. Pić 3 razy dziennie po 1łyżce stołowej.

Oczyszczenie igliwiem sosny lub świerka

1/2 szklanki rozdrobnionych igieł zalać 1 l gotowanej wody i podgrzewać 10-15 minut na słabym ogniu, nie dopuszczając do wrzenia wody. Potem odcedzić. Pić zamiast herbaty przez 7 dni, następnie zrobić 2 miesiące przerwy.

Oczyszczenie siemieniem lnianym

1/2 szklanki siemienia zalać 1,5 l wrzątku, gotować 2 godziny na słabym ogniu, ostudzić i przecedzić. Wypić w ciągu dnia. Stosować przez 2 tygodnie.

DODATKOWE OCZYSZCZENIE ORGANIZMU SOKAMI Z WARZYW I OWOCÓW

Oczyszczenie prowadzimy w ciągu 2 tygodni podczas posiłków. Najlepiej aby soki były świeżo przygotowane. W przypadku spożywania soków z kartonu, na każde 100 ml należy dodać sok z 1/2 cytryny.

PS. Jeśli ktoś z Państwa z różnych powodów nie może spożywać dużej ilości warzyw i owoców, to oczyszczanie sokami pozwoli nasycić organizm wszystkimi niezbędnymi składnikami (substancje mineralne, witaminy itd.). Sokoterapia pomoże odciążyć nerki, dzięki czemu będą mogły skuteczniej usuwać z organizmu „szlaki". Stworzenie rezerwy zasadowej w organizmie uwolni go od wielu chorób oraz zapobiegnie im.

WIOSNA (kuracja na 2 tygodnie)

Dzień	Rano	Południe	Wieczór
1	sok z 2 cytryn na 1/4 l wody	sok z 2 cytryn na 1/4 l wody	sok z 2 cytryn na 1/4 l wody
2	sok pomarańczowy – 250 ml	Sok marchwiowy 160 ml + sok z pokrzywy 80 ml + cytrynowy 10 ml	sok jabłkowy 120 ml + marchwiowy 120 ml + cytrynowy 10 ml
3	sok mandarynkowy – 250 ml	sok z selera 160 ml + cytrynowy 10 ml + marchwiowy 100 ml	jabłkowy 160 ml + sok z rzewienia 80 ml + cytrynowy 10 ml
4	sok z grapefruita 200 ml + sok z czarnej rzepy 50 ml	sok z buraków 80 ml + sok z sałaty 80 ml	sok winogronowy 250 ml + sok z 1 cytryny
5	sok pomarańczowy 200 ml + sok z rzepy 50 ml	sok marchwiowy 160 ml + sok z cebuli 40 ml	sok jabłkowy 100 ml + sok ananasowy (z kartonu) 50 ml + sok z 1/4 cytryny
6	sok mandarynkowy 160 ml + sok z rzodkiewki 60 ml	sok z selera 160 ml + sok cytrynowy 10 ml + sok żurawinowy 80 ml (można zamienić sokiem z marchwi)	sok jabłkowy 120 ml + sok marchwiowy 120 ml + sok cytrynowy 10 ml
7	sok grapefruitowy 250 ml + sok z rzepy 60 ml	sok marchwiowy 100 ml + sok pokrzywy 100 ml + sok z cebuli 20 ml + sok cytrynowy 10 ml	

W następnym tygodniu stosowanie soków powtórzyć od pierwszego do siódmego dnia.

LATO (kuracja na 2 tygodnie)

Dzień	Rano	Południe	Wieczór
1	sok z czerwonej porzeczki 150 ml + 75 ml wody mineralnej	sok z czerwonej porzeczki 150 ml + 75 ml wody mineralnej	sok z 2 cytryn na 1/4 1 wody
2	sok z agrestu 140 ml + 50 ml wody mineralnej	sok z sałaty 50 ml + sok z grapefruita 150 ml + sok z rzepy 30 ml	sok jabłkowy 250 ml
3	sok marchwiowy 250 ml + sok z rzepy 80 ml	sok z selera 150 ml + cytrynowy 10 ml + marchwiowy 100 ml	sok gruszkowy 160 ml + sok z rzewienia 80 ml + sok z agrestu 50 ml
4	sok z malin 200 ml + sok porzeczkowy 150 ml	sok ze szpinaku 120 ml + sok malinowy 100 ml	sok jagodowy 250 ml
5	sok poziomkowy 150 ml + sok z czerwonej porzeczki 100 ml	sok z kalarepy 120 ml + sok malinowy 120 ml + sok z pietruszki 30 ml	sok morelowy 250 ml
6	sok malinowy 150 ml	sok z sałaty 100 ml + sok jabłkowy 150 ml	sok brzoskwiniowy 120 ml + sok jabłkowy 100 ml + sok cytrynowy 10 ml
7	sok z agrestu 200 ml	sok malinowy 120 ml + sok ogórkowy 80 ml + sok z rzepy 50 ml	sok morelowy 250 ml

W ciągu następnych siedmiu dni powtórzyć wszystko, począwszy od dnia pierwszego.

JESIEŃ (kuracja na 2 tygodnie)

Dzień	Rano	Południe	Wieczór
1	sok z 2 cytryn na 1/4 l wody	sok z 2 cytryn na 1/4 l wody	sok z grapefruita 250 ml
2	sok jabłkowy 200 ml + sok pomarańczowy 150 ml	sok marchwiowy 150 ml + jabłkowy 150 ml + cytrynowy 10 ml	sok gruszkowy 120 ml + grapefruitowy 150 ml
3	sok gruszkowy 250 ml + cytrynowy 20 ml	sok marchwiowy 150 ml + z pietruszki 20 ml + buraczany 80 ml	sok śliwkowy 250 ml
4	sok jabłkowy 125 ml + z dyni 100 ml	sok marchwiowy 120 ml + pomarańczowy 100 ml + z rzepy 50 ml	sok jabłkowy 120 ml + pomidorowy 120 ml + cytrynowy 10 ml
5	sok gruszkowy 125 ml + jabłkowy 125 ml	sok z buraków 100 ml + z sałaty 100 ml + z rzepy 50 ml	sok winogronowy 250 ml
6	sok jabłkowy 120 ml + marchwiowy 120 ml + buraczany 50 ml	sok selerowy 120 ml + ze szpinaku 80 ml + jabłkowy 100 ml	sok ogórkowy 1 50 ml + jabłkowy 120 ml
7	sok gruszkowy 150 ml + grapefruitowy 120 ml	sok z kapusty 100 ml + grapefruitowy 150 ml	sok jabłkowy 150 ml + pomidorowy 120 ml + cytrynowy 20 ml

Cały następny tydzień powtarzać przyjmowanie soków od pierwszego do siódmego dnia.

ZIMA (kuracja na 2 tygodnie)

Dzień	Rano	Południe	Wieczór
1	sok z 2 cytryn na 1/4 l wody	sok z 2 cytryn na 1/4 l wody	sok z 2 cytryn na 1/4 l wody
2	sok pomarańczowy 250 ml	sok marchwiowy 20 ml + z cebuli 30 ml + z buraków 50 ml	sok jabłkowy 250 ml
3	sok grapefruitowy 250 ml	sok z selera 130 ml + jabłkowy 150 ml	sok jabłkowy 150 ml + marchwiowy 150 ml
4	sok pomarańczowy 250 ml	sok z buraków 80 ml + ogórkowy 80 ml + grapefruitowy 100 ml	sok jabłkowy 150 ml + marchwiowy 150 ml
5	sok grapefruitowy 200 ml + z rzepy 50 ml	sok z kapusty 150 ml + z rzepy 150 ml	sok jabłkowy 150 ml + marchwiowy 150 ml
6	sok pomarańczowy 20 ml + z rzepy 50 ml	sok marchwiowy 150 ml + z kapusty 80 ml + cytrynowy 20 ml	sok jabłkowy 120 ml + z selera 120 ml + cytrynowy 10 ml
7	sok grapefruitowy 200 ml + z rzepy 50 ml	sok z selera 150 ml + z kapusty 80 ml + cytrynowy 20 ml	sok jabłkowy 150 ml + z selera 100 ml + marchwiowy 100 ml

W następnym tygodniu przyjmowanie soków powtórzyć od pierwszego do siódmego dnia.

NIEDOTLENIENIE ORGANIZMU

Pierwsze, co robimy przychodząc na świat, to głęboki wdech. Odchodząc z tego świata wydajemy ostatnie tchnienie. Między narodzinami i śmiercią mieści się życie, które całkowicie zależy od oddychania.

Oddychanie to niewidzialny „pokarm", pokarm bez którego człowiek nie może przeżyć nawet 5 minut.

Według danych niemieckich uczonych aż 9 osób z 10 oddycha nieprawidłowo. Dlaczego tak się dzieje? Proszę poobserwować jak oddychają małe dzieci. Gdy wdychają powietrze brzuch im pęcznieje, rozszerza się, a podczas wydechu kurczy. Przy takim sposobie oddychania płucom daje się dużo przestrzeni, a one pobierają powietrze częścią środkową i dolną. Im więcej tlenu dostanie się do płuc przy wdechu, tym lepsza ich wentylacja i większa ilość erytrocytów otrzymuje energię i tlen. A to oznacza, że praktycznie wszystkie reakcje utleniania odbywają się bez tworzenia się szkodliwych, toksycznych dla organizmu produktów.

Właśnie dzięki takiemu sposobowi oddychania, który nazywa się przeponowym, dzieci są ruchliwe, energiczne, wesołe.

Typ oddychania człowieka dorosłego jest zupełnie inny. Z wiekiem, na skutek mało ruchliwego trybu życia, skrzywień kręgosłupa, nadwagi itd. człowiek zaczyna oddychać inaczej, a mianowicie: przy wdechu wznoszą się ramiona i kości obojczyka, żebra rozchodzą się na boki, brzuch jest wciągnięty, klatka piersiowa się rozszerza. Przy takim sposobie oddychania, który nazywa się górnym, działa tylko górna, najmniejsza część płuc, zazwyczaj powietrza nie starcza i człowiek zmuszony jest oddychać często (szczególnie jest to zauważalne u osób tęgich). Tlen dochodzi do płuc małymi porcjami. Płuca zaczynają pracować intensywniej z dużym obciążeniem, ale tylko w swojej górnej części, co prowadzi do przedwczesnego zużycia komórek. W tkankach płuc tworzą się „martwe strefy" z obumarłych, niefunkcjonujących komórek. Im człowiek staje się starszy, tym większa ilość komórek przestaje brać udział w procesie oddychania. Organizm odczuwa ciągły głód tlenowy nawet na świeżym powietrzu. To staje się przyczyną chorób nie tylko organów oddechowych, ale również układu krwionośnego, chorób alergicznych, schorzeń układu żołądkowo-jelitowego nadciśnienia, cukrzycy.

ODDYCHANIE I STARZENIE SIĘ

Prawidłowo oddychając człowiek zatrzymuje procesy starzenia swojego organizmu. Ludzie długowieczni, z różnych stron świata, tłumaczą swoją długowieczność dobrą kondycją fizyczną, a przede wszystkim stosowaniem systemu „głębokiego oczyszczającego oddechu". Tajemnice tego systemu zna niewiele osób.

Kiedyś przy spotkaniu z tybetańskim mnichem zapytałem go o system „głębokiego oczyszczającego oddychania". Jedyne co mi powiedział: „Chcesz żyć długo – oddychaj głęboko i rzadko".

Naukowo stwierdzono, że racjonalnie odżywiając się możemy przedłużyć nasze życie o 10–20 lat, natomiast prawidłowo oddychając o 30–40 lat. W Chinach np. nowotwory są znacznie rzadsze niż w innych rejonach świata. Chińczycy przeważnie są bardzo sprawni fizycznie nawet w podeszłym wieku.

Dużą rolę w ich kondycji fizycznej odgrywają codzienne, kilkugodzinne ćwiczenia oddechowe. Natomiast większość Europejczyków zamiast zdrowych oddechowych ćwiczeń stosuje „inne ćwiczenie", a mianowicie zaciąganie się trującym organizm papierosem.

ODDYCHANIE I PALENIE

U osób palących, komórki stale odczuwają tlenowy głód, co powoduje ich przeobrażenie w beztlenowe, a pojawienie się beztlenowych komórek w organizmie to „otwarta brama dla wielu chorób".

Dziesięć wypalonych papierosów dziennie w ciągu dwu lat wytwarza w organizmie palacza 2 kg toksycznej smoły. Po dziesięciu latach palenia ilość smoły zwiększa się do 4 kg. Ten kto pali ponad 20 lat ma w swoim organizmie ponad 6 kg „trującego brudu". I cały ten brud organizm powinien gdzieś rozmieścić. Wszystkie choroby układu krążenia, układu pokarmowego, żylaki u kobiet, bóle w nogach u mężczyzn i wiele innych dolegliwości to koszt przyjemności wypalenia papierosa.

Nie raz pomagałem ludziom, którzy chcieli rzucić palenie, przy czym stosowałem różne metody: hipnozę, kodowanie, bioterapię, a czasami po prostu rozmowę.

Po doświadczeniach w swojej pracy chciałbym poradzić: nie szukajmy pomocy u innych, spróbujmy pomóc sobie sami pamiętając o tym, że nikt nie będzie dbał o nasze zdrowie tak jak my. Jeśli nasza psychika dojrzała, żeby rzucić i palenie, a nie jesteśmy w stanie tego zrobić, nie mając silnej woli, proponuję kilka pożytecznych rad mogących pomóc w rzuceniu palenia.

JAK RZUCIĆ PALENIE?

Te rady przeznaczone są głównie dla osób o słabej woli, które chcą powoli rzucić palenie:

1. Kupować tylko jedną paczkę papierosów.
2. Biorąc jednego papierosa natychmiast schować paczkę.
3. Palić papierosy tylko z filtrem.
4. Co drugi dzień zmieniać gatunek papierosów.
5. Nie trzymać papierosów w miejscu pracy na biurku.
6. Nie palić papierosów, którymi cię częstują.
7. Nie nosić ze sobą zapałek ani zapalniczki.

8. Po wypaleniu papierosa sprzątnąć popielniczkę.
9. Po pierwszym zaciągnięciu się papierosem zgasić go.
10. Pierwszego papierosa zapalić po śniadaniu.
11. Nie kupować papierosów kartonami.
12. Dopóki nie skończy się paczka papierosów, nie kupować następnej.
13. Nie palić po jedzeniu przez 15–20 minut.
14. Nie palić w domu.
15. Nie palić podczas jedzenia.
16. Nie palić na łonie natury.
17. Nie palić w święta.
18. Nie palić kiedy palą inni.
19. Przed zapaleniem papierosa należy zrobić trzy głębokie wdechy.
20. Nie palić więcej niż jednego papierosa w ciągu godziny.
21. Kupując paczkę papierosów zapisać jej cenę. W końcu tygodnia i miesiąca policzyć, jaką sumę możemy zaoszczędzić.
22. Zamiast wypalić papierosa lepiej wykonać kilka łatwych ćwiczeń.
23. Nauczyć się palić bez zaciągania.
24. Na kartce wypisać przyczyny, dla których chcemy rzucić palenie i czytać tę kartkę codziennie przed snem.
25. Każdego dnia palić o jednego papierosa mniej.

ODDECH JAK ŻYCIE

Nasze życie to ciągła przemiana energii. Organizm zużywa ją na ciepło, myśli, uczucia, ruch, walkę z chorobami, budowę nowych komórek itd. A więc na wszystko to, co nazywamy prostym słowem – życie.

Większość z nas myśli, że głównym źródłem energii dla organizmu człowieka są produkty żywnościowe. Natura, jak się jednak okazuje, rozporządziła inaczej.

178

Najłatwiej będzie to zilustrować prostym przykładem. Bez wyżywienia człowieka może żyć kilka tygodni, bez wody kilka dni, ale już bez powietrza zaledwie kilka minut.

I dlatego prawidłowe oddychanie jest najlepszą drogą do zdrowia i, co ciekawe, może nas do niego zaprowadzić najszybciej.

Sens właściwego oddychania polega na tym, że człowiek może pobierać ogromne zapasy naturalnej energii życiowej, która znajduje się w powietrzu i gromadzi ją w sobie.

(Właśnie dlatego system oddychania jogów znajduje się na najwyższym stopniu „drabiny zdrowia").

PRAWIDŁOWE ODDYCHANIE POMOŻE ZRZUCIĆ NADWAGĘ

Tym, którzy mają nadwagę chcę powiedzieć, że stosowanie odpowiedniego sposobu oddychania pomoże pozbyć się zbędnych kilogramów, bez zmiany sposobu odżywiania, do którego jesteśmy przyzwyczajeni.

Proces oddychania i trawienia są ściśle ze sobą powiązane. Wiele osób niepotrzebnie męczy się różnymi dietami odchudzającymi i, co gorsza, chemicznymi preparatami i lekami. Rezultaty są jednak tylko czasowe. Przestajemy stosować dietę lub używać leki i nadwaga wraca. Takie „eksperymenty" z własnym organizmem niszczą wątrobę, serce i nerki.

Tym, którzy chcą zrzucić kilka kilogramów mogę poradzić, aby w ciągu dnia kilka razy zatrzymywali oddech na 30 sekund. Dzięki temu możemy schudnąć w ciągu 2 miesięcy od 2 do 4 kg.

Oddychając tylko płucami nie jesteśmy w stanie uzupełnić braku tlenu. Należy starać się, w miarę możliwości, zwiększać maksymalnie kontakt świeżego powietrza i skóry:

1. Chodzić w domu rozebranym do majtek.
2. Wietrzyć mieszkanie kilka razy dziennie.
3. Przed snem chodzić na spacery.
4. Więcej czasu spędzać w ruchu na świeżym powietrzu.

ODDYCHANIE DLA ZDROWIA

Czy zastanawialiśmy się, jak w różnych sytuacjach życiowych, zmienia się sposób naszego oddychania. Kiedy człowiek denerwuje się – oddycha głęboko i często (naukowo udowodniono, że ludzie którzy oddychają często i głęboko, żyją krócej), natomiast kiedy się śmieje – wypuszcza powietrze małymi wydechami i wtedy czuje się zdecydowanie lepiej.

Podczas śpiewania wykonujemy wdech i długo, powoli wypuszczamy powietrze. W tym czasie odczuwamy wewnętrzny spokój i odprężenie.

Wielki joga Ramaczaraka (który jako pierwszy wyjawił sekrety nauki o oddychaniu i przekazał je do Europy) podkreślał, że ćwiczenia oddechowe czynią każdego człowieka całkowicie wolnym od niebezpieczeństwa zachorowania na jakiekolwiek schorzenie organów oddechowych, pozbawią kataru i przeziębień, poprawią funkcjonowanie układu pokarmowego i nerwowego.

Oto dlaczego nawet jeśli jesteście Państwo „powaleni" chorobą, macie duże szansę nasycać swój organizm energią i poprzez prawidłowe oddychanie zwalczyć chorobę.

Wydawałoby się, że nikogo nie trzeba uczyć, jak należy oddychać – to u każdego odbywa się nieświadomie i naturalnie. Ale w tym rzecz, że brak stałego fizycznego obciążenia, częste przebywanie w pomieszczeniach, nadwaga i skrzywienie kręgosłupa „oduczyły" człowieka oddychać zgodnie z wzorem danym przez naturę. Mówiąc prościej, oddychamy jak możemy, a nie jak powinniśmy. Właściwie oddychają tylko małe dzieci w wieku od 3 do 5 lat. To właśnie taki sposób oddychania, jaki dała nam natura. Ten typ oddychania nazywa się pełnym. Od jego poznania należy rozpocząć ćwiczenia oddechowe.

Pełne oddychanie

Ćwiczenia można wykonywać na stojąco, siedząco lub w pozycji leżącej. Mięśnie ciała powinny być rozluźnione, oczy lepiej zamknąć. Spokojnie wciągnąć powietrze przez nos, przy czym starać się wypełnić powietrzem dolną część płuc, wypinając brzuch. Następnie wypełnić środkową część płuc, unosząc dolne żebra i klatkę piersiową, a na koniec wypełnić górną część płuc, unosząc górne żebra i lekko rozciągając ramiona.

Teraz połączymy te trzy etapy w jeden powolny i ciągły wdech, podczas którego cała klatka piersiowa, od góry do dołu się rozszerza i wypełnia powietrzem. Powietrze wydychać wolno nosem kontrolując nacisk żeber na płuca. W miarę wydychania powietrza stopniowo wciągać brzuch.

Jeśli przyswojenie pełnego cyklu oddychania będzie sprawiać trudności, proszę zaobserwować jak oddycha małe dziecko i spróbować „skopiować" sposób jego oddychania.

Kiedy przyswoicie sobie Państwo typ pełnego oddychania, można przejść do specyficznych rytmów oddechowych, które są związane z częściowym wstrzymaniem oddechu.

Świadome wstrzymanie oddechu zwiększa harmonijne rozprowadzenie energii po całym ciele, poprawia pracę gruczołów wydzielania dokrewnego, wzmaga rytm serca, sprzyja lepszemu nasyceniu krwi tlenem, a więc przyspiesza procesy utleniania. Dlatego też, gdy zaczniecie uprawiać ćwiczenia oddechowe ciężar waszego ciała zacznie spadać. Proszę się postarać chociaż przez 10–15 minut codziennie stosować pełne oddychanie. Te minuty ćwiczeń przedłużą o lata wasze życie.

Oddychanie zdrowotne

Ćwiczenia te najlepiej wykonywać w pozycji leżącej, ale można również w siedzącej lub stojącej.

Wdech przez nos przez 2 sekundy, następnie wstrzymać oddech na 8 sekund, po czym wypuszczać powietrze przez 4 sekundy nosem. Wzór oddechowy pełnego cyklu oddychania zdrowotnego: 1:4:2, gdzie 1 – wdech, 4 – pauza czyli wstrzymanie oddechu, 2 – wydech.

Pamiętajcie! W oddychaniu zdrowotnym wdech jest dwa razy krótszy niż wydech, a pauza 4 razy dłuższa niż wdech. Czas wykonywania ćwiczeń: 2 minuty rano i wieczorem.

Oddychanie oczyszczające

Ten rodzaj oddychania oczyszcza płuca, stymuluje ośrodki oddechowe, odmładza i regeneruje komórki organizmu.

Wdech przez nos, jak przy oddychaniu pełnym, przez 2 sekundy, następnie wstrzymanie – 3 sekundy, po czym złożonymi jak do gwizdania wargami wypuszczać powietrze cienką „strużką" przez 12 sekund. Resztki powietrza energicznie wypuścić. Czas wykonywania ćwiczeń: 2 minuty rano i wieczorem.

Oddychanie słoneczno-księżycowe

Nasz cykl dobowy oddychania jest uzależniony od wpływu Słońca, Księżyca i gwiazd. Współczesne badania wykazały, że istnieje określony rytmiczny system oddychania przez lewy i prawy otwór nosowy, który zmienia się każdego dnia.

Widocznie centralny układ nerwowy kieruje naszym oddychaniem przez otwory nosowe, ponieważ strumień powietrza przechodzący przez prawy otwór nosowy oddziałuje na procesy pobudzające, a przez lewy – na procesy hamujące.

Jeśli lewy otwór nosowy z jakichś przyczyn jest zatkany i oddychacie tylko prawym, to jesteście ciągle w stanie napięcia nerwowego i cierpicie na bezsenność. Jeśli jest zatkany prawy otwór i oddychanie odbywa się przez lewy otwór nosowy, to nasz organizm znajduje się w stanie ciągłego zmęczenia.

Właściwe oddychanie przez nos jest niezbędne dla prawidłowych procesów życiowych. Jogowie twierdzą: „Oddychać przez usta – to biec ku śmierci".

Jest naukowo dowiedzione, że podczas oddychania nosem do 80% pochłoniętego podczas wdechu kurzu i bakterii chorobotwórczych zatrzymuje i neutralizuje system błony śluzowej jamy nosowej. Gdy oddychamy ustami, powietrze dostaje się do przełyku, krtani, tchawicy i oskrzeli. Oddychanie przez usta u dzieci prowadzi do zahamowania u nich wzrostu tarczycy, zatrzymania ogólnego rozwoju organizmu, narusza funkcjonowanie układu pokarmowego, staje się przyczyną ciągłych angin, przeziębień, grypy. Różnego rodzaju gronkowce i paciorkowce – oto rezultat oddychania jamą ustną.

U dorosłych oddychanie ustami prowadzi do wczesnego starzenia się organizmu, miażdżycy, chorób serca, astmy. Dlatego, oprócz oddychania przez nos należy nauczyć się regulować oddech podczas rozmów – tzn. wypowiadać słowa tylko na wydechu, a nie na wdechu, by jak najmniej powietrza wchodziło przez usta. Z tej przyczyny podczas jedzenia należy milczeć. Jeść powoli, spokojnie, nie śpiesząc się, w skupieniu dokładnie przeżuwać pokarm, starać się jak najmniej powietrza wdychać ustami.

Technika oddychania słoneczno-księżycowego jest następująca: kciukiem prawej ręki zakryć prawy otwór nosowy, wciągnąć powietrze przez lewą dziurkę przez 2 sekundy, następnie pauza przez 2 sekundy, wydech przez 4 sekundy. Następnie kciukiem lewej ręki zatkać lewy otwór nosowy i wykonać podobny cykl oddechowy.

Ćwiczenie należy powtarzać na przemian na 10–12 razy dla każdego otworu nosowego. Powyższy proponowany cykl oddychania uspokaja system nerwowy, poprawia ogólne samopoczucie, likwiduje zmęczenie, pomaga zwalczyć katar, przynosi ulgę w bólach głowy i bólach reumatycznych.

Wietnamski typ oddychania

Powoli wciągnąć powietrze nosem, przy czym maksymalnie wypiąć brzuch, następnie pauza 1–2 sekundy i powolny wydech, starając się maksymalnie wciągnąć brzuch, po czym pauza 1–2 sekundy.

Wzór oddechowy wygląda następująco: Wdech – 2 sek. Pauza – 2 sek. Wydech – 4 sek. Pauza – 2 sek.

W ciągu pierwszego tygodnia wykonywać 10 powtórzeń, drugiego – 15 powtórzeń, trzeciego – 20 powtórzeń.

Po miesiącu wykonywać codziennie od 30 do 60 powtórzeń w zależności od samopoczucia.

Ten sposób oddychania jest wspaniałym masażem układu pokarmowego, jelit, jelita grubego, wątroby, trzustki.

Wschodni mędrcy mawiają: „Im dłuższy jest wydech, tym dłuższe jest życie". We wszystkich proponowanych typach oddychania wydech jest zawsze dłuższy od wdechu. Ćwiczenia oddechowe należy robić 2 razy dziennie rano przed jedzeniem i nie wcześniej niż trzy godziny po spożyciu ostatniego posiłku wieczorem. Ćwiczenia należy wykonywać na świeżym powietrzu lub w dobrze przewietrzonym pomieszczeniu.

WODA:
TRUCIZNA LUB LEKARSTWO

Tlen przedostaje się do organizmu nie tylko przy oddychaniu. Pożywienie i woda, które spożywamy także zawierają tlen, ale my przeważnie spożywamy gotowane lub smażone posiłki, ograniczając w ten sposób ilość dostarczanego organizmowi tlenu.

Każdy chce wyglądać młodo i się nie starzeć. W tym celu stale szukamy cudownych recept na młodość, stosując różnorodne diety, drogie kosmetyki, kremy itp. Ale wszystko to jest tylko walką ze skutkami naszego starzenia się. Starzenie się organizmu zaczyna się wewnątrz nas. Jedną z istotniejszych przyczyn starzenia jest woda, którą pijemy, na której przyrządzamy posiłki.

Komórki naszego ciała, nasza krew, nasz mózg w 70% składają się z wody. Stan naszych stawów, naczyń krwionośnych, obecność kamieni w wątrobie i nerkach, cera – wszystko jest uzależnione od jakości wody.

Kiedy pijemy dużo słodkich napojów, herbaty, kawy, piwa, wody mineralnej, zawsze powinniśmy pamiętać, że nasz organizm nie jest „ogniskiem", do którego można wrzucić cokolwiek i wszystko się spali. Przez nieznajomość podstawowych zasad funkcjonowania naszego organizmu bezpowrotnie „płoną" lata naszego życia. Dlatego też nie doceniać znaczenia wody, którą spożywamy, to świadomie skracać swoje życie i rujnować zdrowie.

WODA WEWNĄTRZ NAS

W naturze istnieje 135 rodzajów wody. W komórkach naszego organizmu woda znajduje się pod specjalną postacią, którą nazywamy „strukturowaną". Każdy inny płyn, który dostaje się do naszego organizmu musi być przetworzony i oczyszczony. Podczas tego procesu organizm traci znaczną ilość energii. Musimy ciągle pamiętać, że nasze zdrowie zależy od tego, ile energii organizm zużywa na obsługiwanie samego siebie. Im więcej energii tracimy na przetworzenie niepotrzebnej naszemu organizmowi wody, tym mniej energii pozostaje na regenerację komórek i walkę z chorobami.

WODA, KTÓRA PIJEMY

Woda, którą pijemy, zawiera w dużych ilościach nierozpuszczalne w naszym organizmie sole wapnia i żelaza. Łatwo się można o tym przekonać, gdy popatrzymy na osad w czajniku, w którym gotujemy wodę. Wszystkie szkodliwe substancje, które znajdują się w wodzie, przypalone resztki pokarmowe (z mięsa, z zup itp.) dostają się razem z wodą do organizmu, co ułatwia tworzenie się w naszym organizmie szkodliwych złogów, których jest mu się niezwykle trudno pozbyć.

Wodę się chloruje. Chlor, to gaz trujący, gromadząc się w organizmie powoli go zatruwa. Chloru nie da się zlikwidować poprzez gotowanie. Dlatego, by przyrządzić herbatę lub kawę należy użyć przegotowanej wody, która wcześniej postała minimum 2–3 godziny (żeby trujący chlor się ulotnił).

W zwykłej wodzie wodociągowej znajdują się domieszki promieniotwórcze. Tych domieszek również nie eliminuje gotowanie. Kiedy gotujemy wodę, niszczymy wiele szkodliwych substancji, ale razem z nimi aktywny tlen, którego tak bardzo potrzebuje nasz organizm. Podczas gotowania woda staje się „martwa", ponieważ zmienia swoją naturalną strukturę. Jest pozbawiona tej cennej informacji, którą niesie z wnętrza ziemi. Dlatego też ciągłe stosowanie wody gotowanej również nie jest w pełni bezpieczne dla organizmu.

WODA MINERALNA

W ostatnim czasie wiele osób ciągle pije i przygotowuje posiłki na wodzie mineralnej. W składzie wody mineralnej spotyka się jednak takie sole i domieszki, których organizm ludzki nie jest w stanie przyswoić. Niektóre z tych soli w ogóle nie są wydalane z organizmu. Mogą się gromadzić w mięśniach i stawach, powodując ich deformację. Wodę mineralną można pić przez określony czas, w ciągu 2–4 tygodni, po czym należy koniecznie zrobić przerwę na 3–4 miesiące. Szczególnie niewskazane jest ciągłe picie wody mineralnej przez dzieci, ponieważ szkody z tego będzie znacznie więcej, niż korzyści.

A więc jaką wodę powinniśmy pić?

„STRUKTUROWANA" WODA – NAJKORZYSTNIEJSZA DLA ZDROWIA

Najkorzystniejsza dla człowieka jest woda „strukturowana". W przyrodzie spotyka się taką wodę w warzywach, owocach, ich sokach i roztopionym lodzie. Uczonych zainteresował fakt: dlaczego Jakuci, naród z północy Rosji, żyją średnio ponad 100 lat. Jak się okazuje nie mają wodociągów ani studni, spożywają niewielką ilość warzyw i owoców, w ogóle bardzo skromnie się odżywiają i właściwie wcale nie chorują. Rozwiązanie zagadki okazało się bardzo proste – przez wszystkie wieki Jakuci korzystali z wody, tnąc lód na płyty i pili to, co zostało stopione przez słońce.

WODA Z LODU

• Każdy z nas wie, że starość rozpoczyna się od zmarszczek. A zmarszczki pojawiają się wtedy, gdy komórki naszego organizmu zaczynają wysychać. Jedną z podstawowych przyczyn starzenia się jest utrata przez organizm zdolności przyswajania i przetwarzania wody, którą spożywamy.

U osoby dorosłej proces rozrastania się kości już się zakończył. Dostarczone do organizmu zbędne ilości soli wapnia z pożywieniem i wodą zaczynają się odkładać w naczyniach krwionośnych i stawach. To prowadzi do zaburzeń krwiobiegu, chorób układu pokarmowego, pojawienia się kamieni w wątrobie, w nerkach i stopniowego stanu chorobowego całego organizmu.

Żeby powstrzymać proces starzenia się i zawsze młodo wyglądać, należy nauczyć się przygotowywać i spożywać wodę z roztopionego lodu.

PRZYGOTOWANIE „STRUKTUROWANEJ" WODY Z ROZTOPIONEGO LODU

Zwykłą wodę wodociągową nalać do garnuszka o dowolnej objętości, zagotować, przykryć pokrywką, ostudzić i wstawić do zamrażalnika o temperaturze minus 4°C na 2–3 godziny. Gdy woda zamarznie, przebić powstały lód, a wodę zlać. Otrzymana woda posiada właściwości „strukturowanej". Pod względem swojego składu jest dokładnie taka sama, jak woda znajdująca się w komórkach naszego organizmu.

Przygotowanie strukturowanej wody zimą jest bardziej uproszczone. Wystarczy tylko postawić za oknem lub na balkonie naczynie z przegotowaną wodą i następnie, gdy woda zamarznie, nie podgrzewając jej, dać się jej roztopić. Nawet jedna szklanka wody z roztopionego lodu wypita na czczo codziennie znacznie poprawi państwa samopoczucie i wygląd zewnętrzny. Szczególnie korzystnie (zdrowo) jest pić wodę z roztopionego lodu ludziom w podeszłym wieku, ponieważ wymywa ona z organizmu nie tylko złogi, ale również stare i martwe komórki, co stanowi wspaniałą profilaktykę przeciwko różnym schorzeniom nowotworowym.

JAK PIĆ WODĘ?

Najlepiej pić wodę zaraz po przebudzeniu, ale najpierw trzeba wypłukać usta, a następnie wypić 1/2–1 szklankę wody. Lepsza jest woda z roztopionego lodu. Wskazane jest pić ją małymi łyczkami.

Wiele osób ma nawyk popijania w czasie spożywania pokarmów. Lepiej tego nie robić, ponieważ woda, dostając się do żołądka rozpuszcza soki żołądkowe i powoduje zaburzenie procesów trawiennych. Ciągły nawyk popijania podczas jedzenia prowadzi do powstawania gazów, wzdęć i zaparć. Wszelkie płyny najlepiej jest przyjmować na 15–20 minut przed jedzeniem i 1 godzinę po jedzeniu.

Jeśli po jedzeniu odczuwacie suchość w ustach, trzeba kilka razy przepłukać usta. Jeśli suchość się utrzymuje, można wtedy zjeść jedno jabłko. Jabłka należy jeść razem ze skórką (przedtem powinno być oczywiście dokładnie umyte). Oprócz tego jabłko trzeba jeść razem z nasionkami i komorą nasienną i wypluwać tylko to, czego nie można przeżuć. W komorze nasiennej jabłka i nasionkach znajduje się dużo jodu i innych cennych pierwiastków, które są niezbędne dla naszego organizmu.

Naukowo dowiedziono, że w 6 nasionach jabłka znajduje się dobowa dawka jodu.

ILE PIĆ WODY?

Dla każdego człowieka ilość wypitej wody może być różna. Uważa się, że człowiek w ciągu dnia może średnio wypić od 2 do 3 l różnych płynów. Jednak starać się jednorazowo nie pić dużo płynów.

CO JEST LEPSZE: HERBATA CZY KAWA?

I herbata, i kawa są korzystne dla zdrowia tylko wtedy, gdy je spożywamy racjonalnie: 1–2 szklanki dziennie. W takiej ilości te napoje mają korzystny wpływ na układ krążenia, odżywiają mięsień sercowy i mózg.

Z wszystkich istniejących gatunków herbaty, najbardziej korzystna jest zielona. W swoim składzie zawiera ona około 80 różnorodnych niezbędnych naszemu organizmowi elementów.

Zielona herbata wzmacnia zęby, oczyszcza krew, oczyszcza pory skóry. Jest to wspaniały środek profilaktyczny przeciwko kamieniom w wątrobie, nerkach i pęcherzu moczowym, posiada właściwości bakteriobójcze. Oprócz tego zaleca się dla zdrowia pić herbatę zaparzoną z liści czarnej porzeczki, maliny, pokrzywy, mięty.

Czarne gatunki herbaty są mniej korzystne dla zdrowia, ponieważ w ich składzie znajdują się substancje garbnikowe, które wysuszają układ pokarmowy.

Żeby zminimalizować szkodliwe działanie czarnej herbaty, podczas parzenia powinno się dodać jeden liść laurowy, w wyniku czego herbata nabiera delikatnego aromatu, a wszelkie szkodliwe substancje znajdujące się w herbacie zanikają.

Podczas parzenia trzeba na jedną szklankę dodawać przynajmniej pół łyżeczki cukru, ponieważ cukier podwyższa walory herbaty i w małych ilościach (2–3 łyżeczki dziennie) nie jest szkodliwy dla zdrowia.

Najlepiej jest pić herbatę świeżo zaparzoną, działa wtedy krzepiąco. Jeśli zaparzona herbata postała kilka godzin, tworzą się w niej szkodliwe substancje, które mają zgubny wpływ na nasze zdrowie.

Ludzie mają różne gusty i różne przyzwyczajenia. Niektórzy mogą pić herbatę i kawę bez cukru, inni przeciwnie, bez cukru pić nie mogą.

Biały rafinowany cukier to chyba najbardziej niebezpieczny produkt naszego wieku. Generalnie można stwierdzić, że rujnuje nasz organizm, ponieważ wypłukuje z niego wapń.

• Istnieje recepta, która pozwala z cukru-wroga, zrobić cukier-przyjaciela. 75 dag cukru kryształu, 200 ml wody i 20 dag miodu należy wymieszać i odstawić na 8 dni. Trzy razy dziennie przemieszać całość łyżką drewnianą.

W wyniku tego szkodliwa dla organizmu sacharoza, która pochłania wapń, pod wpływem miodu i wody rozkłada się na glukozę i fruktozę, które są bardzo zdrowe.

NAJLEPIEJ JEST PIĆ
TYLKO SOKI ŚWIEŻO PRZYRZĄDZONE

Obróbka chemiczna, konserwanty, podgrzewanie stosowane przy produkcji soku nie tylko niszczą znajdujące się w nim witaminy i mikroelementy, ale również częściowo zmieniają strukturę wody, a z nią naturalną biologiczną informację, która jest zawarta w owocu lub warzywie. Wszystkie zdrowe składniki soków są zachowywane przez 4 godziny od chwili sporządzenia soku owocowego i w ciągu 10 godzin dla soku warzywnego. Dlatego też, nawet naturalny 100% sok, który kupujemy w kartonie zawiera tylko 60% swojej wartości.

Ostatnio stało się modne dodawanie do soków syntetycznej witaminy C. Jedyne, co ma wspólnego syntetyczna witamina C z naturalną, to wzór chemiczny. Ostatnio w literaturze naukowej pojawiły się dane o szkodliwości syntetycznej witaminy C. Zawsze musimy pamiętać, że w szklance świeżo przyrządzonego soku, który wycisnęliśmy własnoręcznie, znajduje się bardzo wiele pierwiastków chemicznych, które są jeszcze nieznane nauce, ale które stworzyła najbardziej unikalna apteka ze wszystkich istniejących – sama natura!

Do większości soków jest dodawany biały cukier. Ogromna korzyść wypływająca z soków świeżo przygotowanych polega na tym, że zwiększają one środowisko zasadowe, „uzasadawiają" organizm, rozpuszczają śluz i wymywają nierozpuszczalne, szkodliwe dla zdrowia sole, oczyszczając mięśnie, tkanki i krew. Cukier syntetyczny dodawany do soków, odwrotnie, „ukwasawia" (zwiększa środowisko kwasowe) organizm – i staje się źródłem fermentacji w jelitach. Właśnie dodawaniem cukru można objaśnić pojawienie się obfitych gazów i zgagi po wypiciu konserwowanych soków. To właśnie taki przypadek, kiedy „beczkę miodu można zepsuć łyżką dziegciu".

Specyficzny wpływ każdego soku jest związany z obecnością w nim określonych aktywnych fizjologicznie substancji przechodzących z roślin. Soki są tak bogate w mikroelementy i substancje mineralne, że jest w nich zawarty prawie cały okresowy układ pierwiastków. Mówiąc prościej – wszystkie witaminy i mikroelementy, a także sole mineralne, które są niezbędne każdemu człowiekowi do tego, by być zdrowym, znajdują się w sokach roślin. Po tygodniu regularnego spożywania surowych soków pojawia się naturalny rumieniec na policzkach, normalny sen, poprawia się funkcjonowanie układu żołądkowo-jelitowego. Soki należy przygotowywać ze świeżych nie zepsutych warzyw lub owoców i możliwie od razu spożywać. Nawet krótkotrwałe przechowywanie soków w lodówce przyspiesza fermentację i psucie, chociaż smak ich nie musi ulec zmianie (wyjątek stanowi sok z buraków). Oprócz wyżej wymienionych zalet, główną jest szybkie przyswajanie ich przez organizm. Już po 30 minutach po spożyciu soku jest on w 100% przyswojony, podczas gdy do strawienia potraw warzywnych potrzeba już 1 godzinę lub więcej. A więc spożywając soki w znacznym stopniu odciążamy organy trawienne i dajemy organizmowi możliwość przeprowadzenia „remontu" – oczyszczania wszystkich układów i organów.

Zazwyczaj stosuje się trzy pory spożywania soków w zależności od potrzeb:
a) codzienne profilaktyczne spożywanie do 0,5 l;
b) odciążające dni do 2–3 l codziennie od 1 do 3 dni (nie więcej);
c) leczenie sokami od 0,5 do 1 l codziennie w ciągu dwóch tygodni przy posiłkach.

Następnie należy na miesiąc przerwać kurację, a potem wznowić, aż do otrzymania pozytywnego rezultatu.

W celu profilaktycznym można spożywać dowolne świeżo przygotowane soki, przyjemne w smaku. Co się tyczy celów odciążającego i leczniczego, to najlepiej jest skorzystać z przepisów na koktajle warzywne (patrz koktajle warzywne).

SOKI ROŚLIN – TO ŹRÓDŁO ZDROWIA

Sok z buraków

• Najkorzystniejszy do wytwarzania czerwonych ciałek krwi, wspaniale polepsza skład krwi, opóźnia występowanie menopauzy u kobiet, likwiduje choroby układu krążenia, układu pokarmowego, jelita grubego, rozpuszcza kamienie w wątrobie, nerkach i pęcherzu moczowym, szczególnie kiedy się go pije w połączeniu z sokiem z marchwi. Proporcja powinna być następująca: 4 części soku z marchwi i 1 część soku z buraków. Pić trzeba na dwa razy (1 szklanka).

Uwaga! Sok z buraków nie należy pić świeżo po przygotowaniu, ponieważ jest bardzo energetyczny. Należy go pić 2–3 godziny po przyrządzeniu.

Sok z marchwi

• Zawiera witaminy A, B_1, B_2, B_{12}, PP, K, E. Polepsza strukturę zębów, włosów, paznokci, likwiduje wrzody żołądka i dwunastnicy, wzmacnia system odpornościowy, zwiększa odporność organizmu na infekcje i wzmaga walkę z nimi, jest wyjątkowo zdrowy dla oczu i gardła.

Często wiele schorzeń wątroby i układu pokarmowego jest spowodowanych brakiem niektórych pierwiastków, które znajdują się w świeżym soku z marchwi.

Różnego rodzaju alergie skóry, uczulenia, egzemy, wypryski, choroby układu limfatycznego zanikają po regularnym piciu soku z marchwi.

Wiadomo, że przyczyną różnych dolegliwości alergicznych jest nieprawidłowe funkcjonowanie wątroby.

Przy spożywaniu soku z marchwi odbywa się oczyszczenie wątroby. W wyniku tego duże ilości substancji toksycznych, które znajdują się w organizmie nie mogą być wydalone tylko poprzez wątrobę i dlatego też, co jest całkowicie naturalne, przechodzą one do układu limfatycznego, żeby następnie zostały wydalone przez pory skóry.

Te rozpuszczone toksyny są koloru żółtego lub pomarańczowego i dlatego też, jeśli w organizmie było dużo złogów, to w wyniku picia soku z marchwi skóra może pożółknąć. To zjawisko jest całkowicie normalne i kiedy wszystkie substancje trujące będą wydalone z organizmu, skóra znów wróci do swej naturalnej barwy. Czasami proces ten może trwać od 6 do 12 miesięcy.

Jedna szklanka soku z marchwi zawiera wszystkie niezbędne w ciągu doby witaminy i mikroelementy. Sok z marchwi składa się ze związków takich pierwiastków, które odżywiają cały organizm, pomagają w normalizacji funkcjonowania jego układu odpornościowego:

Sok ze świeżej kapusty

• Zawiera witaminy: C, grupy B, K, PP. Sok z kapusty leczy: cukrzycę, nieżyty żołądka, wrzody dwunastnicy, hemoroidy, nadciśnienie tętnicze krwi, miażdżycę, otyłość, tarczycę. Sok z kapusty oczyszcza organizm dzięki znajdującym się w nim związkom siarki, chloru i jodu.

Jedna szklanka soku z kapusty rano i wieczorem pomaga stracić nadwagę, ponieważ substancje wchodzące w skład soku z kapusty powodują intensywny rozkład tkanki tłuszczowej. Jednak gdy jelita funkcjonują nieprawidłowo, po wypiciu soku z kapusty powstaje duża ilość gazów. W tym wypadku należy zaprzestać picia soku z kapusty do chwili, gdy jelita będą oczyszczone (patrz s. 140–146).

Sok z ziemniaków

• Sok z ziemniaków zawiera witaminy: C, grupy B, siarkę, fosfor, potas i inne. Sok z ziemniaków oczyszcza organizm z bakterii, normalizuje proces organów trawiennych i tarczycy, wspaniale oczyszcza skórę z różnego rodzaju plam i wyprysków.

Zdarza się, że ludzie latami cierpią na wrzody żołądka i wszystkie sposoby i metody leczenia, które już wypróbowali nie pomagają.

Chciałbym zaproponować następującą receptę: żeby się pozbyć wrzodów żołądka trzeba rano na czczo wypić 10 dag świeżego soku z surowego ziemniaka. Następnie położyć się na pół godziny i położyć na żołądek poduszkę elektryczną. Kuracja trwa od 10 do 14 dni.

Przy silnym bólu głowy wystarczy wypić 100 g świeżego soku z ziemniaków, żeby ból ustąpił.

Sok ogórkowy

• Sok ogórkowy jest najlepszym naturalnym środkiem moczopędnym. Na skutek dużej zawartości krzemu i siarki poprawia wzrost włosów. Sok z ogórków zawiera w sobie niezbędne dla życia pierwiastki – 40% potasu, 10% sodu, 7,5% wapnia, 20% fosforu i 7% chloru. Wysoka zawartość potasu czyni go bardzo cennym dla chorych z wysokim ciśnieniem krwi. Nasze paznokcie i włosy szczególnie wymagają zawartości pierwiastków, które zawiera sok ogórkowy. Pić sok ogórkowy można po 1/2 szklanki codziennie sam lub w zestawie koktajli warzywnych (patrz koktajle warzywne).

Sok z zielonej papryki

• W soku z zielonej papryki występuje duża ilość krzemu tak niezbędnego dla paznokci i włosów. Ludzie cierpiący na powstawanie dużej ilości gazów, różnego rodzaju kolek, skurczów w jelitach będą odczuwać dużą ulgę, gdy będą pić 1 szklankę soku z zielonej papryki na czczo.

Sok ze szczawiu

• Sok ze szczawiu wspaniale regeneruje błonę śluzową jelit. Szczaw posiada w dużej ilości szczawian potasu, który jest korzystny dla organizmu tylko w postaci organicznej (świeży). Należy bardzo rzadko spożywać szczaw w postaci gotowanej, ponieważ w procesie gotowania szczawian potasu zamienia się w formę nieorganiczną i może stać się przyczyną zapalenia stawów i mięśni. Sok ze szczawiu zawiera dużą ilość żelaza i magnezu, które to pierwiastki są potrzebne krwi, a także fosfor, siarkę, krzem, które są niezbędne dla wszystkich części naszego organizmu od stóp do głowy. Sok ze szczawiu można pić sam, ale lepiej dodawać go do sałatek (surówek).

Sok z koniczyny

• Przygotowuje się z liści. Jest bardzo dobry przy chorobach kobiecych, przedwczesnym klimakterium. Uczeni stwierdzili, że koniczyna jest bogatym źródłem fitoestrogenów – analogów żeńskich hormonów płciowych. Fitoestrogeny wzmacniają organizm, regulują cykl miesiączkowy, zapobiegają przedwczesnemu procesowi starzenia organizmu kobiety.

Sok ze szpinaku

• Szpinak jest bardzo potrzebny do całego procesu trawiennego, począwszy od żołądka, a skończywszy na jelicie grubym. Surowy szpinak zawiera wspaniałą organiczną substancję do oczyszczenia i zregenerowania funkcji jelit. Dobrze przygotowany świeży sok ze szpinaku, gdy go pijemy codziennie po 0,5 l, często pomaga pozbyć się zaparć najcięższej formy w ciągu kilku dni lub tygodni.

Stosowanie środków przeczyszczających jest, niestety, częstokroć nieuzasadnione. Każdy chemiczny lub nieorganiczny środek przeczyszczający działa podrażniające, stymulując mięśnie jelit do wypróżnień. W rezultacie utrzymuje się chroniczny stan bezczynności miejscowych tkanek, mięśni i nerwów. Środki przeczyszczające są tylko środkami podrażniającymi, które powodują postępującą degenerację jelit.

Świeży, surowy sok ze szpinaku jest bardzo skuteczny do oczyszczania i pomaga zregenerować nie tylko dolną część jelita, ale i całego układu trawiennego.

Kolejną cenną zaletą szpinaku jest jego oddziaływanie na zęby i dziąsła, zapobieganie ropotokowi. Choroba ta jest spowodowana niedoborem w organizmie właśnie tych pierwiastków, które są zawarte w mieszance soku z marchwi i szpinaku.

Z powodu ciągłego spożywania oczyszczonego cukru i innego rafinowanego pokarmu, a także niedoboru witaminy C pojawia się krwawienie dziąseł i zwłóknienie miazgi zębowej. Można się tego pozbyć, jeśli będzie się spożywać surowe naturalne produkty roślinne, a w szczególności odpowiednią ilość soku z marchwi i szpinaku.

Wrzody jelit, złośliwa anemia, rozstrój nerwowy, zaburzenia wydzielania nadnerczy i tarczycy, zapalenie nerek, zapalenie stawów, furunkuloza (czyraczność), obrzęki kończyn, częste krwotoki, utrata sił, reumatyzm, zaburzenia funkcjonowania serca, niskie i wysokie ciśnienie tętnicze krwi, zaburzenia wzroku, bóle głowy (również bóle migrenowe) – oto w większości przypadków wynik niedoboru w organizmie pierwiastków, które się znajdują w surowej marchwi i szpinaku.

Sok z dyni

• Ten sok posiada właściwości moczopędne przy obrzękach spowodowanych przez schorzenia serca i nerek. Wzmacnia wątrobę, pobudzając wydzielanie żółci i regeneruje. Uspokaja układ nerwowy, działa przeciwgorączkowo. Można go pić po 1/2 szklanki dziennie.

Sok z arbuza

• Sok z arbuza nie tylko dobrze gasi pragnienie, ale i posiada korzystne właściwości lecznicze. Jest on pity jako środek moczopędny przy obrzękach, przeciwmiażdżycowy (przy miażdżycy tętnic), aseptyczny (przy obfitych krwawieniach), ogólnie wzmacniający (z uwagi na dużą zawartość cukrów), środek spędzający sól (przy kamieniach nerkowych i żółciowych). Sok z arbuza wspaniale oczyszcza i wzmacnia wątrobę i nerki. Pić do 2 szklanek dziennie.

Sok z pomidorów

• W świeżo przygotowanym soku pomidorowym (w odróżnieniu od soku konserwowego) znajdują się silnie działające fitocydy, które hamują procesy fermentacyjne i gnilne w jelitach. Dzięki dużej zawartości potasu poprawia pracę serca, wysoka zawartość kwasu jabłkowego aktywizuje przemianę materii zwiększając zasadowy zapas krwi. Pod względem ilości witaminy C sok pomidorowy nie ustępuje owocom cytrusowym.

Szklanka soku zaspokaja połowę zapotrzebowania dobowego organizmu na witaminy A i C. Pić po 1 szklance w ciągu dnia lub w połączeniu z sokami warzywnymi (patrz koktajle warzywne).

• **Sok winogronowy**

• Najlepszy z soków owocowych. Bardzo wysoko cenił pożytek soku winogronowego dla zdrowia twórca medycyny – Hipokrates. Sok winogronowy posiada działanie orzeźwiające, wzmacniające, przeczyszczające, napotne, bakteriobójcze i moczopędne. Obniża ilość cholesterolu we krwi, obniża ciśnienie tętnicze.

Najlepiej pić sok winogronowy na godzinę przed jedzeniem od 1/2 do 1 szklanki raz dziennie.

Systematycznie spożywając sok winogronowy nie zaleca się picia mleka i jedzenia surowych owoców, żeby nie spowodować fermentacji w jelitach. Osoby, które cierpią na cukrzycę, otyłość, wrzody żołądka i dwunastnicy nie powinny pić soku w dużych ilościach.

Koktajle warzywne

Podane proporcje są obliczone na otrzymanie 240 g mieszanki sokowej.

Koktajl 1

• Mieszanka soków: marchwi + ogórka + zielonej papryki (160 ml + 40 ml + 40 ml), proporcja 4:1:1

Zastosowanie: przy reumatyzmie, bólach w kościach i mięśniach, obrzękach kończyn.

Koktajl 2

• Mieszanka soków: marchwi + ogórków + sałaty (160 ml + 40 ml + 40 ml), proporcja 4:1:1

Zastosowanie: choroby skóry, egzemy, wypryski, pryszcze, zapalenie oczu, kruche paznokcie.

Koktajl 3

• Mieszanka soków: marchwi + szpinaku (80 ml + 160 ml), proporcja 1:2

Zastosowanie: bóle brzucha, skurcze, kolki, nadmierne wytwarzanie gazów, zaparcia, reumatyzm, anemia, niskie i wysokie ciśnienie, bóle głowy (typu migrenowego).

Koktajl 4

• Mieszanka soków: marchwi + zielonej papryki (80 ml + 160 ml), proporcja 1:2

Zastosowanie: oczyszcza skórę z plam i przebarwień, szczególnie często występujących u osób w podeszłym wieku.

Koktajl 5

• Mieszanka soków: marchwi + pietruszki (160 ml + HO ml), proporcja 2:1

Zastosowanie: przy zapaleniu układu moczowo-płciowego, oczu, niewydolności naczyń krwionośnych.

Koktajl 6

• Mieszanka soków: pomidorów (54 ml) + jabłek (108 ml) + dyni (54 ml) + cytryny (24 ml), proporcja 2:4:2:1

Zastosowanie: mieszanka soków wspaniale oczyszcza organizm ze śluzu i sprzyja szybkiej likwidacji tkanki tłuszczowej. Od 1,5 do 21 mieszanki pić w odciążające dni sokowe. Rezultat jest oszałamiający!

Koktajl 7

• Mieszanka soków: ogórka (80 ml) + czarnej porzeczki (80 ml) + jabłek (40 ml) + grapefruitów (40 ml), proporcja 2: 2:1:1

Zastosowanie: utrzymuje świeżość i ładny wygląd skóry, uspokaja i wzmacnia system nerwowy, poprawia pamięć i pracę mózgu, podwyższa odporność organizmu.

Jedna szklanka zaspokaja dobowe zapotrzebowanie na witaminę C.

WODA – UZDROWICIELKA

Każdy żywy organizm rozpoczyna swoje życie w wodzie, zarodek ludzki nie jest wyjątkiem. Niemiecki lekarz Kneipp w swojej znakomitej książce „Moje leczenie wodą" pisał: „Każdy kontakt z wodą – to dodatkowa minuta życia". Jak dowodzą ostatnie badania naukowe, z pomocą wody najszybciej odbudowuje się naturalny potencjał elektryczny ciała. Nie bez powodu z dawien dawna we wszystkich krajach podróżnikom podawano wodę do obmycia, wodą chrzczono noworodki. Awicenna i Hipokrates szeroko wykorzystywali na przemian zimną i gorącą wodę, rozcierając następnie ciało, co jak wiadomo aktywnie pobudza krwiobieg i przemianę materii, pomaga wydalić z organizmu „szlam" i w ostatecznym efekcie sprzyja szybkiemu wyleczeniu. Bardzo często ludzie gotowi są przejechać setki kilometrów w poszukiwaniu jakiegoś „cudownego lekarstwa", zapominając o tym, że znacznie większy efekt można osiągnąć przy pomocy zwykłej strugi wody, tryskającej z naszego kranu. Miał rację wielki filozof Seneka, który powiedział: „Jaka szkoda, że istota rzeczy jest taka prosta!"

Osobom, które boją się poddać ciało zbawiennej sile wody pragnę powiedzieć, że im wcześniej zrozumieją, że woda jest źródłem życia, tym szybciej pozbędą się męczących je dolegliwości i schorzeń, ponieważ reguluje proces normalnego krwiobiegu, wzmacnia mięśnie i serce, podnosi odporność.

Naprzemienny chłodny i gorący prysznic

Jak się okazuje, przez zwykłe polewanie się gorącą i zimną wodą można osiągnąć zadziwiające wyniki i pozbyć się wielu chorób. Sens połączenia ciepła i zimna polega na tym, że ciepło działa na powierzchniowe warstwy ciała, poprawiając przepływ krwi przez skórę, a zimno stymuluje krążenie w organach wewnętrznych. W ten sposób zwykłe naprzemienne oddziaływanie ciepła i zimna podczas zabiegów wodnych jest „cudownym lekiem" na wiele schorzeń, ponieważ reguleruje proces normalnego krwiobiegu, wzmacnia mięśnie i serce, podnosi odporność.

Naprzemienny prysznic. Stanąć pod prysznicem, wyregulować wodę, aby miała przyjemną temperaturę, polewać się przez 20 sekund. Następnie, odkręcając kran z zimną wodą, obniżyć temperaturę tak, aby woda przez 10 sekund była przyjemnie chłodna, a potem regulując dopływ zimnej wody, oblewać się na przemian raz ciepłą, raz chłodną według schematu: 20 sekund – ciepła woda, 10 sekund –chłodna. Czas trwania zabiegu – od 3 do 5 minut.

Stojąc pod prysznicem należy wyobrażać sobie, jak woda zmywa z ciała napięcia mięśni i zmęczenie układu nerwowego. Należy przyzwyczaić swój organizm do naprzemiennych pryszniców. Powinno się brać je rano i wieczorem lub gdy odczuwamy zmęczenie, zdenerwowanie, osłabienie. Dobrze jest stosować ten zabieg regularnie, bez względu na warunki atmosferyczne, a wówczas żadne zmiany pogody nie będą uciążliwe.

Nacieranie

• Nacieranie – to wspaniały środek, przyzwyczajający organizm do chłodu i gorąca, a oprócz tego regenerujący system nerwowy. Nacieranie jest szczególnie zalecane osobom w podeszłym wieku, ponieważ zmniejsza podatność na zmęczenie, potliwość, wrażliwość mięśni i stawów, wrażliwość na zmiany pogodowe, które są charakterystyczne dla tego wieku. Jeśli do wody przeznaczonej do nacierania doda się napar z rumianku, szałwii lub innych ziół leczniczych, to efekt będzie jeszcze lepszy. Przecież więdnąca skóra szczególnie potrzebuje witamin, które znajdują się w tych wyciągach, a jednocześnie wymaga masażu, który odbywa się podczas nacierania.

• Namoczywszy w zimnym lub ciepłym naparze z ziół mały ręczniczek frotte (lub uszytą z ręcznika rękawicę), wykręcić go, by woda nie ściekała i nacierać kolejno ręce, klatkę piersiową, plecy i nogi. Całkowity czas zabiegu – od 3 do 5 minut. *Zabieg* najlepiej wykonywać po naprzemiennym prysznicu.

Po zabiegu proszę się nie wycierać, pozwolić ciału trochę obeschnąć. Po 2 minutach starannie wytrzeć się do sucha.

NIEPRAWIDŁOWE ODŻYWIANIE

CO JEMY I CO „JE" NAS

BRAK WITAMIN I MIKROELEMENTÓW

Niedobór w naszym organizmie witamin, makro- i mikroelementów można wyjaśnić w następujący sposób:

1. Jemy przede wszystkim pożywienie gotowane, a jak wiadomo, enzymy i witaminy przy podgrzewaniu powyżej 100°C tracą swoje właściwości.

2. W czasie gotowania w artykułach spożywczych niszczony jest wolny tlen, co prowadzi do hamowania procesów trawienia i niedotlenienia organizmu.

3. Spożywamy przede wszystkim soki pasteryzowane, w których obniżona jest wartość witamin, a cukier dodany do soków zakwasza krew i wypłukuje wapno.

4. Jemy zbyt szybko i pożywienie nie nadąża dobrze wymieszać się z enzymami śliny, dlatego nie może wykorzystać pełnej wartości spożywanych produktów.

5. Jemy dużo słodkich i mącznych produktów, do trawienia których potrzeba znacznej ilości makro- i mikroelementów, w tym samym zmniejszamy ich zapasy w organizmie.

6. Konsumujemy duże ilości białka i tłuszczu zwierzęcego. Na ich trawienie organizm zużywa witaminy, przede wszystkim witaminę C oraz K, wapń, fosfor, magnez, cynk, mangan itd. Na neutralizację pożywienia mięsnego organizm zużywa prawie

wszystkie zapasy, co prowadzi do anemii i zakłócenia funkcji naczyń krwionośnych. Skutkiem tego są schorzenia stawów, kości, serca i faktycznie wszystkich organów ciała.

Teraz to, co opisałem wyżej, uzupełnię konkretnymi przykładami.

Współczesne pożywienie składa się z produktów żywnościowych wyselekcjonowanych zgodnie z trzema zasadami:

a) musi być kaloryczne, żeby sycić się mniejszą ilością pokarmu;

b) musi być łatwo przyrządzane, bo dzisiejsza pani domu ma zbyt mało czasu;

c) musi być łatwo pochłaniane, żeby zęby nie musiały wykonywać niepotrzebnej pracy (współczesny człowiek nie ma czasu na przeżuwanie swojego obiadu).

Zgodnie z tymi zasadami mięso znacznie wyprzedza warzywa, bo żeby zaspokoić głód potrzeba go mniej. Białe pieczywo jest lepsze od ciemnego, bo łatwiej się przeżuwa. Oczyszczony ryż i cukier wyglądają bardziej zachęcająco. Porcjowane, zamrożone produkty wypierają świeże, bo wymagają mniej pracy w kuchni. Nawet świeże soki są zamieniane na konserwowe. Ten typ odżywiania uważany jest za osiągnięcie współczesnego postępu. Uwalnia gospodynię od kuchni, a matkę czyni niezależną od urodzonego dziecka (mam na myśli karmienie dziecka sztucznym pokarmem, który zastępuje mleko matki).

Nawyk odżywiania się w taki sposób szkodzi nawet bardzo silnym ludziom. Ci słabsi zaczynają cierpieć znacznie wcześniej, ale najcięższe skutki można zaobserwować u dzieci.

SZKODLIWOŚĆ RAFINOWANEGO POKARMU

Dążenie człowieka do tego, by wszystko „ulepszać", oddzielać „potrzebne" od „niepotrzebnego" doprowadziło do tego, że większość produktów jest rafinowana, tzn. „sztuczna". Sądzę, że nie ma sensu objaśniać różnicy między różą sztuczną, a różą wyhodowaną przez ogrodnika. Jedyne, co je zbliża do siebie, to wygląd zewnętrzny. Analogiczne podobieństwo jest między naturalnymi i syntetycznymi witaminami, masłem i margaryną itd.

W procesie rafinacji (oczyszczenia w celu nadania wyglądu handlowego, za pomocą obróbki termicznej, gotowania) pożywienie jest pozbawione głównej „biologicznej" informacji, którą otrzymało od słońca, ziemi i wody. Takie pożywienie staje się dla organizmu obce i organizm, żeby je przyswoić zaczyna tracić własne zapasy. Doskonałym przykładem są buraki i cukier, który z nich jest otrzymywany. Burak, to naturalny produkt roślinny, w którym znajduje się wiele witamin, soli mineralnych, fermentów, hormonów. Cukier otrzymany z buraków jest dokładnie oczyszczany, krystalizowany, filtrowany. By nadać mu białą barwę jest poddawany oddziaływaniu chlorku wapnia – trucizny! Do naszego żołądka cukier dostaje się jako substancja czysto chemiczna – sacharoza, która jest pozbawiona witamin, soli mineralnych, substancji aktywnych biologicznie. By taki wysokokaloryczny produkt mógł być wchłonięty przez organizm, musi być do niego dołączona inna substancja. W naturalnym produkcie – buraku – są wszystkie niezbędne substancje, a w cukrze ich brak. Dlatego też organizm zmuszony jest oddawać własne substancje: wapń z zębów – stąd próchnica, żelazo i inne pierwiastki z krwi – co prowadzi do cukrzycy. Cukier, jak wiadomo, używany jest nie tylko do herbaty i kawy, zawierają go cukierki, herbatniki, ciastka, napoje. Wszystkie drogi dostawania się cukru do organizmu są wprost niemożliwe do wyliczenia. W związku z dużym spożyciem cukru w ciągu ostatnich 10–15 lat we wszystkich krajach wysoko rozwiniętych wzrosła zachorowalność społeczeństwa na cukrzycę. W USA liczba ta osiągnęła 10 mln osób, w Rosji w ciągu ostatnich 10 lat liczba osób chorych na cukrzycę wzrosła trzykrotnie.

Ostatnie dane naukowe mówią o tym, że cukier jest dla organizmu całkowicie obcą substancją, która właściwie wcale nie jest wchłaniana, a tylko prowadzi do zaniku naczyń krwionośnych i mutacji lub zwyrodnienia komórek, co w ostateczności powoduje raka.

Dlatego też ogromnym błędem jest wyrabianie u małego dziecka apetytu na słodycze. Naprawić tego błędu nie będzie można przez całe jego dalsze życie.

Obecnie szeroko stosowana jest zamiana mleka kobiecego na mleko krowie lub sztuczne mieszanki pokarmowe. Dziecko karmione sztucznie to potencjalny alergik. Trudno przewidzieć, jakie jeszcze choroby mogą spotkać dziecko, pozbawione pokarmu matki. Wraz ze sztucznym mlekiem krowim do organizmu dziecka dostają się białka-antyciała, których organizm dziecka nie jest w stanie strawić. W mleku kobiecym znajduje się w dużej ilości laktoza (cukier mleczny), która dociera do jelita grubego, tworząc odpowiednio korzystne środowisko do powstania mleczno-kwasowych i innych pożytecznych bakterii. Jednym słowem buduje zdrowe jelito grube.

Podczas spożywania mleka krowiego, lub innych zamienników, zamiast fermentacji mlekowej, kwasowej powstają gnilne procesy fermentacyjne, co wywołuje samozatruwanie słabego organizmu, zaburzenia mikroflory jelita grubego i jego zwyrodnienia.

Sztuczne mleko nie posiada energii biologicznej, która jest obecna w mleku matki z tego powodu dziecko chodzi ciągle głodne i jest stale podkarmiane. Wcześnie otrzymuje pokarm skrobiowy i mięsny. Jego układ pokarmowy nie może strawić i wchłonąć tych produktów, system fermentacyjny jest jeszcze niezupełnie ukształtowany. Niektórych fermentów po prostu brak, a pokarm już jest. Proszę popatrzeć na dzieci w wieku od 2 do 5 lat. Mają pod nosem ciągle śluzowatą wydzielinę – to przez nadmiar pożywienia zawierającego skrobię. Dzieci sztucznie karmione ciągle chorują na przeziębienia i zapalenia. Całkowicie brak im instynktu samozachowawczego.

Chciałbym, żeby każda przyszła matka wiedziała, że nic nie może zastąpić dziecku naturalnego mleka matki, żadna sztuczna odżywka nie zawiera w sobie informacji o miłości, delikatności, czułości, a co najistotniejsze – informacji jak ustrzec się od nieszczęść i chorób. W mleku kobiecym cała ta informacja się znajduje.

Jeśli w pożywieniu ciężarnej kobiety przeważają słodycze, białe pieczywo, wędlina, krowie mleko, kawa, smażone (pieczone) mięso i tym podobne rafinowane produkty i na dodatek pali ona papierosy, to może mieć za mało pokarmu, lub w ogóle pokarmu mieć nie będzie.

MLECZNY „NAŁÓG"

Żaden ssak na świecie (oprócz człowieka), będąc dorosłym już osobnikiem nie spożywa mleka. Tak urządziła to natura.

Jeśli chodzi o koty, to my ludzie, nauczyliśmy je pić mleko. Koty, które go nie piją żyją dwa razy dłużej (co zostało udowodnione przez naukę). Obecnie mleko zostało zastąpione specjalnym pożywieniem, które ze smakiem zajadają nasi ulubieńcy. Sami więc Państwo widzicie, że gust naszych pupilków jest zmienny.

Podstawowa różnica między mlekiem krowim i kobiecym to wysoka zawartość białka – kazeiny w mleku krowim. Kazeina to substancja niezbędna cielakowi, by mu rosły kopyta i rogi, ale nawet cielak pije mleko tylko do 6 miesięcy. Człowiek nie ma kopyt ani rogów, dlatego też żywieniowe normy białka są jawnie zawyżone. *Człowiek potrzebuje znacznie mniej białka, ponieważ określony gatunek bakterii, znajdujących się w jelicie grubym posiada zdolność syntetyzowania białka z węglowodanów, których dostarczamy spożywając produkty roślinne. W mleku kobiecym białka – kazeiny jest mało, zaledwie 0,2%.*

W krowim mleku znajduje się mało żelaza, dlatego też cielak żywi się trawą. W tym celu natura specjalnie przystosowała organy trawienne cielaka, które pozwalają mu strawić mleko i trawę oddzielnie. Układ pokarmowy człowieka jest zbudowany inaczej. Krowie mleko, dostając się do żołądka człowieka, pod wpływem kwaśnych soków żołądkowych ścina się, tworząc substancję przypominającą twaróg.

Ten „twaróg" oblepia cząstki innego pokarmu znajdujące się w żołądku. Dopóki ścięte mleko nie ulegnie strawieniu, proces trawienny innego pokarmu nie rozpocznie się. Zjawisko to, często powtarzające się, może spowodować zaburzenia w funkcjonowaniu układu pokarmowego. Stąd pytanie: po co zamieniać swój organizm w „fabrykę-przetwórnię" mleka i kwaśnych produktów mlecznych, tracąc przy tym wiele energii na proces trawienia?

Kazeina, znajdująca się w mleku, rozkłada się w organizmie przy pomocy podpuszczki. Dziecko 1- 2-letnie ma już paznokcie i włosy, więc zapotrzebowanie na kazeinę jest żadne. Układ trawienny dziecka przestaje wydzielać podpuszczkę. Od tej chwili krowie mleko staje się dla organizmu produktem ciężko strawnym.

WAPŃ, TŁUSZCZ I CHOLESTEROL

Nikt nie podważa faktu, że mleko zawiera dużo wapnia, który jest niezbędny do rozwoju kości. Czy mniej jest wapnia w orzechach, kapuście, marchwi, burakach? Przeciwnie – więcej. A co najważniejsze – w idealnej proporcji z innymi minerałami i do tego w formie łatwo przyswajalnej przez organizm.

W mleku występują tłuszcze zwierzęce – wiadomo, że tłuszcz zwierzęcy powoduje zwiększenie ilości cholesterolu i wypłukuje wapń z organizmu, dlatego też mleko się odtłuszcza. Tłuszcze znajdujące się w orzechach i ziarnach, np. słonecznika (najbardziej wartościowe) są przyswajalne przez organizm w 80%, podczas gdy tłuszcze z mleka – tylko w 20%. Na Zachodzie dawno już zwyciężyła tendencja spożywania mleka odtłuszczonego. To przyniosło odczuwalne wyniki – znacznie zmniejszyła się ilość zachorowań związanych z układem krwionośnym i pokarmowym.

Nasuwa się pytanie: po co zwiększać liczbę zachorowań, spowodowanych przez mleko, a potem walczyć o ich zmniejszenie? Co się tyczy kwaśnych produktów mlecznych – kefiru, jogurtu, a szczególnie twarogu i żółtego sera, to te produkty można spożywać, a nawet trzeba. Specjalnie zaleca się spożywanie ich ludziom w podeszłym wieku i dzieciom. Chodzi o to, że bakterie znajdujące się w kwaśnych produktach mlecznych już zrobiły to, co organizm człowieka czyni z wielkim trudem.

NIESTRAWNA KAZEINA

Należy brać pod uwagę jeszcze jeden ważny fakt. Obecnie mleko jest szkodliwe, szczególnie dla dzieci, z racji swych ekologicznych zanieczyszczeń. Nieodłącznym towarzyszem wapnia w mleku jest promieniotwórczy pierwiastek – stront-90. Niektórzy lubią dodawać mleko do kawy, herbaty. Lepiej tego nie robić, ponieważ pod wpływem temperatury kazeina, znajdująca się w mleku, ścina się. Kazeina to surowiec do produkcji kleju organicznego. W naszym organizmie niestrawiona kazeina „klei" kamienie w nerkach, naczynia krwionośne, powoduje powstawanie guzów w nogach, deformację palców rąk, a inne niestrawione składniki mleka osiadają w naszych tkankach i ścięgnach pod postacią śluzu.

Znakomity uczony – specjalista do spraw żywienia, znawca diet – H. Shelton pisał: *Mleko krowie jest źródłem powstawania śluzu w organizmie człowieka od okresu niemowlęctwa do głębokiej starości*, a doktor Walker dodał: *...i jest przyczyną takich chorób jak grypa, przeziębienia, astma, bronchit (zapalenie oskrzeli)*.

INFORMACJA W MLEKU

W bioenergetyce istnieje teoria: każdy produkt żywnościowy zawiera w sobie informację o warunkach swoich „narodzin", rozwoju, dojrzewania itd. – jednym słowem kształtuje w człowieku „naturalny instynkt zachowawczy". Co z punktu widzenia tej teorii przedstawia sobą mleko krowie, nietrudno się domyślić. Mądrzy jogowie, żeby nie spożywać krowiego mięsa i nie pić mleka uczynili krowę „świętą". Nawyk picia mleka w dużych ilościach, szczególnie w ciągu ostatnich 100 lat, przywędrował z Ameryki. Nadmiar otrzymanego mleka Amerykanie przerabiali na proszek (odżywki mleczne) i „obdarowywali" nim kraje Trzeciego Świata. Całej tej akcji towarzyszyła szeroko reklama o pożytkach płynących z mleka. Jak wiadomo, darowanemu koniowi w zęby się nie zagląda.

ROZSTANIE Z „NAŁOGIEM"

Czy wszystkie te argumenty przyjmują do wiadomości ci, u których mleko zajmuje czołowe miejsce w jadłospisie? Najprawdopodobniej nie. Człowiek z trudem rozstaje się z nałogiem. Jednak chcę poradzić, szczególnie ludziom starszym, zastąpienie mleka kefirem i chudym twarogiem. A wszyscy ci, którzy będą nadal pić mleko, powinni przyjrzeć się uważnie swoim odczuciom. Czy po spożyciu mleka nie odczuwają żadnych dolegliwości jelitowych, nie mają wzdęcia brzucha itp. Oprócz tego należy pamiętać, że mleko, z uwagi na specyficzne trawienie, należy spożywać zawsze oddzielnie, nie łącząc go z innymi produktami.

MĄKA CZY MĘKA

Nadszedł czas na omówienie takiego pospolitego produktu, jakim jest mąka. Otrzymuje się ją z ziaren zbóż. W zmielonej, nie oczyszczonej mące znajdują się witaminy grupy B, PP, F, substancje mineralne, fermenty, a więc wszystko to, co jest niezbędne dla naszego organizmu. Spożywając potrawy przygotowane z takiej mąki, człowiek otrzymuje 100% energii zawartej w ziarnach. W skład ziarna wchodzi skrobia – 85% i otoczka biologiczna – 15%. Substancje, znajdujące się w tej otoczce umożliwiają rozszczepienie i przyswojenie przez nasz organizm skrobi (przypomnijmy sobie zasadę mechanizmu „samotrawienia"). Oczyszczona, rafinowana mąka nie posiada otoczki, a więc tego, co jest najlepsze i najpotrzebniejsze w ziarnie.

MĘKI Z OCZYSZCZONĄ MĄKĄ

Na strawienie kawałka białego pieczywa lub drożdżówki potrzeba całego szeregu substancji, które będą pobierane z zapasów naszego organizmu. Mąka oczyszczona to skrobia, będzie trawiona z trudem, a niestrawione jej resztki będą wypełniać fałdy tłuszczowe w naszym ciele. Każda gospodyni wie co się dzieje, gdy zanurzyć mąkę w ciepłej wodzie, ona pęcznieje tworząc klajster – substancję podobną do kleju. Dokładnie tak samo niestrawiona skrobia pęcznieje w naszych jelitach, przeszkadzając normalnemu procesowi trawienia, na dodatek jeszcze niestrawiona skrobia jest głównym sprawcą tworzenia się złogów we krwi, zanieczyszczenia naczyń krwionośnych i powstawania kamieni w pęcherzyku żółciowym.

Żeby pieczywo, ciastka, herbatniki, bułeczki i praktycznie wszystkie produkty z białej mąki wyglądały bardziej apetycznie, stosuje się do ich produkcji różnorodne domieszki: barwniki, środki aromatyczne, środki odkwaszające, przyspieszacze, utrwalacze, spulchniacze itp. Gdzie się później podziewają te „domieszki"? Niestety, pozostają w nas do końca życia. Pod wpływem tych „domieszek" naczynia krwionośne „drętwieją" i mąka zamienia się w mękę.

NIEBEZPIECZNE DROŻDŻE

Praktycznie wszystkie gatunki chleba wypiekane są na drożdżach piekarskich, a drożdże, jak wiemy, powodują procesy fermentacyjne w jelitach. Oprócz tego, jak stwierdzili amerykańscy naukowcy, drożdże aktywizują powstawanie nowotworów w organizmie. Spożywając chleb, zamieniamy swój układ pokarmowy w „pole walki" między drożdżami, znajdującymi się w pieczywie i naturalną mikroflorą jelit. A ponieważ chleb spożywamy od najmłodszych lat, właściwa mikroflora u większości osób to rzadkość. *Zaparcia, wzdęcia brzucha, choroby układu pokarmowego, to w wielu przypadkach skutki nadmiernego spożywania chleba, bułek itp.*

PRZAŚNY CHLEB

Szkodliwość pieczywa drożdżowego, które po raz pierwszy pojawiło się w Egipcie około 15 tys. lat temu, stwierdzono już dość dawno. Wiele narodów, żeby uchronić się przed wymieraniem piekło tylko prza śny chleb i zwyczaj ten utrwalali w formie religijnych dogmatów. Na przykład w Biblii czytamy: „Nic kwaśnego nie spożywajcie, wszędzie gdzie będziecie przebywać, jedzcie tylko prza śny chleb". To bardzo korzystna i mądra rada. Myśl o tym, by zrezygnować z białego pieczywa u wielu osób może spowodować szok, ale jeśli jest Państwu drogie własne zdrowie – zdecydujecie się na ten krok. *Proszę starać się spożywać chleb z mąki grubo mielonej, lub pieczony bez użycia drożdży.*

Proszę nie jeść świeżego chleba, należy odczekać 1–2 dni, dopóki drożdże nie stracą swojej aktywności i przestaną być szkodliwe. Można opiekać chleb w tosterach, sporządzać suchary, grzanki...

BŁĘDNE KOŁO

Wszystkie „wzbogacone" kasze, podobnie jak i ziarna, są pozbawione tych wartościowych substancji, które znajdują się w ich otoczce i będąc oczyszczonymi są trudno przyswajalną skrobią. Dlatego też zaleca się spożywanie nieoczyszczonych kasz i nieoczyszczonego ryżu. Rafinowane i „wzbogacone" pożywienie (cukier, herbatniki, wędliny, chipsy, pieczywo itp.) zwykle zawierają mało wody, a nadmiar soli lub cukru. Spożywając takie produkty odczuwamy pragnienie, dlatego też popijamy je różnymi płynami.

Tak tworzy się błędne koło. A mianowicie: spożywanie rafinowanych produktów powoduje pragnienie, co z kolei wywołuje zapotrzebowanie na napoje. Płyny wypłukują soki trawienne, co zakłóca procesy trawienne przez gwałtowny brak witamin i fermentów.

A więc znów odczuwamy pragnienie, zaspokajamy je płynami itd. W rezultacie przybywamy na wadze, napełniamy się wodą, stajemy się ociężali, odczuwamy brak energii i sił.

JAKIE JEDZENIE, TAKI NASTRÓJ

Jak się okazuje, rafinowane produkty nie tylko szkodzą naszemu zdrowiu, ale również oddziałują na psychikę. Jeśli ktoś ma niezrównoważony charakter i jest nadpobudliwy, przede wszystkim powinien zmienić swój jadłospis i przejść na naturalne pożywienie – tak radzą indyjscy lekarze. Japończycy często żartują: „Jeśli małżonkowie dzień rozpoczęli od kłótni – niech pomyślą o tym co jedli poprzedniego dnia".

Amerykańscy psychologowie twierdzą, że zmniejszenie w jadłospisie człowieka ilości cukru, mięsa i kawy obniża ich agresywność o 50%. Według nich wniosek jest jeden: przestępczość, podobnie jak chorobę, należy leczyć naturalną dietą.

Nasi mądrzy przodkowie wiedzieli o tym znacznie wcześniej. Mądrość wschodnia głosi: „Bóg stworzył pożywienie, a diabeł kucharza". Czytelnik może pomyśli: jak żyć bez wędliny, białego pieczywa, kawy, cukierków, czekolady itp.? Natura podarowała człowiekowi ogromną różnorodność naturalnych produktów. Więcej fantazji! Jeżeli bardzo chcemy, to możemy czasami zjeść cukierka, ulubione ciastko, plasterek wędliny. „Trucizna" w niedużych ilościach nie jest szkodliwa.

NIEPRAWIDŁOWE ODŻYWIANIE

Weźmy dla przykładu ulubiony posiłek – kanapkę (chleb posmarowany masłem z wędliną) popijaną herbatą lub kawą. Mała objętość kanapki nie zmusza jelita grubego do pracy. Staje się ono osłabione, wiotkie, co z czasem powoduje zaparcia ze wszystkimi szkodliwymi skutkami dla organizmu.

Chleb należy do węglowodanów, masło do tłuszczów, a wędliny do grupy białkowej. Połączenie tych produktów tworzy ciężko strawną mieszankę.

Węglowodany są częściowo trawione w jamie ustnej i dwunastnicy, białka w żołądku i dwunastnicy, przy czym w żołądku i dwunastnicy dla strawienia białka i węglowodanów są wytwarzane różne soki trawienne. Masło, dostając się do żołądka, hamuje ich działanie. W rezultacie tego proces trawienia jest zahamowany, pożywienie w żołądku leży „kamieniem".

Popijając to wszystko płynem (herbatą, kawą itp.) zmywamy niestrawiony pokarm i kwaśny żołądkowy sok dwunastnicy.

W dwunastnicy istnieje odczyn zasadowy. Kwaśny sok żołądkowy niszczy śluzówkę dwunastnicy, co powoduje jej zapalenie, wrzody i z biegiem czasu choroby całego układu pokarmowego.

Z dwunastnicy niestrawione resztki pokarmu dostają się do jelita grubego, gdzie niestrawiony chleb powoduje gnicie, a wędlina tworzy „osad" i kamienie kałowe.

Niektórzy nie wyobrażają sobie życia bez kanapki. Nie jestem przeciwnikiem kanapek, ale chcę tym przykładem zwrócić uwagę na niebezpieczne dla zdrowia połączenie produktów.

Spożywanie dużych ilości białka zwierzęcego (mięso, wędliny itp.) powoduje ciągłe gnicie w układzie pokarmowym, zaparcia i zanieczyszczenie organizmu.

Mięso nie ma zapachu, smaku i dlatego, by można je było spożywać należy je smażyć, gotować, dodawać różne przyprawy, solić, by poprawić jego smak. W trakcie gotowania mięsa wytwarza się w nim 20 trujących substancji, które niszczą naczynia krwionośne i układ nerwowy.

Jednymi z ubocznych produktów trawienia mięsa są kwas mlekowy i szczawiowy – bardzo negatywnie wpływające na stan naszego zdrowia.

Nadmierne używanie białka zwierzęcego, szczególnie we wczesnym dzieciństwie, obniża naturalne zabezpieczenie przed chorobami (na trawienie mięsa organizm traci duże ilości energii). Wszel-

kiego rodzaju uczulenia, egzemy i inne dziecinne choroby, które
określamy mianem chorób przemiany materii, są skutkiem ślepej
miłości rodziców. To właśnie oni, wzbogacając odżywianie dziecka
mięsem, nieświadomi lego, powoli „zabijają" własne dziecko.
Jaki pokarm daje nam energię życia? Taki, który rośnie pod
promieniami słońca. Tylko słońce jest uniwersalnym źródłem
energii i wszystkiego co żywe.

Natura obdarzyła rośliny zdolnością akumulowania i przerabiania energii słonecznej, którą potem oddają człowiekowi.

Każdy z nas łatwo może policzyć ilość kalorii, zużywanych
w ciągu doby. Przy codziennym mieszanym pożywieniu (należy
także liczyć zjedzone ilości słodyczy, kawy, lodów itd.), otrzymujemy średnio 2500 kcal. Według danych Światowej Organizacji
Zdrowia, od momentu urodzenia aż do śmierci człowiek średnio
zużywa 50 000 000 kcal.

Teraz możemy podliczyć średnią długość życia (przy mieszanym pożywieniu) i dlatego 50 000 000 kcal (energia /użyta w
ciągu życia) dzielona na 2500 kcal (energia zużyła w ciągu doby)
= 20 000 dób, czyli 58 lat.

Teraz spróbujemy podliczyć średnią długość życia zwolenników naturalnych roślinnych posiłków, którzy średnio zużywają
do 1000 kcal w ciągu doby.

50 000 000 kcal: 1000 kcal = 50 000 dób lub 137 lat.

Niezaprzeczalnym naukowym faktem jest to, że na każde 1000
osób odżywiających się mieszanymi posiłkami lub mięsożernych
w wieku do 60 lat przypada jeden wegetarianin, a na każde 1000
mięsożernych po siedemdziesiątce, jest już 100 wegetarian.

W wieku ponad 80 lat na każde 1000 mięsożernych przypada
600 wegetarian.

To już nie jest arytmetyka – to nasze życie.

JEDZ ABY ŻYĆ, A NIE ŻYJ ABY JEŚĆ

Celem moich książek jest pomoc w odnalezieniu waszej, drodzy Czytelnicy, drogi do zdrowia.

Nie są do tego potrzebne nadzwyczajne wysiłki, jedyne, czego się od was wymaga, to przestrzeganie praw przyrody. Właśnie one kierują naszym życiem i zdrowiem. Instynkt samozachowawczy – to główne prawo życia. I jeśli chcemy żyć długo i w dobrym zdrowiu, powinniśmy iść noga w nogę z przyrodą, a nie w przeciwnym kierunku. Każda próba zrewidowania czy modyfikacji praw przyrody za- i kończy się dla nas tragedią. Jeśli spróbujemy złamać naturę, ona bezlitośnie złamie nas. Dotyczy to wszystkich sfer działalności organizmu ludzkiego. Przypomnijcie sobie Biblię: „Z prochu powstałeś i w proch się obrócisz" ... To znaczy, że organizm ludzki stworzony jest z elementów ziemi. Każda komórka, nerw, mięsień i kość ciała człowieka zbudowane są z pierwiastków chemicznych. Współzależność między nimi oparta jest na prawach chemii i fizyki. Te prawa są wieczne, prawdziwe i udowodnione naukowo. Nie stoją one w sprzeczności z prawami natury, a jedynie je wyjaśniają. Dlatego nieznajomość tych praw lub ich naruszenie może grozić katastrofą zdrowotną. Na podstawie ogromnej ilości listów i telefonów, które od was otrzymuję (dzięki wam za to), mogę wyciągnąć kilka mało pocieszających wniosków. Większość prosi o sporządzenie dla nich diety, jadłospisu, ponieważ niewiedzą, co można jeść. Otóż pragnę podkreślić, że jedzenie nie jest głównym warunkiem zdrowia. Najważniejsze są: ruch, oddychanie świeżym powietrzem, zabiegi wodne (kąpiele, naprzemienne prysznice) i pozytywne nastawienie do życia.

Jeśli chodzi o jedzenie, to, rzeczywiście, jest ono naszym codziennym towarzyszem, a co więcej, nieprawidłowe żywienie może doprowadzić do wielu chorób. Ale, jak już pisałem, każdemu człowiekowi potrzebna jest indywidualna, właściwa dla niego dieta. Zasady takiej diety są proste:

1. Można jeść wszystko to, co rośnie na drzewach, w ziemi, miód, ptasie jaja, pić wywary z ziół, wyciągi z suszonych owoców,

świeżo przygotowane soki, wodę z dodatkiem miodu, zieloną herbatę, kawę i czarną herbatę z umiarem.

2. Pamiętajcie, nadmiar tłuszczu w artykułach spożywczych jest zabójcą numer jeden waszego zdrowia z następujących powodów:

a) tłuszcz, dostając się do organizmu, zatrzymuje radioaktywne metale,

b) wymaga od organizmu ogromnej straty energii na jego trawienie, co prowadzi do zwyrodnienia układu pokarmowego (żołądka, wątroby, dwunastnicy),

c) podczas smażenia tłuszczu powstają czynniki rakotwórcze, które sprzyjają powstawaniu komórek nowotworowych,

d) tłuszcz, dostając się do organizmu, wchodzi w reakcję chemiczną z wapniem i jako produkt tej reakcji powstają mydła wapniowe, które zmieniają zasadowy odczyn krwi j na kwaśny, co prowadzi, po pierwsze, do zagęszczenia j krwi, a po drugie – stwarza idealne warunki dla rozwoju j bakterii chorobotwórczych. Oprócz tego reakcja między tłuszczami i wapniem sprzyja wypłukiwaniu go z organizmu, co prowadzi do schorzeń narządów ruchu,

e) używając dużo tłuszczu gorzkniejemy od wewnątrz (przypomnijcie sobie, co dzieje się z masłem, kiedy leży długo otwarte w temperaturze pokojowej, a temperatura naszego ciała jest jeszcze wyższa),

f) nadmiar tłuszczu zalepia naczynia krwionośne, co prowadzi do zawałów i udarów mózgu. Aby lepiej wyobrazić sobie, jak wyglądają naczynia krwionośne od nadmiaru spożywanego tłuszczu, przypomnijcie sobie patelnię pokrytą warstwą tłuszczu po smażeniu kotleta schabowego i ile sił trzeba stracić, żeby ją domyć. Potrzebny jest do tego specjalny środek i gorąca woda, czego w organizmie po prostu nie ma. Artykuły zawierające tłuszcz mogą spożywać ludzie, którzy większą część doby spędzają na świeżym powietrzu i oprócz tego wykonują ciężką pracę fizyczną.

3. Aby jedzenie służyło zdrowiu, powinno być zawsze świeże. Jeśli coś gotujecie, to na jeden posiłek. Lepiej, aby przygotowane dania nie „nocowały" w lodówce ani na piecu, a potem były podgrzewane.

4. Jeść należy tylko wtedy, kiedy się chce. I nie mylić uczucia głodu z apetytem. Pierwsze to oznaka chorego układu trawiennego, drugie – oznaka zdrowia. Jeśli chce wam się jeść, napijcie się herbaty, wody z miodem i sokiem z cytryny itp., a głód zniknie. I tak ciągle sprawdzajcie swoje uczucie głodu. Po pewnym czasie żołądek będzie „prosić" o jedzenie tylko wtedy, kiedy będzie naprawdę głodny. My po prostu przekarmiliśmy nasze żołądki, rozciągnęliśmy je jak balon. Przegłódźcie się trochę, a wasz żołądek skurczy się do swoich normalnych fizjologicznych rozmiarów 350 cm^3.

5. Jedzenie powinno być proste, apetyczne, a co najważniejsze – zdrowe. Nasze żywieniowe nawyki łatwo zmienić. Najważniejsze aby pamiętać, że jeszcze nikt nie umarł na skutek rozumnego umiaru w jedzeniu, umiera się przeważnie na skutek obżarstwa.

6. Przestańcie liczyć kalorie, cyfry na opakowaniach powstały w drodze teorii, a w praktyce, wewnątrz układu trawiennego proces spalania posiłków jest zupełnie inny. Jeśli już liczyć kalorie, to o wiele korzystniej wiedzieć, ile kalorii organizm traci na przyswojenie teoretycznych pustych kalorii. Otóż, według badań naukowych, największą ilość energii organizm traci na trawienie białka, następnie tłuszczów, a dopiero potem węglowodanów. I jeszcze jeden istotny fakt – na trawienie białka i tłuszczów organizm „wydaje" ze swoich zapasów duże ilości witamin, makro- i mikroelementów. Produkty pochodzenia roślinnego posiadają wszystkie konieczne do trawienia składniki w pełnym komplecie. Cała różnorodność produktów rafinowanych, słodyczy i artykułów pochodzenia zwierzęcego nie jest pełnowartościowa.

7. Produkty zawierające tłuszcz i białko są ubogie w błonnik, a błonnik jest stymulatorem pracy jelita grubego. Jelito

grube zaś, jak zapewne pamiętacie, jest bezpiecznikiem naszego zdrowia.

8. Nadmiar tłuszczu pogarsza pracę wątroby, prowadzi do zapalenia dróg żółciowych i razem z kwasem mlekowym i solami wapnia tworzy kamienie w woreczku i w nerkach.

9. Nadmiar nie strawionego tłuszczu nadaje ciału człowieka żałosny wygląd, ponieważ mięśnie obrastają galaretowatymi fałdkami, człowiek staje się podobny do kuli i leniwy, co nieuchronnie prowadzi do chorób serca i układu krążenia.

10. Preferowana tłusta kuchnia w ciągu ostatnich 30 lat w wielu krajach doprowadziła do fatalnego stanu zdrowia społeczeństwa. Jeśli nie zmienimy swoich nawyków żywieniowych, skutkiem będą choroby i cierpienia.

11. I ostatnia rada dla tych, którym trudno rozstać się z przyzwyczajeniem do obfitego jedzenia. Jedzcie wszystko co chcecie, ale fałdka tłuszczu na waszym brzuchu nie powinna przekroczyć 1–2 cm. W przeciwnym razie, wcześniej czy później, będziecie mieć kłopoty z różnych powodów zdrowotnych.

DIETA PRZECIW RAKOWI

Co każdy powinien wiedzieć o wpływie odżywiania na powstawanie chorób onkologicznych?

W ostatnim czasie coraz bardziej doceniana jest ogromna rola odżywiania zarówno w powstawaniu, jak i w profilaktyce chorób nowotworowych.

Według danych Amerykańskiego Instytutu Badań nad Rakiem, nieracjonalne odżywianie staje się przyczyną rozwoju choroby u mężczyzn w 40%, a u kobiet w 60% przypadków. Substancje rakotwórcze zawarte w pożywieniu zwykle nie należą do silnie działających i powoli zatruwają organizm dzień po dniu.

Wielki Hipokrates mawiał: „Twoim lekarstwem powinno się stać pożywienie!".

Profilaktyka raka za pośrednictwem odżywiania jest możliwa przy zachowaniu dwóch podstawowych zasad:

1. Pokarm nie powinien zawierać substancji rakotwórczych, takich które powodują powstawanie nowotworów złośliwych.

2. W pokarmie powinny się znajdować substancje, które chronią organizm przed rakiem.

Źródłem substancji rakotwórczych w naszym pożywieniu mogą być różnorodne tłuszcze, przy czym niebezpieczeństwo wielokrotnie wzrasta przy spożywaniu nieświeżych lub przesmażonych tłuszczów. Dlatego też nigdy nie powinniśmy zostawiać tłuszczu na patelni i wykorzystywać go wielokrotnie. W miarę możliwości unikamy smażonych produktów na korzyść gotowanych i pieczonych. Oprócz tego, zbędny tłuszcz z mięsa zawsze lepiej wykroić. Nie należy włączać do jadłospisu zbyt dużej ilości olejów roślinnych. Dwie łyżki stołowe dziennie, to ilość całkowicie wystarczająca.

Istnieją dane na temat tego, że tłuszcze niekorzystnie wpływają na system odpornościowy człowieka, ich nadmiar sprzyja przemianie komórek w komórki rakowe. Wiadomo, że w miarę wzrostu poziomu życia w krajach niegdyś biednych (Japonia, Grecja, Włochy), w wyniku zwiększenia w jadłospisie ilości tłuszczu wzrosła tam zachorowalność na raka gruczołu mlekowego i jelita grubego.

Szczególnym zagrożeniem dla zdrowia są produkty wędzone, do których z dymu podczas wędzenia przedostają się substancje rakotwórcze i inne niebezpieczne związki. Te substancje zostały znalezione w kiełbasach, szynkach, polędwicy, boczku, szprotach, śledziach wędzonych „na zimno", a także owocach suszonych dymem. Nieraz w 50 g kiełbasy wędzonej znajduje się taka sama ilość substancji rakotwórczych, jak w dymie z paczki papierosów, lub w powietrzu, które mieszkaniec dużego miasta wdycha w ciągu 4 dni.

Wiele produktów zawiera azotany i azotyny. Te sole same z siebie nie są rakotwórcze, jednak w żołądku człowieka powstają z nich bardzo szkodliwe substancje. Azotany i azotyny mogą znajdować się w kiełbasach, niektórych konserwach mięsnych, w importowanych warzywach i owocach.

W pożywieniu należy stosować warzywa wyhodowane w gruncie (nie szklarniowe!) przy użyciu nawozów naturalnych, na przykład kompostów. Gotować warzywa zaleca się w dużej ilości wody, w żadnym wypadku nie spożywając wywaru z warzyw, o których uprawie nic nie wiemy. Kiedy zapytano naukowca z Filadelfii, czy istnieje jakaś dieta przeciwrakowa, odpowiedział: „Tak! Trzeba po prostu mniej jeść". Zgadzają się z tą opinią praktycznie wszyscy specjaliści. Jak wykazały masowe badania ludności, otłuszczenie wzmaga prawdopodobieństwo zachorowania na raka.

Jak powstrzymywać swój apetyt?

Jedzcie produkty, które powodują szybkie nasycenie – podsuszone pieczywo, fasolę, groch, rośliny strączkowe, smażone ziarna słonecznika, kasze.

SUBSTANCJE – OBROŃCY

Nasze pożywienie powinno zawierać składniki zwiększające obronne właściwości organizmu, co pozwala mu przeciwstawiać się działaniu substancji rakotwórczych i innych szkodliwych związków.

Przede wszystkim są to witaminy, szczególnie A, C i E, a także B_2 i PP. Wysokie stężenie witaminy C w organizmie także blokuje powstawanie substancji rakotwórczych z azotanów i azotynów. Witamina E chroni przed szkodliwym oddziaływaniem produktów utleniania tłuszczów. Witamina A sprzyja zabezpieczeniu przed różnymi postaciami raka.

W witaminę A jest bardzo bogata wątroba zwierząt i tran, w mniejszym stopniu zawierają ją jaja, masło śmietankowe, produkty mleczne. Karoten, który w organizmie człowieka przekształca się w witaminę A, można otrzymać z takich produktów

221

roślinnych jak marchew, czerwona papryka, pietruszka, szpinak, cebula. Jest on również w morelach, pomidorach, dyni oraz w innych owocach i warzywach o barwie żółto-czerwonej lub pomarańczowej.

Zażywając preparaty witaminy A, C i E należy wiedzieć, że ich nadmiar może przynieść organizmowi szkodę. Należy spożywać tylko naturalne witaminy. Najbardziej bogata w witaminę E jest wątroba cielęca, nerki bydła rogatego, ziarna pszenicy, owsa, żyta, kukurydzy, groch, pietruszka, żółtko jaja kurzego, marchew, cebula.

Podstawowym źródłem witaminy C (kwasu askorbinowego) są warzywa, owoce, jagody i zielenina. Najwięcej witaminy C jest w owocach dzikiej róży, czarnej porzeczce, czerwonej papryce, chrzanie, pietruszce, koperku, rokitniku. Niemało kwasu askorbinowego znajduje się w owocach cytrusowych oraz w jabłkach (szczególnie antonówkach).

W porze zimowej i wiosennej głównym źródłem witaminy C są dla nas ziemniaki, kapusta świeża i kiszona, jabłka, a także cytrusy i ich soki.

WŁÓKNISTY SOJUSZNIK

Angielski chirurg Barcket w czasie pracy w Afryce zauważył, że rak jelita grubego rozpowszechniony w Europie, jest rzadko spotykany wśród ludności miejscowej, która spożywa znacznie więcej produktów włóknistych (celuloza, pektyny). Okazuje się, że są one swoistą, wewnętrzną miotłą jelita; sprzyjają szybkiemu usunięciu szkodliwych produktów, niszczą procesy gnilne i działalność bakterii, które uczestniczą w powstawaniu substancji rakotwórczych. Podstawowym źródłem włókien pokarmowych są chleb i mąki grubo mielone, kasze –gryczana, owsiana, kasza jaglana, warzywa liściaste.

Ważną rolę w profilaktyce raka odgrywają sole mineralne zawierające magnez, wapń i selen. W magnez bogate są rośliny strączkowe, pszenica, żyto, owies, gryka. Znajduje się on również w wielu warzywach i owocach. W wapń bogate są żółty ser i twaróg, fasola, marchew, kapusta. Najwięcej selenu wykryto w grochu i burakach.

Istnieją dane, że substancje-obrońcy znajdują się w niektórych grzybach – borowikach, opieńkach, a także w produktach otrzymywanych z soi.

Należy zaznaczyć, że żadna dieta nie daje absolutnej obrony przed rakiem, ale niewątpliwie może w znacznym stopniu obniżyć prawdopodobieństwo zachorowania. Różnorodny, bogaty w naturalne witaminy jadłospis pozwoli organizmowi wybrać z pożywienia niezbędne dla niego substancje lecznicze.

I jeszcze jedno. Jak mówił doktor Gerzon (największy specjalista w dziedzinie leczenia raka): Rak to zemsta natury za nieprawidłowo spożywane posiłki. W 99% ze 100 to zatrucie własnymi toksynami i tylko 1% to nieodwracalne zmiany, które występują w organizmie. Są „ofiary" raka (tylko 1%) i są jego twórcy (99%), o tym każdy powinien wiedzieć.

CHOROBA NA TALERZU

Komisja Światowej Organizacji Zdrowia przeprowadziła badania w kilku klasztorach w Tybecie. W wyniku badań zostało stwierdzone, że 90% mieszkańców, wśród których byli starcy – u 60% całkowicie nie stwierdzono próchnicy zębów, zaburzeń w pracy układu krwionośnego i pokarmowego, wszyscy oni, niezależnie od wieku, byli sprawni i prawie w 100% zdrowi. Analiza ich pożywienia wykazała, że odżywiają się bardzo skromnie, nie posiadają lodówek, kuchni gazowych, nie używają cukru, mięsa i rafinowanych produktów. Ich podstawowy jadłospis to placki jęczmienne, tybetańska ziołowa herbata, czysta woda. Latem pożywienie wzbogacały rzepa, marchew, ziemniaki i trochę ryżu.

Według danych Światowej Organizacji Zdrowia w najbardziej rozwiniętych krajach, takich jak USA, Niemcy, Francja, które stoją w czołówce pod względem spożycia mleka, mięsa i innych rafinowanych produktów, zdrowie ludności wygląda inaczej. W Ameryce na trzy rodziny dwie cierpią na nowotwory, dwie osoby z pięciu cierpią na choroby sercowo-naczyniowe, z powodu których umierają; odnotowuje się ogromną liczbę osób cierpiących na cukrzycę. Przewlekłe choroby trapią 19% ludności, a więc cierpi na nie prawie co piąty mieszkaniec.

W Niemczech na cukrzycę cierpi 20% ludności, około 20% dzieci w wieku od 8 do 16 lat ma niedorozwój umysłowy i fizyczny. Na reumatyzm i zapalenie stawów choruje od 15 do 17% ludności.

We Francji alergia dotyka od 15 do 20% ludności, 450 tyś. dzieci poniżej 18 roku życia cierpi na różnorodne zaburzenia słuchu i wzroku, 1,5 min dzieci w wieku 6 lat choruje na astmę. We wszystkich krajach wysoko uprzemysłowionych w ciągu ostatnich 25 lat procent noworodków z wrodzonymi schorzeniami się podwoił.

Wynika z tego, że przy pomocy widelca i łyżki sami sobie kopiemy grób.

Kiedy w jednej z audycji radiowych poproszono mnie o podanie sposobów ustrzeżenia się przed nowotworami, odpowiedziałem w następujący sposób:

1. Należy jeść warzywa i owoce, pochodzące z regionu swojego zamieszkania oraz pić świeżo przygotowane z nich soki. Codziennie w jadłospisie powinno znaleźć się chociaż 1 jabłko, a także surowe i gotowane warzywa. Najbardziej wartościowe są warzywa i owoce o barwie intensywnie zielonej, pomarańczowej i czerwonej (szpinak, sałata, ogórek, fasola, groszek, pomidory, buraki, marchew, dynia, jabłka, gruszki itp.). Dzięki nim komórki organizmu otrzymują wszystkie niezbędne witaminy, substancje mineralne, błonnik i tlen.

2. Należy umieć odróżnić tłuszcz od... tłuszczu. Tłuszcze są niezbędne dla organizmu, szczególnie potrzebne są osobom w starszym wieku. Pytanie: jakie tłuszcze? W olejach roślinnych,

szczególnie tych tłoczonych na zimno, znajdują się kwasy i witaminy, które wydłużają nasze życie. Codziennie rano i wieczorem należy pić l łyżeczkę oleju oraz dodawać 1 łyżkę stołową do sałatek. Natomiast spożycie mięsa, mleka i margaryny należy jak najbardziej ograniczyć. Tłuszcze, znajdujące się w tych produktach nie dają nic prócz chorób, a tylko blokują działanie „dobrych" tłuszczów.

3. Należy uczyć się ruchu i oddychania. Powietrze, a dokładniej znajdujący się w nim tlen, jest niezbędne każdej z miliardów komórek naszego ciała, powoduje ich regenerację, tzn. zatrzymanie procesów starzenia. Ruch pomaga tlenowi dotrzeć do każdej komórki, dlatego należy jak najwięcej czasu spędzać w ruchu na świeżym powietrzu.

4. Bądźcie zawsze radośni! Wszystkie przeżyte przez nas emocje zostają nie tylko „w głowie" – kierują one większością reakcji fizjologicznych naszego organizmu. Jeśli coś nas martwi lub denerwuje, nasz system immunologiczny (naturalny system obronny organizmu) przestaje wytwarzać hormony T i B, które m.in. chronią nas przed wszelkimi infekcjami i rakiem. Gdy jesteśmy szczęśliwi i radośni, gdy cieszymy się życiem, wzmacniamy swój system odpornościowy i zdrowie.

5. Trzeba się odprężać. Dzisiejsze życie to ciąg nieprzyjemności i stresów. Uniknięcie ich jest niemożliwe, ale nie można ich kumulować. Trzeba znajdować czas na relaks, robić wtedy to, co się podoba: zamknąć się w pokoju i słuchać muzyki, medytować, spacerować po lesie. Kobiety niech kochają mężczyzn, a mężczyźni kobiety. Ale też codziennie trzeba pobyć trochę w samotności (3–5 minut), rozluźnić się i nie myśleć o nieprzyjemnościach.

6. Trzeba zmuszać mózg do pracy. Im więcej mózg pracuje, tym bardziej jest wytrzymały. W każdym wieku, ale szczególnie na starość, należy „budzić" obszary mózgu odpowiedzialne za pamięć: należy czytać książki, chodzić do muzeów, słuchać wykładów, grać w szachy, krótko mówiąc – pracować głową!

7. Dłużej spać. Dobry sen nie tylko rozjaśnia myśli, ale też daje odpoczynek mięśniom, obniża ciśnienie, regeneruje system wydzielania hormonalnego, podnosi odporność. Nawet rany goją się szybciej podczas snu. Człowiek, któremu przez kilka dni nie pozwala się zasnąć, po prostu wariuje. Dlatego spać trzeba 6–8 godzin i ani trochę krócej!

8. Polubić chłód. System odpornościowy organizmu należy stale trenować. Szczególnie lubi on chłód. Należy chronić organizm przed przegrzaniem, ubierać się lekko. Temperatura powietrza w pokoju, w którym śpimy powinna wynosić 16–17°C. Naprzemienny prysznic (5–10 minut) rano i wieczorem, to gwarancja niezawodnej pracy systemu immunologicznego.

9. Należy mniej jeść. Trzeba wypracować zasadę: „Jeść, aby żyć – a nie żyć, aby jeść". W tym celu należy nauczyć się jeść powoli, a od stołu wstawać zawsze z uczuciem głodu.

10. Trzeba się więcej śmiać! Podczas śmiechu pracuje dużo więcej mięśni, niż możemy sobie wyobrazić. Śmiech to forma masażu dla naszych organów wewnętrznych oraz bodziec, stymulujący organy trawienne. Śmiech działa przeciwbólowe i przeciwzapalnie. Śmiejąc się oddychamy szczególnie głęboko i tym samym odnawiamy zapasy tlenu w płucach. Mózg podczas śmiechu wytwarza serotoninę – „hormon szczęścia". Poza tym śmiech to wspaniały sposób kontaktu.

11. Kochajmy się! Starożytna medycyna widziała sposób na osiągnięcie nieśmiertelności w zlaniu dwóch pierwiastków: męskiego i żeńskiego. Akt miłosny najlepiej odbudowuje harmonię ciała.

12. Należy oczyszczać organizm. Pamiętajmy, że to co wewnątrz nas, to i na zewnątrz!

13. Trzeba słuchać głosu swojego ciała! Nasze ciało reaguje na troskę, którą mu się okazuje. Zacznijmy o siebie dbać, zanim zachorujemy, a wtedy zawsze będziemy zdrowi.

Nadszedł już czas rozstania się z Państwem, Drodzy Czytelnicy. Teraz drogę do swojego zdrowia każdy powinien wybrać samodzielnie. Doskonale rozumiem, że zdobyć się na to nie jest wcale łatwo. Przecież po to, by być zdrowym trzeba zerwać ze złymi nawykami, które powstawały całymi latami, zmienić styl życia i sposób myślenia. Jednak, jeśli czujecie Państwo, że waszego zdrowia zaczęło „ubywać" nie traćcie czasu – weźcie się za siebie, działajcie!

Im wcześniej zaczniecie sobie pomagać, tym szybciej odzyskacie zdrowie. Najważniejsze – nie spieszcie się, stopniowo przyzwyczajajcie organizm do nowego trybu życia.

Niniejsza książka została pomyślana jako poradnik praktyczny, służący do uzdrowienia organizmu. Dlatego też radzę jak najczęściej do niej zaglądać, a na pewno uzyskacie pomoc.

Gromadźcie Państwo doświadczenia w zakresie uzdrawiania swojego organizmu i przekazujcie je swoim dzieciom i wnukom – to jedyna „droga", która doprowadzi nas wszystkich do zdrowia.

Maj 1999

Drodzy Czytelnicy, podane tu przepisy to tylko walka ze skutkami chorób, a nie z ich przyczynami. Przyczyny chorób oraz liczne sposoby walki z nimi opisane są w książce *Uleczyć nieuleczalne*, część 1. Podane niżej przepisy pozwolą złagodzić wasze dolegliwości, ale dopóki nie zlikwidujecie przyczyny, choroba będzie was niepokoić. Dlatego uzbrójcie się w cierpliwość i działajcie w kierunku likwidowania przyczyn. A co najważniejsze, wiedzcie, że nagrodą za wasz „trud" będzie wasze wspaniałe zdrowie.

ALFABETYCZNY SPIS CHORÓB

CHOROBY OD A DO Z

ADENOIDALNE WYROŚLE

- Przemywanie nosa (patrz Oczyszczenie)
- Zmieszać 2 łyżeczki soku z buraków z 1 łyżeczką miodu. Wszystko wymieszać, buteleczkę przechowywać w lodówce. Zakrapiać po 5 kropel w każde z nozdrzy po 4–5 razy na dzień.

ALKOHOLIZM

Myślę, że nie ma sensu opisywać, ile nieszczęścia i cierpienia niesie pijącemu człowiekowi i jego bliskim słabość do alkoholu. Chciałbym w pewnym sensie rozjaśnić ten drażliwy problem. Bardzo często za przyczynę tego, że człowiek stał się ofiarą napojów alkoholowych uważany jest alkohol. Mnie się wydaje, że przyczyny należy szukać w samym człowieku. Jeśli wobec różnorodnych sytuacji życiowych ktoś nie potrafi „zdjąć napięcia nerwowego" niczym innym, niż mocnym trunkiem, to znaczy, że świadomie skazuje się na choroby i cierpienia.

Jeszcze będąc na studiach oglądałem bardzo ciekawy film o tym, jak na pustyni Kalahari wszystkie zwierzęta zebrały się razem, aby pożywić się jagodami, które zaczynały fermentować. Lwy i antylopy, małpy, tygrysy i słonie jakby „zawarły pokój". Nie było drapieżników i ofiar. Wszyscy byli zadowoleni, zniknęła nienawiść i agresja. Okazuje się, że organizm ssaków (do nich należy i człowiek jako najwyższy twór przyrody), potrzebuje w maleńkich ilościach alkoholu. Mózg zaczyna wytwarzać hormon „szczęścia" rozluźniają się mięśnie, obniża poziom reakcji i uwagi, jednym słowem napięcie układu nerwowego zmienia się w rozluźnienie. Wszystkie „zalety" alkoholu, o których pisałem wyżej, mają miejsce tylko wtedy, kiedy dawka alkoholu przyjmowana jest przez człowieka jako lekarstwo. Hipokrates mówił: „W umiarkowanej ilości wino pasuje do organizmu zarówno zdrowego, jak i chorego człowieka".

Zdaniem sławnego Louisa Pasteura „wino pełnoprawnie może być uważane za najzdrowszy napój, jeśli używane jest z umiarem". Starożytni greccy filozofowie powtarzali swoim uczniom: „Moc bogów ledwie równa się pożyteczności wina". A stara mądrość wschodnia głosiła: „Pić mogą wszyscy, należy tylko wiedzieć gdzie, kiedy, za co i ile".

W ten sposób we wszystkich wypowiedziach mądrych i szanowanych w świecie ludzi wyjątkowo wyraźnie przewija się myśl o umiarkowanym spożyciu alkoholu. Tragedia człowieka polega na tym, że nie ma poczucia miary! Przy czym odnosi się to praktycznie do wszystkich przejawów życia, poczynając od jedzenia, a na alkoholu kończąc.

Ponieważ od dzieciństwa wpaja się nam, jakim złem jest alkohol, nic nowego na ten temat nie mogę dodać. Proponuję więc spojrzeć na alkohol nie z pozycji zła, które on niesie, a z pozycji leczniczego wpływu, jaki wywiera na organizm człowieka. Przedstawione niżej informacje będą pożyteczne dla wszystkich: i tych, którzy piją bez umiaru, i tych, którzy kategorycznie odmawiają spożywania napojów wyskokowych. Badania na temat wpływu alkoholu na poszczególne układy organizmu, przeprowadzone w różnych krajach świata, doprowadziły do następujących wspólnych wniosków:

1. Wino korzystnie oddziałuje na układ nerwowy i aktywizuje pracę gruczołów wydzielania wewnętrznego.

2. Poprawia trawienie, sprzyjając lepszemu wydzielaniu soku żołądkowego i trawieniu białka zwierzęcego (mięsa i jego pochodnych).

3. Utrzymuje pH soku żołądkowego na normalnym poziomie.

4. Działając na układ pokarmowy przynosi lekką ulgę.

5. Pobudzając komórki wątroby sprzyja odpływowi żółci do dwunastnicy.

6. Dzięki obecności soli potasu (wino, koniak) wywiera diuretyczne działanie na nerki.

7. Pobudzając ośrodki oddechowe sprzyja lepszej wentylacji płuc.

8. Oddziałując na układ sercowo-naczyniowy wzmacnia naczynia krwionośne (ponieważ po rozszerzeniu następuje zwężenie, to wspaniały masaż naczyń krwionośnych).

9. Wypłukuje z organizmu produkty toksyczne (truciznę fenole i indole).

10. Oddziałując poprzez delikatny aromat, pobudza ośrodki węchowe.

11. Posiada właściwości przeciwtoksyczne i dezynfekujące.

12. Zapobiega nagromadzeniu tłuszczów na ściankach naczyń krwionośnych, co jest doskonałą profilaktyką schorzeń naczyń serca.

W ciągu ostatnich lat przeprowadzono wiele badań na temat wpływu alkoholu na mięsień sercowy. Amerykański uczony z Uniwersytetu Harvard, Eric Rimm doszedł do wniosku, że każdy napój zawierający alkohol wzmacnia serce. Wśród napojów alkoholowych jego szczególnymi względami cieszy się czerwone wino, dzięki dużej w nim zawartości naturalnych przeciwutleniaczy. Uczony zauważył, że ci, którzy wcale nie używają napojów alkoholowych o wiele częściej cierpią na choroby serca. Angielscy i szwajcarscy uczeni doszli do wniosku, że używanie alkoholu w umiarkowanych dawkach o 40% zmniejsza ryzyko zawału serca i o 20% chorób naczyń krwionośnych.

Najbardziej skomplikowane jest określenie dawki przyjmowanego alkoholu. Słowo „umiarkowana" każdy może rozumieć inaczej. Amerykański uczony Michael Garner, który przez wiele lat badał wpływ alkoholu na organizm człowieka, proponuje następujące dawki: Wino białe lub czerwone dla osoby dorosłej 2 g na 1 kg wagi na dobę. Mocne trunki – 0,5 g na 1 kg wagi na dobę. Uczeni opracowali tablice wpływu różnych gatunków wina na układy organizmu ludzkiego:

Białe wino – oczyszcza nerki, lekko pobudza układ nerwowy, sprzyja lepszemu trawieniu;

Czerwone wino – poprawia pracę wątroby, zwiększa apetyt, oczyszcza krew, tonizuje układ hormonalny, uspokaja system nerwowy, poprawia procesy oddechowe, obniża ryzyko zachorowań na serce u ludzi z wysokim poziomem cholesterolu.

Należy podkreślić, że wino jest szczególnie korzystne dla osób w starszym wieku, ludzi cierpiących na anemię i mających osłabiony organizm. W Burgundii mówią: „Wino to mleko starców". Wspaniałym środkiem w walce ze schorzeniami żołądkowo-jelitowymi, a u kobiet w okresie menopauzy, jest gliwajn. Przygotować go można tak (przepis na 10 porcji): na 2 butelki słodkiego lub półsłodkiego wina wziąć 1 butelkę wody. Do garnka wlać wino i zmieszać z wodą. Doprowadzić do wrzenia, gotować na słabym ogniu 10 minut, następnie dodać szczyptę goździków, cynamonu, kardamonu i 10 plasterków cytryny bez skórki. Gotować jeszcze 5 minut. Następnie wlać 1 stołową łyżkę koniaku i wyłączyć ogień. Garnek przykryć pokrywką i zostawić na 20 minut. Potem odcedzić i pić jeszcze ciepłe. Przy przygotowywaniu 1 porcji należy ilość składników podzielić na 10.

Teraz o alkoholizmie. Alkoholizm to choroba. Choroba ludzi nie znających umiaru. Najtrudniejsze jest to, że alkoholicy rzadko przyznają się do tego, że są chorzy. Zwykle nie chcą sami się leczyć. Ale są i tacy, którzy rozumieją, że alkohol szkodzi ich zdrowiu i sami chcieliby rzucić picie, ale nie mogą tego zrobić z powodu słabej woli. Dla nich mam następujące rady.

Rady dla tych którzy sami postanowili przestać pić

Do 0,5 litra wódki wrzucić 4 pokruszone liście laurowe i postawić w ciemnym miejscu na 14 dni. Kiedy zaczniecie pić pojawią się silne wymioty i wstręt do alkoholu.

4 suche brzozowe polana posypać 1 kilogramem cukru, rozpalić ognisko, aby drwa płonęły. Potem zgasić ogień i przez 5–10 minut oddychać dymem, a następnie wypić szklankę wódki.

Do szklanki wódki wrzucić kilka zielonych pluskiew (występują na malinach), nakryć pokrywką, odstawić na 7 dni, po czym przecedzić i dać do wypicia pijącemu.

To, co napiszę teraz, może wydać się straszne. Jeśli kogoś obrażę, z góry proszę o wybaczenie. Ale, jak mówią, prawda jest droższa! Jeśli nie chcecie przestać pić, to wiedzcie, że jesteście ludźmi słabymi, zabijacie się brakiem woli. Każdy ma tylko jedno życie i jeśli wasze nie jest wam drogie, to pomyślcie o swoich bliskich, którym, kiedy patrzą na to, serce zalewa się krwią.

Rzucić picie jest trudno, ponieważ organizm przywykł do ciągłego zatruwania i cały czas potrzebuje trucizny! Aby rozerwać to błędne koło spróbujcie oczyścić organizm (wiele sposobów podano w książce) i kiedy w waszych żyłach popłynie czysta krew, a mózg stanie się jasny i czysty, może nareszcie zrozumiecie, jak męczycie siebie i bliskich. Nie wstydźcie się przyznać, że jesteście słabi i poproście rodzinę, bliskich lub przyjaciół, aby wam pomogli. I kiedy pewnego dnia obudzicie się z „trzeźwą" głową zrozumiecie, że życie jest piękne, kiedy się na nie patrzy trzeźwymi oczami. Teraz chcę zwrócić się do rodzin i bliskich alkoholików, do tych, których zamęczali oni swoim nieludzkim zachowaniem. Miałem okazję odzwyczajać od alkoholu przy pomocy hipnozy. Na podstawie doświadczenia mogę stwierdzić, że hipnoza to jeden z najpewniejszych środków w walce z alkoholizmem. Rodzina alkoholika może okazać mu niezastąpioną pomoc, jeśli zastosuje opisaną niżej metodę, zawierającą elementy hipnozy. Jej przewaga polega na tym, że żadne prośby i błagania alkoholika w stanie świadomości do niczego nie prowadzą. Inna sprawa, jeśli wprowadzić go w stan hipnozy i dać określone wskazówki, aby przestał pić. Przewaga opisanego niżej sposobu polega na tym, że „działa" on niezależnie od tego, czy alkoholik chce przestać pić, czy nie.

Przy okazji powiem, że w analogiczny sposób rodzice mogą odzwyczajać dzieci od obgryzania paznokci, moczenia nocnego, lunatyzmu oraz od pociągu do narkotyków. I ostatnie – bądźcie cierpliwi, przeprowadźcie kilka seansów, a na pewno wasz trud będzie uwieńczony sukcesem.

Seanse przeprowadzajcie w 2 etapach.

Pierwszy etap (wykonywać przed pójściem spać). Zanim „obiekt", z którym będziecie przeprowadzać seans, pójdzie spać, w czasie kolacji lub po prostu zanim się położy, powiedzcie mu następujące słowa: „Kiedy będziesz spać, przyjdę z tobą porozmawiać, to bardzo ważne". Postarajcie się wypowiedzieć to zdanie spokojnie, jakby nie nadając mu żadnego znaczenia.

Etap drugi (wykonywać podczas snu). Kiedy „obiekt" śpi, podejdźcie cicho i delikatnie zacznijcie gładzić go po włosach. Mówcie cicho, prawie szeptem. Zacznijcie od pytania, zwracając się po imieniu, na przykład: „Maciek, słyszysz mnie?". Jeśli odpowiedź nie nastąpiła, mówcie dalej, cały czas spokojnie gładząc włosy. Mówcie, jakby zwracając się do „obiektu" z problemem, który was niepokoi. Mniej więcej po 5 minutach dotknijcie do skroni „obiektu" kciukiem i środkowym palcem swojej prawej ręki i w tym momencie powinniście poczuć równe pulsowanie tętnic skroniowych. Od tej chwili możecie rozpocząć prowadzenie odpowiedniej sugestii, na przykład: „Maciek, od jutra przestaniesz obgryzać paznokcie. Kiedy wstaniesz rano, ten nawyk zniknie raz na zawsze. Ty nigdy nie obgryzałeś paznokci i nie wiesz, co to znaczy" itp. Sugestie mogą być różne. Najważniejsze, to wielokrotne powtarzanie, czego „obiekt" powinien się wyrzec. Teksty mogą być dowolne, jakie wam serce podpowie. Natomiast ostatnia fraza powinna brzmieć następująco: „Nocą będziesz spać spokojnie, a rano obudzisz się we wspaniałym nastroju, wypoczęty, dziarski i wesoły, zapomnisz na zawsze o swoim nałogu i jeśli pojawi się konieczność, będę z tobą jeszcze raz rozmawiać, dopóki nie uda nam się to, czego chcemy". Po tym seans można uważać za zakończony. Wyjdźcie cicho. Niech „obiekt" śpi.

Uwaga! Czasem przy dotknięciu jego włosów „obiekt" może się obudzić. Postarajcie się uspokoić go, rozmawiając z nim i gładząc go po włosach. Kiedy „obiekt" zacznie oddychać równo i głęboko, przystąpcie do seansu. Opisana metoda jest tylko podstawowym szkieletem waszych działań, a resztę podpowie wam intuicja i miłość do bliskiej wam osoby.

ANEMIA (NIEDOKRWISTOŚĆ)

Uwaga! Proszę dokładnie przeczytać informację o sokach, szczególnie z buraków i marchwi.

• Pić sok z buraków przez 3–4 tygodnie po 1/2 szklanki 6 razy dziennie.

• Zetrzeć na tarce 3 duże buraki, przełożyć do półlitrowego słoika, zalać 150 g wódki i odstawić na słońce lub w ciepłe miejsce na 14 dni. Następnie przefiltrować i pić po 30 g przed jedzeniem. Jeśli skład krwi nie osiągnie pożądanego stanu, kurację powtórzyć.

• 150 g soku z aloesu zmieszać z 250 g miodu i 350 ml czerwonego wina. Pić po 30 g 3 razy dziennie 20 minut przed jedzeniem.

• 1 szklankę nieoczyszczonego owsa wsypać do 1 l gotowanej wody i gotować dalej, póki owies się nie rozgotuje i roztwór nie zgęstnieje. Następnie przecedzić i dodać 2 szklanki mleka, zagotować i gotować do chwili uzyskania kaszy. Potem dodać 2 łyżeczki miodu i jeszcze raz zagotować. Otrzymamy smaczną kaszę, którą należy zjeść na dwa razy – rano i wieczorem. Jeść ją można na zimno lub na ciepło.

• 1 garść liści poziomek zaparzyć szklanką wrzątku. Pić 3–4 szklanki dziennie.

• 1 garść liści pokrzywy (majowych) zaparzać szklanką wrzątku przez 5 minut. Pić 3–4 szklanki dziennie.

• Pić codziennie 1–2 g skorup z jajka kurzego (patrz skorupoterapia).

• Pić mieszankę świeżo przygotowanych soków z marchwi, buraków i czarnej rzepy w proporcji 1:1:1 po 2 łyżki stołowe codziennie. Kuracja trwa 3 miesiące.

ANGINA

• Cytrynę podzielić na cząstki i ssać każdą cząstkę po 10 minut, potem połknąć (szczególnie skuteczne na początku choroby).

• Położyć na gardło liście białej kapusty, owinąć wełnianym szalem. Liście zmieniać co 2 godziny. • Dłoń prawej ręki przyłożyć do gardła, a dłoń lewej ręki położyć na potylicę. Zabieg ten powtarzać 3–5 dni po 15–20 minut.

• 1/2 łyżeczki soli, 1/2 łyżeczki sodki, 4 krople jodyny rozmieszać w szklance gotowanej wody. Płukać gardło kilka razy dziennie.

• Ugotować ziemniak, rozgnieść, położyć na talerz. Głowę nakryć ręcznikiem i robić inhalacje.

• Do szklanki soku z buraków dodać stołową łyżkę octu winnego lub jabłkowego. Płukać gardło 8–10 razy dziennie.

• 3 łyżeczki łupin z cebuli zalać 0,5 l wody, zagotować. Poczekać, aż ostygnie. Płukać gardło 5–6 razy dziennie.

• Wycisnąć 2–3 ząbki czosnku, zalać szklanką ciepłej wody, odstawić na 30 minut. Płukać gardło 4–6 razy dziennie.

• W szklance wody rozpuścić 1 łyżeczkę miodu. Płukać gardło 8–10 razy dziennie.

• Z 2 cebul wycisnąć sok. Pić po łyżeczce 4 razy dziennie.

• Na tarce zetrzeć 1 jabłko i 1 cebulę, wszystko wymieszać. Przyjmować po 2 łyżeczki razy dziennie.

• Zetrzeć na tarce szklankę czerwonego buraka, wlać stołową łyżkę octu, odstawić na kilka godzin, następnie odcisnąć sok do szklanego naczynia. Sokiem buraka z octem płukać gardło i łykać po 1–2 łyżki stołowe.

• Szybko zetrzeć na tarce cebulę, położyć ją na gazie higroskopijnej, owinąć w gaziki (zrobić tampony) i wsunąć do obu otworów nosowych, potrzymać 15 minut. Stosować rano, w południe i wieczorem.

• Do garnka wlać 150 g mleka, włożyć 4–5 fig suszonych i gotować przez 5–7 minut. Przed snem wypić małymi łykami mleko, a figi zjeść. Powtarzać kilka razy.

Przepisy terapii dietowej są zalecane w przypadkach pojawienia się chrypki po przeziębieniu, a w mniejszym stopniu spowodowanej ostrym zapaleniem krtani.

- Wymyć i obrać ze skórki gruszkę. Wycisnąć sok. Od czasu do czasu pić sok z gruszki, uprzednio przez jakiś czas trzymając sok w ustach. Połykać sok maleńkimi porcjami.
- Zamoczyć na noc 50 g orzechów ziemnych w zimnej wodzie. Zdjąć skórę i gotować na małym ogniu do miękkości. Stosować 1 raz dziennie.
- Przemyć trochę oliwek i wziąć jedną do ust. Trzymać w ustach jakiś czas, łykając ślinę. Powtórzyć to samo z innymi oliwkami.
- Jeść kawałki świeżej białej rzepy. Porcja: 5–10 kawałków trzy razy dziennie.
- Z rzepy wykroić środek, wlać miód. Odstawić na 4 godziny. Następnie zlać sok do słoika. Przechowywać w lodówce. Dorosłe osoby: 2–3 stołowe łyżki w dzień. Dzieci po 1 łyżeczce od herbaty rano i wieczorem.

APETYT (BRAK APETYTU U DZIECI)

- 3 łyżki stołowe rozdrobnionej słomy owsa na 2 szklanki wrzątku. Porcję podzielić na 4 części i wypić w ciągu dnia.
- 4 łyżeczki owoców maliny nasypać do termosu i odstawić na 2 godziny. Pić ciepłe po 1/2 szklanki 4 razy dziennie.
- 2 łyżeczki soku z selera pić na 30 minut przed jedzeniem 3 razy dziennie.

ARTRETYZM (REUMATYZM)

- Przeprowadzić kurację oczyszczenia kości i stawów. Do 0,5 litra wódki dodać 50 g drobno pokrojonych pączków brzozy. Odstawić na 10 dni w ciemne miejsce. Odcedzić i wycisnąć, przelać do butelki, szczelnie zamknąć. Używać po 1 łyżeczce 3 razy dziennie, popijając wodą.
- 3 cytryny ze skórką i 150 g obranego czosnku przekręcić przez maszynkę do mielenia mięsa, zalać na dobę 0,5 litra prze-

gotowanej wody, przecedzić, odcisnąć masę, przelać do szklanego naczynia ze szczelnym zamknięciem. Pić codziennie rano przed śniadaniem po 50 g.

• Do naczynia wlać 3 szklanki wody, dodać 4 drobno pokrojone cytryny. Gotować tak długo, by została 1 szklanka płynu. Ostudzić i odcedzić, wlać do szklanego naczynia, dodać 1 szklankę miodu, sok z 1 cytryny. Wszystko dobrze wymieszać i przykryć pokrywką. Używać po 1 łyżce przed snem.

• 200 g chrzanu zmielić w maszynce, dodać 200 g żytniej mąki i 2 łyżki terpentyny. Wszystko dobrze wymieszać, włożyć do szklanego naczynia, przykryć pokrywką. Zrobić z mieszanki „placek" i przykładać na bolące miejsce, owinąć szalikiem na 5–8 godzin (najlepiej na noc) (patrz Bóle w stawach, kościach)

ARYTMIA

• 1/2 kg utartych na tarce cytryn zmieszać z 1/2 kg miodu, dodać 20 zmielonych jąder pestek moreli. Wszystko wymieszać i przyjmować rano i wieczorem po 1 łyżce przed posiłkiem.

ASTMA (OSKRZELOWA)

• Podczas nagłego ataku pić kawę jęczmienną, połykać kawałki lodu, gryźć ziarnko kawy.

• Położyć chorego na twardej podłodze i lekko masować ramiona.

• Wspaniale pomagają seanse hipnozy.

• Dopóki nie będą „nastawione" kręgi szyjne i piersiowe, astmy nie da się pozbyć.

• 1 szklankę soku z czarnej rzepy przegotować i pić po ćwierć szklanki 15 minut przed jedzeniem.

• Do 100 g masła śmietankowego dodać 5–8 ząbków wyciśniętego czosnku i szczyptę soli. Stosować smarując na chleb.

Astma u dzieci (stadium początkowe)

- 5 tabletek aspiryny sproszkować, zmieszać z 1 łyżką smalcu. Rozsmarowywać na kawałku materiału i przez 10 dni przykładać na piersi chorego dziecka.

Astma u dorosłych i dzieci

- 40 średnich cebul zalać wrzątkiem i odczekać, aż zmiękną. Odlać wodę, a cebule dusić do miękkości w 1/2 litra oliwy z oliwek. Następnie rozgnieść je na puree. Przyjmować rano na czczo i wieczorem po 1 łyżce.

BEZSENNOŚĆ

- Najlepszym środkiem przeciw bezsenności jest spożywanie dużej ilości warzyw i owoców oraz picie z nich soków.
- Wypić na noc szklankę mleka z 1 łyżeczką miodu.
- Zatkać watką prawe nozdrze i oddychać przez lewe.
- 3 łyżeczki octu jabłkowego zmieszać z 1 łyżką stołową miodu, zjeść popijając mlekiem lub wodą.
- Wąchanie kropli walerianowych. Wdychać kolejno to prawą, to lewą dziurką nosa. Palcem wskazującym lewej ręki przyciskamy lewą dziurkę, do prawej unosimy buteleczkę z kroplami, robimy głęboki wdech przez nos, następnie powolny wydech i tak 3 do 5 razy, po czym w ten sam sposób wdychamy krople przez lewą dziurkę. Krople należy wdychać codziennie przed snem 3–4 miesiące. Już po miesiącu dostrzegalne są efekty tej kuracji.

Bezsenność u dzieci

- Dziecko szczelnie owinąć w płótno nasiąknięte poranną rosą i zostawić na godzinę, dopóki nie wyschnie. Z wierzchu można jeszcze przykryć dziecko kołdrą.

Bezsenność u dorosłych

- Przed snem zjeść 1 łyżkę miodu.

- Zagotować 1/2 filiżanki zielonej herbaty, dodać 2 łyżeczki śmietanki do kawy i 1/2 łyżki miodu, wypić.
- 50 g nasion kopru dodać do 0,5 l czerwonego słodkiego wina, gotować 1–2 minuty. Używać przed snem po 50–60 ml.
- W szklance gotowanej wody rozpuścić 1 łyżkę stołową miodu. Wypić przed snem.
- Spać na poduszce wypchanej sianem lub liśćmi eukaliptusa.

BIEGUNKA

- Kilka razy dziennie pić wywar z mięty.

BIELMO NA OKU

- 1 łyżeczkę soku z cebuli zmieszać z 1 łyżeczką miodu. Zakrapiać na noc po 1 kropli.
- 1 łyżeczkę soku z cebuli zmieszać z 1 łyżeczką mleka. Zakrapiać po 1–2 krople.

BÓLE GŁOWY

Likwidacja bólów głowy bez środków farmakologicznych.
- Włożyć nogi do gorącej wody na głębokość 10 cm. Trzymając nogi w gorącej wodzie wypić szklankę słodkiej, mocnej herbaty (2 łyżeczki cukru lub miodu), albo zaparzyć herbatę z mięty, dodając 2 łyżeczki cukru.
- Jeśli ból głowy spowodowany jest nagromadzeniem w brzuchu gazów, należy zrobić lewatywę wg Walkera, a następnie położyć się na 30–45 min. z poduszką elektryczną na wątrobie.
- Włożyć do obu uszu waciki nasączone świeżym sokiem z buraków lub cebuli.
- Wbić do szklanki świeże jajko, dodać 2–3 krople soku z cytryny i do pełności uzupełnić gotowanym gorącym mlekiem. Rozmieszać i wypić. Napój pić przez 4–7 dni. Bóle powinny ustąpić.

- W ciągu 10–15 minut przyjmować naprzemienne prysznice. Zaczynać od gorącej wody stopniowo od nóg do głowy, następnie woda zimna (chłodna) od nóg do głowy.
- Przed snem wziąć łyżkę stołową cukru i ssać jak cukierek, a następnie popić 1/2 szklanki ciepłej gotowanej wody.
- Wykonać rozluźniający masaż głowy, szyi, pasa barkowego.
- Namoczyć cienkie bawełniane skarpetki w occie (jabłkowym, winnym), na wierzch założyć grube wełniany skarpety, najlepiej 2 pary i owinąć nogi kocem. Stosować codziennie przed snem przez 7 dni pod rząd i spać w skarpetkach.
- Cierpiący na silne bóle migrenowe powinni przez długi czas nosić na szyi korale z bursztynu.
- Pić po pół szklanki podgrzanego świeżego soku z ziemniaków.
- Pić po 1/4 szklanki podgrzanego soku z cebuli.
- Sprawdzić, przez którą dziurkę od nosa łatwiej oddychać. Jeśli na przykład trudno oddychać przez lewą dziurkę, włożyć w prawą wacik lub zatkać ją palcem i oddychać lewą. Po 15–20 minutach ból powinien minąć.
- Cierpiący na bóle migrenowe powinni przeprowadzić oczyszczenie wg proponowanej metodyki. Oczyścić chociaż jelito grube, wątrobę i układ limfatyczny.
- Ćwiczenia na wzmocnienie kręgosłupa – dowolny kompleks. Przede wszystkim zwracać uwagę na kręgi szyjne.
- Poklepać po 100 razy po potylicy na przemian prawą i lewą ręką. Zwykle ból ustępuje.
- Mocno, w ciągu 3–5 minut masować, poszczypując, płatki obu uszu.
- Skroić z cytryny skórkę wielkości 5 złotych, oczyścić z białego miąższu i wilgotną stroną przyłożyć do powiek. Trzymać, przyciskając mocno, 5–7 minut. Miejsce pod skórką zacznie swędzić i troszkę „piec". Następnie ból głowy zniknie.

BÓLE W STAWACH, KOŚCIACH I MIĘŚNIACH

Jeżeli przez szereg lat dokucza Państwu zastarzały ból, proszę spróbować następujących sposobów.

Przy leczeniu ciężkich bólów, zapaleniu korzonków:
• Do chorych miejsc przyczepić liście chrzanu na kilka dni (aż do całkowitego wyleczenia). Liście można codziennie zmieniać.

Służy usunięciu bólów spowodowanych odkładaniem się soli:
• Żytnią mąkę sparzyć wrzątkiem i zmieszać z gotowanymi ziemniakami w proporcji 1:1 (do uzyskania jednolitej masy). Chore miejsce smarować olejem roślinnym i dobrze masować. Z przygotowanej masy zrobić cienki „placek" wielkości chorego miejsca, tak by całkowicie je zakryć. Skórę posmarować terpentyną i położyć „placek" na chore miejsce. Należy ciepło się przykryć i trzymać „placek" najdłużej jak można. Kurację najlepiej robić na noc.

W przypadku odkładania się soli

• 3 cytryny ze skórką i 150 g obranego czosnku przekręcić przez maszynkę do mielenia mięsa, zalać na dobę 0,5 litra przegotowanej wody, przecedzić, odcisnąć masę, przelać do szklanego naczynia ze szczelnym zamknięciem. Pić codziennie rano przed śniadaniem po 50 g.

Leczenie stawów

• 2 szklanki soku z rzodkwi, 1 szklankę miodu, 1/2 szklanki wódki 40%, łyżeczkę soli wymieszać do uzyskania jednolitej masy. Wcierać w chore miejsca.
• 1,5 szklanki soku z rzepy, 1 szklanka miodu, 150 ml wódki, 1 łyżka soli. Wszystko razem dobrze wymieszać. Używać po 1 łyżce stołowej przed snem (przechowywać w lodówce).
• Korzeń i natkę pietruszki zmielić wieczorem w maszynce, by otrzymać 1 szklankę. Włożyć do garnka i zalać 2 szklankami wrzątku, nakryć ręcznikiem. Rano wywar przecedzić i wcisnąć sok z jednej, średniej cytryny. Pić po 1/3 szklanki dwa razy dzien-

nie po jedzeniu przez 2 dni, potem 3 dni przerwy i znowu – aż do zniknięcia bólu.

• 0,5 litra spirytusu, 5 strączków papryki czuszki (długości 6–8 cm). Strączki papryki zmielić w maszynce do kawy. Wsypać do słoiczka, zalać spirytusem, przykryć pokrywką i postawić w ciemnym miejscu na tydzień. Nasączyć gazę nalewką i położyć kompres na bolące miejsca na 3–4 godziny. Po 7–10 zabiegach znikają wszystkie, nawet zastarzałe bóle.

• 50 g kamfory, 50 g gorczycy, 10 g spirytusu, 100 g surowego białka z jajka. Nalać spirytus i kamforę do słoiczka. Następnie wsypać gorczycę i wymieszać, dodać białko. Wszystko dobrze wymieszać, żeby powstała maść. Trzymać w lodówce, przed zastosowaniem lekko podgrzać. Smarować bolące stawy i mięśnie wieczorem, przed snem. Maści nie należy wcierać do całkowitego wchłonięcia, ale tak, by powstał ochronny filtr. Po 20 minutach wytrzeć gazą zmoczoną w ciepłej wodzie.

Leczenie otróg

• Kurze jajko, 25 g esencji octowej i 25 g terpentyny dobrze zmieszać i odstawić na 10 dni w zamkniętym szklanym naczyniu do odstania, od czasu do czasu zamieszać. Chore miejsca smarować mieszanką kilka razy dziennie.

Leczenie reumatyzmu

• Do litrowego słoika wsypać drobno pokrojone kawałki koszyczka słonecznika, 50 g wiórków mydła toaletowego, wlać 500 ml wódki 40%, dobrze wymieszać, szczelnie zamknąć i zostawić na 8–9 dni na świetle słonecznym do odstania. Po otwarciu dobrze wymieszać, przecedzić, odcisnąć masę, przelać do szklanego naczynia ze szczelną przykrywką. Nacierać chore miejsca.

Reumatyzm

• Rzepę zetrzeć na tarce, wycisnąć 1 i 1/2 szklanki soku, dodać 1 szklankę miodu, 1/2 szklanki wódki, 1 stołową łyżkę soli. Wszystko dobrze wymieszać, włożyć do słoika, szczelnie zamknąć. Przechowywać w chłodnym miejscu. Wcierać w bolące miejsca.

Osteoporoza

• Wieczorem 2 łyżki ryżu zalać 0,5 l wrzątku. Rano wodę zlać i ugotować ryż. Ryż jeść na czczo bez soli 1–2 godziny przed właściwym posiłkiem. Kuracja trwa 40 dni. Po kilku miesiącach powtórzyć.

• 3 cytryny ze skórką, 150 g oczyszczonego czosnku zmielić w maszynce. Wszystko włożyć do litrowego słoika, dodać 0,5 litra chłodnej, przegotowanej wody. Odstawić na 24 godziny, przecedzić i wycisnąć. Dobrze zamknąć słoik, przechowywać w ciemnym miejscu. Pić codziennie rano 50 ml.

Reumatyzm, artretyzm

• Do naczynia wlać 3 szklanki wody, dodać 4 drobno pokrojone cytryny. Gotować tak długo, by została 1 szklanka płynu. Ostudzić i odcedzić, wlać do szklanego naczynia, dodać 1 szklankę miodu, sok z 1 cytryny. Wszystko dobrze wymieszać i przykryć pokrywką. Używać po 1 łyżce przed snem.

• 200 g chrzanu zmielić w maszynce, dodać 200 g żytniej mąki i 2 łyżki terpentyny. Wszystko dobrze wymieszać, włożyć do szklanego naczynia, przykryć pokrywką. Zrobić z mieszanki „placek" i przykładać na bolące miejsce, owinąć szalikiem na 5–8 godzin (najlepiej na noc),

• Do 0,5 litra wódki dodać 50 g drobno pokrojonych pączków brzozy. Odstawić na 10 dni w ciemne miejsce. Odcedzić i wycisnąć, przelać do butelki, szczelnie zakryć. Używać po 1 łyżeczce 3 razy dziennie, popijając wodą.

• Oczyszczenie kości i stawów ze złogów szkodliwych kwasów:

Oczyszczanie stawów należy przeprowadzać przez 3 kolejne dni. Będzie do tego potrzebne 15 g liścia laurowego. Podczas kuracji, w miarę wydalania soli i piasku, mocz może zmienić barwę z zielonkawego na jasnoczerwony. Jest to normalne zjawisko. Po 7 dniach kurację powtórzyć.

1 dzień: 5 g liścia laurowego drobno pokruszyć, wrzucić do 300 ml wrzątku, gotować na małym ogniu 5 minut, następnie wywar wlać do termosu i odstawić na 5 godzin. Płyn przecedzić, przelać do naczynia i pić małymi łyczkami co 15–20 minut w ciągu 12 godzin. **Uwaga!** Nie wolno wypić od razu całego naparu, gdyż można spowodować krwotok!

2 i 3 dzień: tak samo jak w pierwszym dniu. W trakcie kuracji najlepiej nie spożywać produktów białkowych (mięso, jaja, mleko, ser, twaróg itp.).

BRONCHIT (ZAPALENIE OSKRZELI)

• Chory mający kaszel nie powinien pić kawy ani herbaty, ponieważ podrażniają one drogi oddechowe. Najlepiej kilka razy dziennie pić mleko z dodatkiem miodu i szczyptą sodki lub napary z ziół do 1,5–2 l. Miód przed spożyciem lepiej przegotować, ponieważ nie gotowany miód wzmaga kaszel.

W przypadku ostrego bronchitu

• 1 szklankę świeżo przygotowanego soku z marchwi zmieszać z 2 łyżkami stołowymi przegotowanego miodu. Stosować po 2 łyżki stołowe 5–6 razy dziennie.

• Szklankę świeżo przygotowanego soku z kapusty zmieszać z 2 łyżkami przegotowanego miodu. Pić po 1 łyżce stołowej 4 razy dziennie.

• 1 łyżkę stołową kwiatu lipy zaparzyć 1 szklanką wrzątku, dodać 1 łyżkę stołową miodu, nakryć, odstawić na 1 godzinę, po czym odcedzić i wypić. W ciągu dnia wypić 3–4 szklanki.

Środki wykrztuśne przy bronchicie przewlekłym
(zapalenie oskrzeli, chrypka, utrata głosu)

• Zagotować 1,5 l wody, do wrzątku wsypać 400 g otrąb, gotować na małym ogniu 5 minut. Następnie ostudzić, odcedzić i pić w ciągu dnia. Wskazane jest nie pić innych płynów. W celu poprawy smaku można dodać odrobinę cukru.

• Zmieszać 2 łyżki stołowe przegotowanego gorącego mleka z dwiema łyżkami koniaku. Przyjmować na 1/2 godziny przed jedzeniem 3 razy dziennie. Po wypiciu mieszanki nie należy ochładzać organizmu i wychodzić na dwór. Przyjmować aż do całkowitego wyleczenia.

• Gotować na wolnym ogniu w ciągu 10 min. 1 cytrynę. Stanie się miękka i będzie można wycisnąć z niej więcej soku. Przekroić cytrynę na połówki i wycisnąć sok do szklanki. Dodać 2 łyżki stołowe gliceryny, dokładnie rozmieszać i uzupełnić miodem aż do całkowitego wypełnienia szklanki.

• Rzadki kaszel – przyjmować po 1 łyżeczce od herbaty przed snem i jeszcze jedną w nocy. Kaszel silny – przyjmować po 1 łyżeczce od herbaty przed jedzeniem lub na noc po kolacji. Nocny kaszel – przyjmować 1 łyżeczkę od herbaty przed snem, jedną łyżeczkę w nocy. W miarę zmniejszania się kaszlu ograniczać przyjmowanie mieszanki.

• 1 łyżka stołowa konfitury z malin, 1 łyżka stołowa miodu, 1 łyżka stołowa wódki lub koniaku, 1/2 cytryny. Wszystkie składniki włożyć do szklanki, wycisnąć do nich sok z 1/2 cytryny, uzupełnić wrzątkiem. Pić małymi łyczkami przed snem.

• Sok z jednej cytryny zmieszać ze 100 g miodu. Przyjmować po 1 łyżce stołowej 3 razy dziennie.

• Po 100 g kwiatu lipy i suchych malin sparzyć wrzątkiem w ilości 1 l, odstawić do zaparzenia, przecedzić. Podgrzany płyn pić po 200 g przed snem przez 2–3 dni.

• Po 1/2 szklanki soku z rzodkiewki i chrzanu oraz tyle samo miodu dobrze rozmieszać, zaparzać 3–4 godziny. Przyjmować trzy razy dziennie w godzinę po posiłku, dorośli – po 2–3 łyżki stołowe, dzieci – po 1 łyżeczce od herbaty.

• 50 g startej cebuli, 20 g octu, 60 g miodu. Startą cebulę zalać octem, odcisnąć przez gazę, do płynu dodać miód i dobrze wymieszać. Co pół godziny podawać choremu po 1 łyżeczce od herbaty.

• Zmieszać 30 g miodu i 70 g wody. Gorącym płynem przeprowadzać inhalacje.

- 100 g startej cebuli posypać 100 g cukru-kryształu, odstawić by trochę postało. Powstały sok pić po 2 łyżeczki od herbaty 3 razy dziennie.
- Czosnek zmiażdżyć i zmieszać w proporcji 1:1 z miodem. Przyjmować po 1 łyżce od herbaty 3 razy dziennie lub po łyżce stołowej przed snem. Popijać ciepłą wodą.
- Ugotować ziemniaki „w mundurkach", część wody odlać, ziemniaki gotować z koprem. Do gorących ziemniaków dodać 2 łyżki stołowe oleju roślinnego i 1/2 łyżeczki od herbaty sody oczyszczonej, dobrze podgrzać na ogniu. Stosowanie: narzucić na głowę flanelowy koc (zrobić duży kaptur), nachylić się nad naczyniem z gorącymi ziemniakami i ustami wdychać gorącą parę. Leczenie można przeprowadzać kilka razy dziennie, aż do całkowitego wyzdrowienia. Podczas inhalacji chory silnie się poci. Nie wolno wychodzić na dwór, nie schładzać organizmu.
- 200 g masła śmietankowego niesolonego, 200 g smalcu, 200 g miodu, 200 g kakao w proszku, 15 szt. świeżych żółtek jajecznych. Wszystko dobrze zamieszać, zagotować na małym ogniu, ostudzić. Przyjmować po 1 łyżeczce od herbaty na 1/4 szklanki gorącego mleka 3 razy dziennie. Pić bardzo małymi łyczkami. Poprawa następuje po 5–7 dniach.
- Zmieszać 2 łyżki stołowe przegotowanego gorącego mleka z dwiema łyżkami koniaku. Przyjmować na 1/2 godziny przed jedzeniem 3 razy dziennie. Po wypiciu mieszanki nie należy ochładzać organizmu i wychodzić na dwór. Przyjmować aż do całkowitego wyleczenia.
- Do 1/2 szklanki miodu nalać 1/2 szklanki portweinu i dobrze rozmieszać. Obrać i rozgnieść 10–15 g czosnku. Przygotować 10–20 ml nafty. Przed snem dobrze natrzeć stopy rozgniecionym czosnkiem i założyć wełniane skarpety. Natrzeć klatkę piersiową naftą, założyć ciepłą bieliznę i wypić szklankę portweinu z miodem. •
    W 1 butelce piwa rozpuścić łyżkę miodu, gotować 5 minut. Podczas kaszlu pić ciepłe piwo z miodem po 1–2 szklanki.

• Wymyć rzodkiewkę, wyciąć w niej zagłębienia (rzodkiewki powinno być nie mniej, niż 1–3 łyżki stołowe), do zagłębień nasypać 1 łyżkę stołową cukru-kryształu i odstawić na co najmniej 40 minut. Pić sok z rzodkiewki po 1 łyżeczce od herbaty trzy razy dziennie.

CUKRZYCA

• Obrać cebulę z twardej łuski, zetrzeć na drobnej tarce, odcisnąć sok, przelać go do słoika. Na 100 g soku z cebuli włożyć 100 g miodu, dobrze rozmieszać, szczelnie przykryć wieczkiem. Przechowywać w ciemnym chłodnym miejscu. Przyjmować po 2 łyżeczki od herbaty 3 razy dziennie przed jedzeniem przez 1 miesiąc.

• Niedojrzałe orzechy włoskie (zerwane przed 7 czerwca) rozdrobnić i zalać wrzątkiem w proporcji 10 g orzechów na szklankę wrzątku, wlać do emaliowanego czajnika, zakryć pokrywką, *zaparzać* 15 minut. Pić ciepłe jak herbatę.

• 100 g ziaren dojrzałego owsa umieścić w naczyniu emaliowanym, zalać 600 ml (3 szklankami) wrzątku, przykryć pokrywką i podgrzewać mieszając przez 15 minut. Następnie ochładzać przez 45 minut w temperaturze pokojowej. Chłodny napar przelać do szklanego naczynia, przecedzić, odcisnąć ziarna, dolać przegotowanej wody do 600 ml, zakorkować. Przechowywać w chłodnym miejscu nie dłużej niż 2 doby. Przyjmować ciepłe po 1/2 szklanki 3–4 razy dziennie przed jedzeniem. Kuracja trwa 3 miesiące.

• 10 sztuk średniej wielkości liści laurowych włożyć do naczynia szklanego lub emaliowanego, zalać 600 ml (3 szklankami) wrzątku, przykryć pokrywką i odstawić do naciągnięcia na 2–3 godziny. Przyjmować po 1/2 szklanki 3 razy dziennie. Kuracja trwa 2 tygodnie, następnie trzeba zrobić miesięczną przerwę. Potem kurację powtórzyć.

• 60 g świeżych liści batatu, które czasem są nazywane liśćmi białego lub czerwonego ziemniaka (lub 30 g wysuszonych liści) i 100 g skórki świeżej białej dyni (lub 12 g suchej skórki) należy drobno pokroić i ugotować. Pić otrzymany płyn jak herbatę o każdej porze dnia.

• Włożyć 15 g suszonych śliwek do wrzącej wody. Po przygotowaniu należy pić napój jak herbatę.

• Gotować 50 g strączków grochu przez 20 minut. Pić zupę i jeść groszki. Lekarstwo stosować raz dziennie.

• Kasza z żołądka prosięcia. Gotować 500 g żołądka prosięcia do półmiękkości. Pokroić na małe kawałki. Ze 100 g pokrojonego żołądka prosięcia, i 100 g ryżu ugotować zupę. Do zupy dodać cebulę, imbir i czosnek. Po 2 tygodniach można podawać po 1 łyżce stołowej 3 razy dziennie 20 minut przed jedzeniem. W tym samym czasie podawać do picia po 1/2 łyżeczki od herbaty zmielone skorupki jajka z 1 łyżką stołową soku z cytryny.

CZYRAK

• Zagnieść nieduży kawałek ciasta z mąki, świeżego mleka i świeżego masła i przyłożyć na noc na bolące miejsce. Taki „kompres" wyciąga całkowicie „żądło" czyraka.

EGZEMA

• Po kąpieli natrzeć chore miejsca mieszanką z oleju słonecznikowego i octu w równych ilościach.

GLISTY (PASOŻYTY JELITOWE)

• Jedną cebulę rozdrobnić (pokroić), zalać 1 szklanką wrzątku, odstawić na 12 godzin. Następnie przecedzić. Pić po 1/2 szklanki dziennie przez 5–7 dni.

• Zjeść na czczo 200 g pestek dyni.

• W szklance mleka na maleńkim ogniu zagotować 10 oczyszczonych ząbków czosnku. Poczekać aż mleko ostygnie, przecedzić i wypić. Pół godziny po wypiciu mleka użyć środek przeczyszczający. Po 3 godzinach zrobić lewatywę z 200 ml ciepłej wody.

• Pić sok z surowej marchwi do 0,5 l dziennie.

• 200 ml buteleczkę napełnić do połowy drobno pokrojoną cebulą, uzupełnić do pełności wódką. Odstawić w ciepłe, ciemne miejsce na 12–14 dni. Odcedzić. Używać po 1 łyżce stołowej 3 razy dziennie przed jedzeniem.

• Efektywnym, nieszkodliwym sposobem pozbycia się pasożytów, szczególnie u dzieci, jest sok z dyni. Pić na czczo po 1 szklance soku wyciśniętego z miąższu, po uprzednim usunięciu skóry.

GRONKOWIEC ZŁOCISTY

• Należy zapalić kilka brzozowych polan (najlepiej zmoczonych przez deszcz) i posiedzieć przy takim ognisku. Chodzi o to, by dym przeniknął do dróg oddechowych, dostał się do oczu. Proszę wytrzymać, jeśli dym będzie szczypał, wgryzał się w oczy. Gdy oczy zaczną swędzić, można przetrzeć je rękoma, którymi przerzucali Państwo drwa przy ognisku. Już następnego dnia po brzozowym ognisku gronkowiec powinien przestać Państwa niepokoić, ale jeśli nie zniknął całkiem, należy zabieg powtórzyć.

GRYPA

Najlepszymi antybiotykami z apteki natury są: cebula, czosnek, cytryna, grapefruit.

Przy zachorowaniu na grypę można wykorzystać każdy z przepisów, w skład których wchodzą: czosnek, cebula, rzepa, pietruszka, cytryna, grapefruit, liście malin. Podstawową strategią w walce z grypą jest spożywanie większej ilości świeżo przygotowanych soków i „odżywek" z zawartością czosnku i cebuli. Należy mniej jeść, więcej pić i ruszać się, a co najważniejsze – dobrze się wypocić. Od razu po zachorowaniu należy oczyścić jelito grube przy pomocy irygatora, wodą z sokiem z cytryny (1–1,5 l + sok z 1 cytryny). Można zastosować lewatywę czosnkową (3–4 ząbki czosnku zalać szklankę wrzątku, odcedzić). Lewatywy robić na zmianę przez 7 dni.

Uwaga! Jako środek profilaktyczny przeciw epidemii grypy należy codziennie od października do kwietnia stosować „odżywkę" przeciwgrypową. Oto przepis na jej przygotowanie: 2 cytryny zetrzeć na tarce, usuwając uprzednio pestki, rozdrobnić 4 główki obranego czosnku, wszystko wymieszać i zalać 1,5 l gotowanej wody. Odstawić na 3 dni w ciemne miejsce o temperaturze pokojowej. Potem roztwór odcedzić i trzymać w lodówce. Spożywać po 1 łyżce stołowej na czczo i wieczorem przed snem (dzieci po 1 łyżeczce od herbaty).

Prawdopodobieństwo zachorowania na grypę będzie bardzo małe, jeśli kuracja będzie przeprowadzona dokładnie.

• W czasie epidemii grypy należy wykonać płukanie nosa następującym roztworem: na 1/2 szklanki ciepłej wody wziąć 1/4 łyżeczki od herbaty soli, 1/4 łyżeczki od herbaty sody, wszystko wymieszać i dodać 5 kropel jodyny. Roztwór wciągać na przemian do jednej i do drugiej dziurki nosa (patrz Oczyszczanie nosa).

Podczas epidemii grypy w celach profilaktycznych można stosować nalewkę czosnkową:

• Drobno posiekać 2–3 ząbki czosnku, zalać 30–50 ml wrzątku, odczekać 1–2 godziny i przecedzić. Wkrapiać do nosa po 2–3 krople do każdego otworu nosowego 1–2 razy dziennie. Nalewkę należy przygotować na 2 dni.

• Żeby nie zarazić domowników, zaleca się powiesić na szyję woreczek z gazy z drobno posiekanym czosnkiem. Żeby nie zachorowały małe dzieci należy przywiązać taki woreczek z czosnkiem do łóżeczka, lub postawić obok spodeczek z posiekanym czosnkiem.

• W celach profilaktycznych rano można pożuć liść eukaliptusa, a przy kontakcie z chorym na grypę część liścia trzymać w ustach (między policzkiem, a dziąsłem). Wieczorem należy płukać gardło świeżym sokiem z surowego buraka.

Jeśli nie udało się Państwu uniknąć infekcji i zachorowaliście, proszę skorzystać z następujących porad:

• Najczęściej jak można pijcie gorącą herbatę z cytryną lub malinowymi konfiturami, a także ciepłe mleko z miodem (1 łyżka stołowa na 1 szklankę).

• Przemywajcie co godzinę jamę nosową i gardło nalewką cebuli z miodem (1:1). Roztwór należy wciągnąć nosem, a wydalać ustami.

• Wdychajcie opary esencji rumiankowej (z rumianku aptecznego).

• Wkładajcie do nosa tampony z waty, zmoczone świeżym sokiem z cebuli, na 10–15 minut 3–4 razy dziennie.

• Wyciśnijcie sok z cebuli, nalejcie go na spodek i wdychajcie nosem po 2–3 minuty 3 razy dziennie.

• Zetrzyjcie na drobnej tarce czosnek, rozmieszajcie go z taką samą ilością miodu (najlepiej lipowego) i zażywajcie przed snem po 1 łyżce stołowej, popijając ciepłą wodą.

• Zetrzyjcie na tarce cebulę, zalejcie 0,5 l doprowadzonego do wrzenia mleka, odstawcie w ciepłe miejsce; połowę nalewki wypijcie na noc, a połowę rano, też w postaci gorącej.

• 2 łyżki stołowe wysuszonych (lub 100 g świeżych) malin zalać szklanką wrzątku. Odstawić na 10–15 minut, dodać 1 łyżkę stołową miodu, rozmieszać. Należy stosować ciepłe jako środek napotny przed snem.

• Równą ilość kwiatów lipy i owoców malin zalać wrzątkiem, kierując się zasadą, że 1 łyżka stołowa mieszanki przypada na 1 szklankę wody. Zawinąć, by nalewka nie traciła ciepła, odstawić na 1 godzinę, przecedzić. Należy pić po 1/2 szklanki 3–4 razy dziennie.

• Szczyptę mieszanki, składającej się z równych ilości liści czarnej porzeczki i kwiatów lipy, zalać 0,5 l wrzątku i gotować przez 5 minut. Zdjąć z ognia, otulić, by nalewka nie traciła ciepła, odstawić na 30 minut. Przecedzić, pić po 1 szklance w stanie ciepłym jak herbatę, 3–4 razy dziennie.

GRZYBICA

Grzybica paznokci rąk i nóg

• Zagotować mocną kawę (nie wyrzucać fusów), poczekać aż ostygnie i kilkakrotnie moczyć w kawie ręce lub stopy.

Grzybica palców stóp

• 1. Starannie umyć nogi i zanurzyć w occie winnym. Na noc założyć skarpetki nasączone octem winnym.

• 2. Utłuc w moździerzu miętę z solą. Umieścić między palcami na około godzinę. Powtórzyć zabieg kilkakrotnie, a grzybica zniknie.

HALLUKSY

• Zmieszać jodynę z amoniakiem w proporcji 1:1. Mieszankę nanosić na halluksy cienką warstwą wieczorem przez 2 tygodnie, następnie zrobić 2 tygodnie przerwy i ponowić kurację. Smarować do całkowitego zniknięcia.

HEMOROIDY

Hemoroidy (żylaki dolnej części jelita grubego) spowodowane są przez spożywanie zbyt dużych ilości chleba, kasz, słodyczy i nawyk jedzenia małych porcji (kanapki) popijanych płynem, stresujący tryb życia, dysbaktriozę, zanieczyszczenie wątroby i krwi. Czasem mogą pojawić się z powodu przeziębienia odbytu. U kobiet powstają często w następstwie porodu, w wyniku przesunięcia kręgów lędźwiowych.

Usunięcie hemoroidów przez operacje chirurgiczną jest rozwiązaniem korzystnym dla wszystkich, oprócz pacjenta. Z reguły po upływie jakiegoś czasu hemoroidy powracają, jeżeli powyższe przyczyny nie zostały zlikwidowane.

Przedstawione przepisy, chociaż skuteczne, są – niestety – tylko walką ze skutkami.

- Z surowego ziemniaka wyciąć „świecę" wielkości małego palca i wkładać ją na noc do odbytu. Stosować co drugi dzień przez 2 tygodnie.

- Po wypróżnieniu zamiast papieru toaletowego stosować podmywanie odbytu naprzemiennie ciepłą i zimną wodą po 5 razy. Później delikatnie osuszyć miękkim ręcznikiem.

- Do naczynia odpowiedniego do nasiadówki (nocnik, plastikowe wiaderko) wsypać 2 łyżki machorki i zalać 1 litrem wrzątku. Naczynie przykryć i odstawić na 20 minut. Kiedy para unosząca się z naczynia nie jest zbyt gorąca, należy usiąść i zrobić nasiadówkę (3–5 minut).

- Pić następujące mieszanki soków (15 minut przed jedzeniem). Przepis na jedną porcję:

  a. 50 g marchwi + 40 g selera + 20 g pietruszki + 30 g szpinaku.

  b. Sok ze świeżej jarzębiny (pić przez dłuższy czas). W 50 g soku rozpuścić 1 łyżkę cukru, wymieszać, wypić. Popić szklanką ciepłej gotowanej wody. Przyjmować 3 razy dziennie na 15 minut przed posiłkiem.

  c. 90 g marchwi + 60 g szpinaku.

- 4 obrane cebule gotować w 1/2 litra mleka na wolnym ogniu tak długo, aż cebula zrobi się miękka. Odstawić do ostygnięcia i zrobić nasiadówkę.

- Przez 3 tygodnie, codziennie wieczorem przed snem, siadać na 5 minut w misce napełnionej niezbyt chłodną wodą. **Uwaga!** Kurację robić codziennie przez 21 dni, a jeżeli z jakiś przyczyn nastąpi przerwa, należy odczekać 1–2 tygodnie i rozpocząć kurację od nowa.

- Przygotować metalowe wiaderko. Wyciąć z drewna przykrywkę z otworem w środku o średnicy 2–3 cm. Rozgrzać cegłę lub kamień i położyć na dnie wiaderka. Na gorący kamień nasypać drobno pokrojone 3–5 ząbków czosnku, aby zaczęły dymić, po czym nakryć drewnianą przykrywką z otworem i przyjąć kąpiel dymną.

- Przygotować starą skórzaną rękawiczkę. Do jednego palca nalać wody i włożyć do zamrażalnika, aby woda w tym pokrowcu ze skóry zamarzła (dla wygody palec z wodą można włożyć do kieliszka). Kiedy woda zamarznie słupek lodu w skórzanej rękawiczce wprowadzić do odbytu. Zabieg można zakończyć kiedy lód roztopi się (jeżeli uczucie zimna jest zbyt nieprzyjemne, potrzymać „świeczkę" lodową chociaż 1–2 minuty).

• Aby uwolnić się od hemoroidów raz na zawsze, należy latem, przez miesiąc, zastosować ścisłą dietę, składającą się z warzyw i owoców. Oprócz tego codziennie trzeba pić koktajle z soków według przepisu 4a lub 4b. Nie jeść mięsa, białego pieczywa, produktów mlecznych, niczego gotowanego, smażonego, pieczonego. Nie wolno pić kawy, kakao, czekolady, napojów alkoholowych. Zamiast chleba można jeść włoskie orzechy, zamiast normalnej, pić kawę jęczmienną lub zbożową. Można pić również herbatę z liści malin, porzeczek. Każdy powinien być świadom tego, że hemoroidy to jeden ze szczebli drabiny, prowadzącej do raka jelita grubego.

Leczenie zewnętrzne. Nasiadówki

• Nasiadówka parowa

Zrobić oczyszczającą lewatywę (patrz Oczyszczenie s. 276). Wziąć naczynie o pojemności 5 l (najlepiej plastikowe wiaderko), nalać do niego wrzątku, zamknąć drewnianą pokrywką, w której zrobić otwór 5–8 cm i usiąść. Stosować raz w tygodniu (do wrzątku można włożyć 1 torebkę miętowej lub rumiankowej herbaty).

• Parowa nasiadówka cebulowa

Do garnka nalać 1 l mleka i wrzucić 6 obranych cebul. Gotować na wolnym ogniu 30 minut. Następnie wylać do wiaderka i stosować jak w powyższym przepisie.

Silne krwawienie i pękanie guzów krwawniczych

• 50 g masła śmietankowego zmieszać z 1 łyżką kakao. Nanieść maść na cienką tkaninę i przykładać na „guzy" dopóki nie pękną i nie zagoją się.

• 1 łyżką stołową liści poziomek zaparzyć szklanką wrzątku, odstawić na 30 min., odcedzić. Stosować do obmywania przy krwawiących i zaognionych „guzach".

IMPOTENCJA

Każdy mężczyzna chce być jak najdłużej „męski", a w tym celu nie jest obowiązkowe uciekanie się do pomocy viagry. Umiarkowana waga, trochę ruchu i miłość do partnerki już są gwarancją męskiej siły. Jeśli jednak pojawią się problemy, to zalecam stary, wypróbowany sposób górali kaukaskich:

• woreczek foliowy napełnić lodem (700 g lodu) i zawinąć go w cienki ręcznik. Następnie trzymać ten kompres u podstawy mózgu przez 1 minutę, potem przyłożyć w okolicę serca (na odległość złożonych 3 palców od sutka) na 1 minutę, potem na 1 minutę do moszny. Następnie lód włożyć znów do lodówki. W ciągu doby powtarzać ten zabieg 5–7 razy.

• 50 g orzechów włoskich dobrze przesmażyć na oleju roślinnym. Następnie przesmażyć trochę cebuli do momentu, aż w 80% będzie gotowa. Zmieszać te dwa produkty, dodać trochę soli. Stosować według potrzeby.

KLIMAKTERIUM (OKRES PRZEKWITANIA)

Aby opóźnić nadejście klimakterium u kobiet trzeba, zaczynając od 40 lat, od czasu do czasu stosować następującą kurację:

• 200 g białego wina podgrzewać na małym ogniu i doprowadzić do wrzenia. Natychmiast po zagotowaniu dodać 1 oczyszczoną główkę czosnku (10–12 ząbków) i gotować 30 sekund. Otrzymany płyn ostudzić i wlać razem z czosnkiem do butelki z ciemnego szkła. Przechowywać w ciemnym miejscu o temperaturze pokojowej.

• Pić po 1 łyżce stołowej 3 razy dziennie 20 minut przed jedzeniem w ciągu 3 dni, rozpoczynając od nowiu księżyca na początku każdej dekady miesiąca (1, 2, 3; 11,12,13; 21, 22,23). Ta kuracja przywraca zdolność rodzenia dzieci, poprawia cerę i ogólne samopoczucie.

• Żeby zatrzymać krwawienie oraz złagodzić nieprzyjemne „niespodzianki" klimakterium, proponuję następujący przepis:

Obrać skórkę z 10 pomarańcz i wrzucić do 2 l wrzątku, gotować tak długo na małym ogniu pod przykryciem, aż pozostanie 0,7 l. Otrzymany roztwór przecedzić dwukrotnie, do smaku dodać cukier lub miód (niedużą ilość). Przelać do butelki i trzymać w lodówce. Pić po 1 łyżce stołowej 3–4 razy dziennie.

ŁYSIENIE

• Przygotować roztwór z 1 litra ciepłej wody i 2 stołowych łyżek soli, namoczyć w nim ręcznik, lekko wykręcić i nacierać łysiejące miejsca na głowie. Szczególną uwagę należy zwrócić na te miejsca, gdzie włosy jeszcze nie wypadły. Celem masażu jest stopniowe przywrócenie właściwego krążenia w sieci naczyń włosowatych skóry głowy po to, aby zregenerować cebulki. Proszę jednak nie oczekiwać natychmiastowych rezultatów. Proces łysienia trwa latami, przywrócenie włosów zajmie nie mniej czasu, ale jeśli będziecie cierpliwi, włosy mogą odrosnąć. Od momentu rozpoczęcia masaży do pojawienia się pierwszych nowych włosów mijają 3–4 miesiące.

• 100 g liści pokrzywy (najlepiej majowej) zalać 500 ml wrzątku, odstawić na 30 minut. Następnie przecedzić, w otrzymanym roztworze zamoczyć ręcznik i nacierać nim głowę.

• Raz na tydzień wcierać w skórę głowy zwykłą sól przez 10–12 minut, po czym nie myć głowy przez godzinę. Spłukać włosy czystą wodą i pomasować.

• Zmieszać po jednej łyżeczce koniaku, oleju kukurydzianego i kefiru. Dobrze wymieszać i wetrzeć we włosy. Założyć na głowę worek foliowy, a na niego wełnianą czapkę lub chustkę. Trzymać 15–20 minut, po czym dokładnie spłukać głowę i pomasować.

• Słój o pojemności 1 litra napełnić do połowy utartymi na tarce czerwonymi burakami. Dopełnić przegotowaną wodą w takiej samej objętości. Zakryć słoik przykrywką i postawić w ciepłym miejscu na 5 dni, żeby fermentował. Następnie przecedzić i wcierać w skórę głowy codziennie, aż do wyczerpania. Po dwóch miesiącach kurację powtórzyć.

MIAŻDŻYCA TĘTNIC

• Pić na czczo po 1/2 szklanki soku z surowych ziemniaków w ciągu 14 dni.

• Kuracja z cytryny.

• Oczyszczenie wątroby.

• Zjadać 1 grapefruit rano na czczo i wieczorem, 2 godziny po ostatnim posiłku.

• 1 łyżkę stołową oliwy z oliwek zmieszać z sokiem z 1/2 grapefruita. Pić 1 miesiąc, potem 1 miesiąc przerwy.

• 100 g włoskich orzechów, 100 g rodzynek, 100 g miodu, 100 g fig przepuścić przez maszynkę do mięsa, wymieszać. Używać po 1 łyżce 2 razy dziennie, można smarować na chleb.

• W ciągu dnia wypijać 2–3 filiżanki zielonej herbaty. Przeprowadzić kurację oczyszczenia wątroby.

• Przeprowadzić kurację oczyszczenia układu limfatycznego.

• Przeprowadzić kurację oczyszczenia krwi.

• Kompleks ćwiczeń Niszi.

• Naprzemienny prysznic.

• Wyszorować 250 g chrzanu, zetrzeć na tarce, zalać 3 l wrzątku, gotować 20 minut. Przecedzić. Pić po 1/2 szklanki 3 razy dziennie.

• Wycisnąć 50 g czosnku i zalać 1 szklanką wódki. Odstawić w ciepłe miejsce na 3 doby. Stosować 3 razy dziennie po 8 kropel, zapijając łykiem zimnej wody.

• Pić sok z dyni po 1/3 szklanki 3 razy dziennie.

• Pić sok z arbuza po 1 szklance 3 razy dziennie.

• Pić sok z buraków po 1/3 szklanki 3 razy dziennie 15 minut przed jedzeniem.

MIESIĄCZKA

Długotrwały krwotok u kobiet
• 6 białek świeżych jaj dobrze rozmieszać z 1/2 łyżeczki od herbaty kwasu cytrynowego i wypić. W razie potrzeby powtórzyć.

MIĘŚNIAK MACICY

• Przez 15 dni chora powinna pić 3 razy dziennie po 1/2 szklanki wywaru z siemienia lnianego.

MIĘŚNIAK. WŁÓKNIAKOMIĘŚNIAK

• Do słoika o objętości 1/2 l wsypać przegródki orzechów włoskich do 3/4 objętości słoika, z wierzchu do pełności zalać wódką. Przez 30 dni trzymać w temperaturze pokojowej. Pić po 20 g rano i wieczorem.

• Aloesu (przynajmniej 3-letniego) nie podlewać przez 5 dni. Następnie obciąć z niego 375 g liści, które po odcięciu kolców zmielić w maszynce do mięsa. Potem dodać 625 g miodu i 675 ml czerwonego słodkiego wina. Wszystko to wymieszać i na 5 dni odstawić w ciemne, chłodne miejsce. Pić przez pierwsze 7 dni po 1 łyżeczce od herbaty 3 razy dziennie 40 min. przed jedzeniem. Okres stosowania nalewki – 30 dni.

NADCIŚNIENIE

W celu likwidacji choroby niezbędne jest oczyszczenie wątroby, układu krwionośnego (patrz Oczyszczenie organizmu). Należy ograniczyć spożywanie tłustych i mącznych potraw. Spożywać więcej produktów z wysoką zawartością witaminy C i dużo się ruszać.

• 1/2 szklanki startych surowych buraków zmieszać z 1/2 szklanki miodu kwiatowego. Przechowywać w lodówce lub w suchym, ciemnym, chłodnym miejscu. Stosować po 1 łyżce stołowej 3 razy dziennie 30 min. przed jedzeniem przez 3 miesiące.

• 2 szklanki soku z buraków, 250 g miodu, 1 cytryna, 1,5 szklanki soku z czarnej porzeczki, 1 szklanka wódki. Przyjmować po 1 łyżce stołowej 3 razy dziennie 1 godz. przed jedzeniem.

• Wycisnąć sok z 3 kg cebuli, zmieszać z 500 g miodu, dodać 25 przegródek orzecha włoskiego i zalać to 0,5 l wódki. Odstawić w ciemne miejsce na 10 dni. Używać po 1 łyżce stołowej 3 razy dziennie.

• Do filiżanki o objętości 250 ml wsypać łyżkę mąki kukurydzianej i zalać wrzątkiem. Odstawić na noc. Rano wodę wypić, starając się nie zmącić osadu na dnie naczynia.

• W ciemną butelkę 0,73 l wlać 0,5 l wódki. Dodać 200 g zmielonego czosnku, zakryć korkiem. Postawić w ciemnym miejscu na 6–8 dni. Następnie przecedzić, przechowywać w chłodnym miejscu. Pić po 1 łyżce stołowej 3 razy dziennie przed jedzeniem.

Obniżenie nadciśnienia

• Z 1 kg orzechów włoskich wziąć środkowe przegródki, włożyć do naczynia szklanego, zalać 0,5 l wódki. Odstawić do uzyskania koloru mocnej herbaty. Pić po 1 łyżce stołowej 3 razy dziennie przed jedzeniem.

• Do szklanki włożyć 20 g rozdrobnionego czosnku, zmieszać go ze 100 g cukru-kryształu, uzupełnić do pełnej szklanki wrzątkiem i dobrze rozmieszać aż do rozpuszczenia cukru, odstawić na 4–6 godzin w ciemne ciepłe miejsce. Przechowywać w ciemnym m miejscu w zamkniętym naczyniu. Pić przed jedzeniem po 1 łyżce stołowej 3 razy dziennie.

• Codziennie spożywać 2–3 razy dziennie po 1 łyżeczce od herbaty miodu z twarogiem.

• Codziennie pić na noc szklankę ciepłej herbaty z rozpuszczoną w niej łyżką stołową miodu.

• Sok z marchwi – 1 łyżka stołowa, tarty chrzan – 1 łyżka stołowa, miód –1 szklanka, sok z 1 cytryny. Wszystkie składniki dobrze rozmieszać drewnianą łyżką w naczyniu emaliowanym, przełożyć do naczynia szklanego, szczelnie zaniknąć, przechowywać w chłodnym miejscu. Przyjmować po 1 łyżce od herbaty na godzinę przed jedzeniem 3 razy dziennie przez 2 miesiące.

• Cytryna – 1 szt., żurawina – 200 g, dzika róża – 200 g, miód – 200 g. Cytrynę sparzyć wrzątkiem, dobrze wytrzeć suchą ściereczką, zetrzeć razem ze skórką na tarce o małych otworach. Żurawiny i dziką różę dobrze rozgnieść. Wszystko włożyć do szklanego naczynia, dodać miód, dobrze rozmieszać, przykryć i odstawić na całą dobę. Przyjmować po 1 łyżce stołowej 3 razy dziennie na 15 minut przed jedzeniem. W razie potrzeby powtarzać aż do całkowitego wyleczenia.

NERKI

Choroby nerek

• Przez tydzień pić wywar z nasion dyni. 100 g nasion zalać 1/2 l wody, gotować na wolnym ogniu przez godzinę. Po ostygnięciu wypić, a nasiona zjeść. Oprócz tego codziennie robić kompres na nerki: 100 g siemienia lnianego gotować w 200 g wody przez 20–30 minut.

Kamica nerkowa

• Do szklanego naczynia włożyć 2 stołowe łyżki drobno posiekanej natki pietruszki. Zalać szklanką wrzątku i odstawić pod przykryciem na 30 minut. Pić 1/3 szklanki 3 razy dziennie.
• 50 g owoców dzikiej róży włożyć do termosa. Zalać 1 l wrzątku, przykryć korkiem. Odstawić na 24 godziny. Pić w ciągu dnia, najlepiej po 1 szklance co 2 godz. Można dodać cukier według smaku.

Piasek w nerkach

• 1 cytrynę sparzyć wrzątkiem, wytrzeć do sucha, następnie razem ze skórką zetrzeć na tarce. Włożyć do szklanego naczynia, dodać 50 g miodu, 50 g oleju roślinnego. Wszystko dobrze wymieszać, przykryć pokrywką. Używać po 1 stołowej łyżce 4–5 razy dziennie.

Zapobieganie kamieniom w pęcherzu moczowym i woreczku żółciowym

• Czarną rzepę zetrzeć na tarce i wycisnąć sok. Dodać taką samą ilość miodu. Pić po 1/2 szklanki raz dziennie przez miesiąc.

Kamienie w nerkach, pęcherzu i trudności w oddawaniu moczu

• Wycisnąć sok z korzenia i liści chrzanu. Pić sok po 1 łyżeczce od herbaty rano i wieczorem.

• Lekko podsuszyć nasiona marchwi na patelni. Zmielić w młynku do kawy na proszek. Używać po 1 łyżeczce od herbaty popijając 1/4 szklanki wody 3 razy dziennie.

• Dwa suche korzenie pietruszki drobno posiekać. Włożyć do garnka, zalać 0,5 l wrzątku i gotować 3 minuty. Odstawić na 4 godziny, następnie odcedzić. Pić po 1/2 szklanki 3 razy dziennie do wyleczenia.

• 1–1,5 łyżki stołowej ziela pietruszki ogrodowej włożyć do szklanki wody, sparzyć wrzątkiem, zakryć, odstawić na 30 minut pod przykryciem, odcedzić, przelać do szklanego naczynia z korkiem. Pić szklankę nalewki w ciągu dnia trzykrotnie. Pić do całkowitego wyzdrowienia.

• Do porcelanowego czajnika o pojemności 1 l wsypać 1 łyżeczkę od herbaty cukru-kryształu, esencję herbacianą i 50 g szałwii. Zalać wrzątkiem, przykryć i odstawić na 30 minut. Pić herbatę z dodatkiem szałwii.

• Zmieszać 1 szklankę majowego miodu i 1 szklankę soku z kapusty, zlać do butelki szklanej, szczelnie zakorkować. Przechowywać w ciemnym i chłodnym miejscu. Przyjmować po 1 łyżce stołowej 3 razy dziennie na godzinę przed jedzeniem.

• 100 g zielonych orzechów włoskich, zebranych przed 7 lipca, zmielić w maszynce do mięsa, włożyć do słoika, wsypać 100 g cukru-kryształu lub miodu, szczelnie przykryć i odstawić na 1 miesiąc w ciemne miejsce. Przyjmować po 1 łyżeczce od herbaty 3 razy dziennie przed jedzeniem.

Kamienie nerkowe

• Wziąć 3 cytryny ze skórką, 150 g oczyszczonego czosnku zmielić w maszynce do mięsa. Wszystko włożyć do litrowego słoika, dodać 0,5 l chłodnej przegotowanej wody. Odstawić na 24 godziny, przecedzić i wycisnąć. Dobrze zamknąć słoik, przechowywać w ciemnym miejscu. Pić codziennie rano 50 ml.

• Do naczynia wlać 3 szklanki wody, dodać 4 drobno pokrojone cytryny. Gotować tak długo, aby została jedna szklanka płynu. Ostudzić i odcedzić, wlać do szklanego naczynia, dodać 1 szklankę miodu i sok z 1 cytryny. Wszystko dobrze wymieszać i przykryć pokrywką. Stosować po 1 łyżce stołowej przed snem. W razie wystąpienia kolki nerkowej, przed przyjściem lekarza należy położyć na okolice lędźwi poduszkę elektryczną lub termofor. Można wziąć ciepłą kąpiel. Uwaga! Trzeba wiedzieć, że podobne bóle mogą pojawić się przy ostrych stanach zapalnych narządów jamy brzusznej. Jeśli nie ma pewności, że przyczyną bólów jest kolka nerkowa, wymienionych wyżej środków nie należy stosować, a poczekać na lekarza!

Środki profilaktyczne przeciw tworzeniu się kamieni w nerkach

• Pić po 2 szklanki dziennie naparu ze skórki obranej z 1 jabłka, zalanej gorącą gotowaną wodą.
• Rano na czczo pić 30 g soku z czarnej rzepy.
• Pić przez 6 miesięcy po 1 łyżce oliwy z oliwek + sok z 1/2 cytryny na czczo.
• 1 łyżkę stołową suszonych liści poziomek zalać 250 g wody, gotować 10 minut. Pić 2–3 szklanki dziennie.

Środki na usunięcie kamieni i piasku z nerek

• 1 łyżkę stołową drobno pokrojonych liści i 1 łyżkę stołową korzenia pietruszki zalać 250 g wrzątku i dusić na maleńkim ogniu 1,5 godziny. Otrzymany roztwór odcedzić i podzielić na 3 równe części. Pić 15 minut przed jedzeniem (3 razy dziennie).
• 1 łyżeczkę od herbaty siemienia lnianego zalać szklanką wody. Zagotować, odcedzić. Pić po 1/2 szklanki przez 7 dni.
• 3 łyżki stołowe nasion marchwi zalać 600 ml wrzątku. Owinąć i odstawić na 10 godzin. Przecedzić. Pić w ciągu dnia po pół szklanki, póki napar się nie skończy (5–6 razy dziennie).
• Do 1/2 l mleka wsypać 100 g fig i podgrzewać na małym ogniu do zagotowania. Potem odstawić na 2 godziny, otulając

szczelnie. Następnie wypić mleko i zjeść figi. Kurację prowadzić przez 30 dni, najlepiej w okresie zimowym.

• Pokroić skórkę od arbuza w kwadraty 2x2 cm. Wysuszyć w cieniu lub w piekarniku. Suche skórki zmielić w młynku do kawy. 1 łyżkę proszku zalać 50 g wrzątku. Ostudzić i wypić. Stosować 3–5 razy dziennie, aż do zaniku kamieni i piasku.

• Do szklanki wrzącego mleka włożyć 1 łyżkę stołową startego chrzanu. Odstawić na 10 minut. Odcedzić i wypić w ciągu dnia niedużymi łykami. Pić, dopóki kamienie i piasek nie zejdą.

• Zmielić w maszynce do mięsa 1 szklankę nasion konopi. Otrzymaną masę zmieszać z 3 szklankami surowego, wiejskiego mleka. Następnie długo gotować na małym ogniu, aż do uzyskania objętości 1 szklanki. Odcedzić, pić gorący roztwór małymi łykami na czczo. Codziennie przygotowywać nową porcję. Pić przez 7 dni. Starać się nie pić nic ostrego.

Uwaga! W czasie picia roztworu możliwe są bóle w okolicy wątroby. Trzeba cierpliwie przeczekać! Po roku kurację powtórzyć. Ten środek, stosowany przez znachorów z Syberii, był najbardziej skuteczny jeśli chodzi o likwidowanie kamieni nerkowych i wątrobowych.

NERWOWOŚĆ

Nerwowość u dzieci

• Dziecko wykąpać w wodzie, w której gotowane było siano.

Nerwowość u dorosłych

• 500 g miodu wymieszać z 500 g cukru. Przyjmować 2 razy dziennie po łyżce.

NIEDOCIŚNIENIE

Ludzie, mający skłonności do niedociśnienia powinni, jak można najwięcej, chodzić, biegać, być ciągle w ruchu.

• 1 łyżeczkę czarnej herbaty zalać wrzątkiem, przykryć, odstawić na 5–7 minut. Następnie dodać 2 łyżki śmietanki, trochę soli i 1 łyżeczkę cukru. Wszystko wymieszać, wypić, kiedy ostygnie. Pić 7 dni rano i wieczorem 10 minut przed jedzeniem. Potem 7 dni przerwy i pić znów, dopóki ciśnienie nie unormuje się.

• Regularne odwiedzanie sauny 1 raz w tygodniu przez rok normalizuje ciśnienie.

• Naprzemienne prysznice wspaniale regulują napięcie naczyń krwionośnych (patrz Naprzemienne prysznice).

• Wibromasaż pomaga podwyższyć ciśnienie. Stanąć prosto, ręce wzdłuż ciała, unieść się na palce, a następnie z całej siły uderzyć piętami o podłogę (opuszczając się na całą stopę). Wykonywać rano i wieczorem po 20 razy.

• Ciśnienie podnosi rytmiczne uderzanie o podłogę na zmianę piętą raz lewej, raz prawej nogi. Piętą każdej nogi uderzać o podłogę po 20–30 razy. Wykonywać rano i wieczorem, dopóki ciśnienie nie unormuje się.

• Kompleks Niszi.

Ćwiczenia „rybka" i „robaczek" sprzyjają regeneracji układu krążenia. Regularne wykonywanie tych ćwiczeń nie tylko uwolni od kłopotów z niskim ciśnieniem, ale spowoduje ogólną rychłą poprawę zdrowia.

• Jeśli niskie ciśnienie odczuwane jest szczególnie przy zmianie pogody, należy pić sok z marchwi i buraków w proporcji 4:1, minimum 1 szklankę dziennie.

• Podwyższeniu ciśnienia sprzyja profilaktyczna kuracja cytrynowa.

NOCNA POTLIWOŚĆ

• Przed snem przetrzeć skórę octem jabłkowym.

OCET JABŁKOWY

Wiele osób używa octu w dużych ilościach w potrawach i przetworach. Ocet winny, lub biały destylowany, zawiera składniki niszczące organizm, np. kwas octowy ($C_2H_4O_2$). Kwas octowy, wchodzący w skład octu destylowanego, niszczy czerwone krwinki, powoduje anemię, zakłóca procesy trawienne i zaburza proces prawidłowego przyswajania pokarmu. Powoduje marskość wątroby, wrzodowe zapalenie jelita grubego itp. (zwracam na to uwagę amatorom marynowanych ogórków, grzybków, różnych kiszonych sałatek). Radzę unikać octu spirytusowego i winnego, aby nie mieć problemów ze strony układu pokarmowego.

Zupełnie inne wartości posiada ocet jabłkowy. Zawiera w swoim składzie kwas jabłkowy ($C_2H_6O_5$). Kwas zawarty w occie jabłkowym, łącząc się z zasadami i substancjami mineralnymi, tworzy glikogen. Glikogen pozwala uregulować cykl menstruacyjny, polepsza stan naczyń krwionośnych, sprzyja tworzeniu się czerwonych krwinek. Jedną z najcenniejszych wartości octu jabłkowego jest wyjątkowo wysoka zawartość potasu, koniecznego do utworzenia w organizmie określonego zapasu energetycznego oraz wyciszenia układu nerwowego i uregulowania pracy hormonów. Sprzyja również zatrzymaniu w organizmie wapnia, żelaza, magnezu, chloru i krzemu.

Ocet jabłkowy jest w sprzedaży, ale można go również przygotować samodzielnie (przepis na jego przygotowanie podam poniżej).

Leczenie octem jabłkowym

• *w przypadku utykania spowodowanego silnym urazem*
Ubić 1 żółtko + 1 łyżeczkę miodu + 1 łyżkę octu jabłkowego. Wszystko dokładnie wymieszać i wcierać w chore miejsce.

• *półpasiec*
4 razy w dzień i 3 razy nocą (w przypadku, gdy swędzenie nie pozwala spać) przykładać na zaatakowane miejsca gazę, nasączoną nie rozcieńczonym octem jabłkowym. Po 5–10 minutach swędzenie ustępuje, a po upływie 3–7 dni półpasiec znika.

- **nocna potliwość**

Przed snem przetrzeć skórę octem jabłkowym.

- **oparzenia**

Przy pomocy gazy zwilżyć poparzoną powierzchnię skóry octem jabłkowym, który uśmierza ból i zapobiega tworzeniu się blizn.

- **żylaki**

Rano i wieczorem przemywać octem jabłkowym skórę w miejscach, gdzie są rozszerzone żyły i rozcierać. Oprócz tego 2 razy dziennie pić 1 szklankę ciepłej przegotowanej wody z rozpuszczonymi w niej 2 łyżeczkami octu jabłkowego. Po miesiącu stosowania regularnych zabiegów żyły zaczną się zwężać.

- **dla kobiet w ciąży**

W okresie ciąży przed śniadaniem pić 1 szklankę ciepłej wody z rozpuszczoną w niej 1 łyżeczką octu jabłkowego. Oprócz tego, przed każdym posiłkiem wypijać jeszcze 1 szklankę przegotowanej wody z rozpuszczonymi w niej 2 łyżkami octu jabłkowego i 2 łyżkami miodu. W ostatnich 3 miesiącach ciąży 2 razy w tygodniu, we wtorki i piątki, do mieszanki dodawać jedną kroplę jodu.

- **obfite krwotoki podczas miesiączki, hemoroidy, krwotoki z nosa**

Pić codziennie 2 łyżeczki od herbaty octu jabłkowego na szklankę gotowanej wody.

- **odchudzanie**

Przed każdym posiłkiem wypijać 1 szklankę przegotowanej wody z 2 łyżeczkami octu jabłkowego.

- **łzawienie oczu**

Do jednej szklanki wody dodać 1 łyżeczkę octu jabłkowego i 1 kroplę jodyny. Pić raz dziennie przez 2 tygodnie, potem tylko we wtorki i czwartki.

- **utykanie spowodowane zapaleniem stawów**:

Przed każdym posiłkiem pić 10 łyżeczek od herbaty octu jabłkowego. W ciągu 2 dni dolegliwość ustąpi w 20%, a na piąty dzień w 50%. Po 30 dniach kuracji powinny zniknąć bóle stawów i zmniejszyć się utykanie.

- *nadciśnienie*

U niektórych osób w układzie trawiennym występuje niedostatek kwasu solnego, co podwyższa ciśnienie krwi. Aby skutecznie walczyć z tą dolegliwością trzeba jeść mniej mięsa, a przed jedzeniem pić od 1 do 3 łyżeczek octu jabłkowego. Ciśnienie krwi zauważalnie obniża się. Okresowo ocet można „przegryzać" 1 łyżeczką miodu. Wówczas efekt będzie jeszcze lepszy.

- *ból głowy*

Do garnuszka nalać 1/2 szklanki octu jabłkowego i 1/2 szklanki przegotowanej wody. Wymieszać i postawić na małym ogniu. Kiedy roztwór zagotuje się, garnuszek zdjąć i zrobić inhalację. Wdychać parę powoli 75 razy. Jeżeli ból głowy nie minie całkowicie, to na pewno przynajmniej znacznie osłabnie.

Przygotowanie octu jabłkowego

Ilość zależy od tego, do jakich celów się go przygotowuje. Odrzucić zgniłe lub robaczywe części jabłek (nie obierać ze skórki). Jabłka wraz z gniazdami nasiennymi zmielić w maszynce do mięsa. Otrzymaną masę włożyć do emaliowanego lub szklanego naczynia z szeroką szyjką, dodać ciepłej przegotowanej wody (1 litr wody na 800 g jabłek). Na każdy litr wody dodać 100 g miodu, 10 g drożdży piekarskich i 20 g czarnego podsuszonego chleba. Zakryć naczynie i odstawić do sfermentowania w temperaturze 20–30°C (fermentacja zachodzi lepiej przy stałej temperaturze i gdy szyjka naczynia jest jak najszersza). W ciągu pierwszych 10 dni zawartość naczynia należy codziennie przemieszać drewnianą łyżką. Po upływie 10 dni przełożyć do worka z gazy i odcisnąć. Otrzymany sok jeszcze raz przefiltrować i przelać do naczynia z szeroką szyjką. Na 1 litr otrzymanego soku dodać 80 g miodu i wymieszać drewnianą łyżką do całkowitego rozpuszczenia. Naczynie przykryć gazą i postawić w ciepłym miejscu (temperatura 25–30°C). Ocet jest gotowy w momencie gdy płyn zjaśnieje. W zależności od rodzaju jabłek, miodu i ilości wody oraz innych czynników trwa to zwykle 40–60 dni. Gdy płyn zjaśnieje, filtruje się go, przelewa przy pomocy lejka do półlitrowych butelek. Butelki należy szczelnie zamknąć (korek można zalać woskiem) i przechowywać w chłodnym miejscu. Tak przygotowany ocet można wykorzystywać zgodnie z powyższymi przepisami, a także jako dodatek do surówek i innych potraw. Jeszcze raz chcę zwrócić uwagę, że tylko ocet jabłkowy można używać jako kwaśny dodatek do potraw.

OCZY

Zapalenie oczu (zapalenie spojówek)

• 1/2 szklanki skórki z ogórków zalać 1/2 szklanki wrzątku i dodać 1/2 łyżeczki sodki. Stosować jako okłady.

• Ugotować w niewielkiej ilości wody cebulę wraz z łupinami, następnie dodać trochę miodu. Wymieszać. Przemywać oczy tym wywarem 4–5 razy na dzień (pomaga szczególnie przy zaczerwienieniu oczu).

• 1 łyżkę stołową nasion kopru zaparzyć w 1,5 szklanki wrzątku. Stosować do okładów w schorzeniach oczu.

• Starte jabłko lub starty ziemniak wymieszać z białkiem jajka i położyć na chore oczy. Następnie zmyć ciepłą gotowaną wodą.

• 2 kurze białka zmieszać z 1/2 szklanki zimnej gotowanej wody. Odstawić na 30–40 min. w ciemne miejsce. Posmarować na noc oczy.

ODCHUDZANIE

Odchudzające diety

• W ciągu 10 dni jeść różne rodzaje kaszy. Do kaszy można dodać tylko zieleninę. Kaszę gotować na wodzie, bez soli. W ciągu dnia można jeść do siedmiu rodzajów kasz w dowolnych ilościach, oprócz kaszy manny. Stosując się ściśle do zaleceń można schudnąć od 5 do 7 kg. W czasie kuracji starać się pić jak najmniej płynów.

• Każdy kawałek posiłku, który wkładamy do ust, żuć 100 razy. Płyny pić na 15 minut przed jedzeniem i 2 godziny po jedzeniu. Jeść można wszystko, kuracja trwa 1 miesiąc. Przy ścisłym stosowaniu można schudnąć od 5 do 10 kg.

• W pierwszym tygodniu na śniadanie, obiad i kolację jeść po 2 pomarańcze i 3 jaja na twardo (jaja gotować 12 minut). W drugim tygodniu jeść to samo i nie ograniczać ilości surowych warzyw i owoców.

• Pić codziennie sok ze świeżej kapusty po 3/4 szklanki rano i wieczorem.

• 50 g nasion pokrzywy zmielić w młynku do kawy. Włożyć do szklanego naczynia, dodać 50 g wódki. Wszystko dobrze wymieszać, szczelnie zakryć. Odstawić na 7 dni w ciemne miejsce. Następnie odcedzić. Przechowywać w lodówce. Używać po 25 kropli 3 razy dziennie.

OPARZENIE

• Na oparzone miejsce przykładać drobno startą marchew.

• Rozmieszać żółtko z jajka z 1 łyżką stołową masła śmietankowego. Otrzymaną mieszaninę, podobną do majonezu, nałożyć na gazę i zrobić opatrunek oparzonego miejsca. Ból ustąpi i żadnej blizny po oparzeniu nie będzie.

• Oparzone miejsce natychmiast opłukać strumieniem zimnej wody i obficie posypać sodą.

• W razie oparzenia gardła należy płukać je 1 łyżką oleju, a następnie olej wypić.

• Przy oparzeniu gardła 1/2 szklanki ciepłej wody zmieszać z 2 surowymi białkami kurzymi i płukać gardło, potem wypić.

PUCHLINA (OBRZĘKI)

Przy wystąpieniu obrzęków wskazane jest spożywanie warzyw i owoców, posiadających właściwości moczopędne, takich jak seler, pietruszka, szparagi, cebula, czosnek, arbuz, dynia, poziomki, porzeczki.

• Dwie średnie cebule wieczorem pokroić na cienkie plasterki i posypać 1 łyżką cukru, odstawić na noc, aby cebula puściła sok. Rano sok odcisnąć. Stosować po 2 łyżki stołowe na dzień.

• Pić po 1/2 szklanki na dobę soku z dyni.

• 4 łyżeczki od herbaty nasion pietruszki zalać 1/2 szklanki wrzątku, odstawić na 8–10 godzin. Używać po łyżce stołowej 3–4 razy dziennie 30 min. przed jedzeniem.

Przy obrzękach nóg i jamy brzusznej

• Skroić z rzepy (białej) skórkę, drobno pokroić, zalać wrzątkiem (na szklankę skórki 3 szklanki wrzątku). Garnek szczelnie zamknąć i wstawić na 4 godziny do piekarnika. **Uwaga!** Nie doprowadzać do wrzenia. Przecedzić i pić po 1 filiżance dziennie.

• Garść fasoli wysuszyć, roztłuc na proszek i wsypać do 400 ml czerwonego wina. Odstawić na 3 doby. Przyjmować po 2 łyżki stołowe 3 razy dziennie. Przed użyciem wstrząsnąć.

• 2 łyżki stołowe liści czarnej porzeczki zaparzyć 1 szklanką wrzątku, gotować na małym ogniu 10 minut, odstawić na 1 godz. Ostudzić i wypić. Pić przez miesiąc.

SKAZA U DZIECI

• Dziecku ze skazą należy dawać sok z czarnej rzepy. Najpierw podawać po 2 kropelki soku 3 razy dziennie przez 7 dni. Następnie zwiększyć dawkę do 10 kropel w ciągu 7 dni.

STWARDNIENIE NACZYŃ (SKLEROZA)

• Wycisnąć sok z 2 dużych główek czosnku i zalać 250 g wódki. Odstawić w ciemne miejsce na 12 dób. Pić po 20 kropel 3 razy dziennie 30 min. przed jedzeniem. Cykl leczenia – 3 tygodnie. Dla poprawy smaku można dodać trochę soku lub naparu z mięty.

- 250 g chrzanu oczyścić, zetrzeć na tarce, zalać 3 litrami gotowanej zimnej wody i gotować 20 minut. Przecedzić. Pić po 100 ml 3 razy dziennie. Po tygodniu ciśnienie ustabilizuje się.
- Na dno szklanki wsypać 1 łyżkę stołową mąki kukurydzianej, zalać do pełności gorącą wodą. Odstawić na 10 godzin (na noc). Rano na czczo wypić wodę. Starać się nie zmieszać wody z osadem z mąki.
- Szklanka soku z marchwi, szklanka tartego chrzanu, szklanka miodu i sok z 1 cytryny. Wszystko wymieszać, wlać do butelki, przechowywać w lodówce. Używać po 1 łyżeczce od herbaty 3 razy dziennie.

TARCZYCA

- Nosić na szyi korale z bursztynu.
- Rozmoczyć w wodzie korę dębową i przykładać na szyję gazę zmoczoną tym roztworem. Kurację prowadzić długi czas.
- 1 kg aronii zasypać 1 kg cukru, wstawić do lodówki. Po pojawieniu się soku, pić go po 1–2 łyżeczki od herbaty 3 razy dziennie.
- 1/2 cytryny zetrzeć ze skórką na tarce, dodać 1–2 łyżeczki od herbaty cukru i zjeść – najlepiej 2 godziny po posiłku.
- 15 g kwiatów konwalii majowej zalać 2 szklankami wrzątku. Stosować po 2 łyżeczki od herbaty 3 razy dziennie.
- Dobre rezultaty przynosi codzienne spożywanie soku z cytryny 2 razy dziennie po 1/2 szklanki (patrz Kuracja cytrynowa).

WĄTROBA

- Przy bólach wątroby zmieszać 1/4 szklanki oliwy z oliwek z 1/4 szklanki soku z grapefruita. Pić na noc, nie wcześniej, niż 2 godziny po posiłku. Wcześniej zrobić lewatywę. Po wypiciu mieszanki położyć się na prawym boku z poduszką elektryczną lub termoforem na okolicy wątroby. Zabieg powtórzyć za 2 dni. Ilość zabiegów – od 3 do 5.

Środki przeciwbólowe przy stanach zapalnych wątroby i pęcherzyka żółciowego:
- 20 g rozdrobnionych liści mięty wsypać do termosu, zalać wrzątkiem, odstawić na 12 godzin i odcedzić. Wypić w ciągu dnia na 3 razy 20 minut przed jedzeniem.
- Przez 40 dni pić sok z kapusty po 1/2 szklanki 3–4 razy dziennie.
- Zmieszać 1 kg pokrojonej cebuli z 2 szklankami cukru i podgrzewać w piekarniku, dopóki nie pojawi się syrop koloru żółtego. Następnie syrop przeleć do słoika lub butelki z ciemnego szkła. Pić po 1 łyżce stołowej na czczo przez 3 miesiące.
- Pić sok z dyni po 1/2 szklanki 2 razy dziennie przed jedzeniem w ciągu 30 dni.

Środek pobudzający wydzielanie żółci

- 100 g owoców dzikiej róży wsypać do termosu o pojemności 1 litra, zalać wrzątkiem, zakryć korkiem i odstawić na noc. Wypić w ciągu dnia cały napar, cukier dodawać do smaku.

Choroby wątroby

- Zetrzeć korzeń chrzanu na tarce z małymi otworami, wycisnąć sok. Taką samą ilość soku z chrzanu i miodu (jeśli nie ma miodu, można użyć cukru) zamieszać i zamknąć w szklanym naczyniu. Przyjmować po 1 łyżce stołowej 3 razy dziennie na 20 minut przed jedzeniem.
- Zaparzyć 1 łyżkę stołową nasion kopru ogrodowego szklanką wrzątku, odstawić, ochłodzić, przecedzić. Przyjmować po 1/2 szklanki 2 razy dziennie.

Chroniczna choroba wątroby

- Sok z korzeni świeżego mlecza (dmuchawca) – 100 g, spirytus 96% – 15 g, gliceryna – 15 g, przegotowana woda – 17 g. Wszystkie składniki dobrze przemieszać i przecedzić. Przyjmować po 1–2 łyżki stołowe dziennie na 15 minut przed jedzeniem.

Choroby wątroby, regeneracja po zachorowaniu

• Wątrobę rogacizny drobno pokroić, obsmażyć, ale nie całkowicie (musi być z krwią), następnie skręcić w maszynce do mięsa. Na 200 g wątroby dodać 100 g masła śmietankowego, dobrze przemieszać do konsystencji pasztetu wątrobianego. Przyjmować po 100 g pasztetu codziennie.

Leczenie kamieni żółciowych

• Garść suszonych liści brzozowych rozdrobnić, zalać szklanką wrzątku, odstawić na 20 minut, odcisnąć, przecedzić. Przyjmować po szklance naparu rano i wieczorem przed jedzeniem.

• Drobno pokroić białą kapustę, wycisnąć sok. Pić po 1/2 szklanki świeżego soku z białej kapusty. Do soku można dodawać wodę po kapuście.

Kamienie na wątrobie

• 60 g suszonych fig drobno pokroić, włożyć do emaliowanego naczynia, zalać szklanką wrzątku, doprowadzić do wrzenia, dodać 1/2 szklanki gorącego mleka i 1–5 g cukru, przestudzić. Ciepły płyn pić drobnymi (małymi) łykami, owoce figi zjeść. Dobrze jest też jeść świeże poziomki, pić świeży sok z marchwi.

Kamienie w pęcherzyku żółciowym

• Utrzeć na tarce i wycisnąć sok z czarnej rzepy. Świeży sok pić po 2–3 łyżki stołowe dziennie.

WZDĘCIE BRZUCHA (OD NADMIERNEGO NAGROMADZENIA GAZÓW)

W celu zlikwidowania nagromadzenia gazów konieczne jest przede wszystkim przeprowadzenie oczyszczenia jelita grubego (patrz Oczyszczenie). Zgodnie z Tablicą 1 lub Tablicą 2 należy przeanalizować prawidłowość łączenia pokarmów. Jeśli z jelita cienkiego do jelita grubego dostają się nie strawione cukry i skrobie, to powoduje to fermentacje i powstawanie gazów. Cierpiący na choroby sercowo-naczyniowe nie powinni dopuszczać do nadmiernego powstawania gazów, ponieważ rozciągnięcie jelit przez gazy może doprowadzić do zawału serca. Uwolnić się od gazów w jelitach pomogą następujące rady:

• Lewatywa z naparu rumianku: Przygotować 1,5 l gotowanej, ochłodzonej do temperatury ciała, wody. W 200 ml wrzątku zaparzyć 1 łyżeczkę od herbaty kwiatu rumianku lub 1 torebkę herbaty rumiankowej. Zrobić lewatywę (patrz Oczyszczenie jelita grubego). Po opróżnieniu jelit położyć się na plecach i na okolicę żołądka i wątroby położyć na 30–40 minut poduszkę elektryczną. Zabieg przeprowadzić w wypadku nagłego wystąpienia gazów, którym towarzyszą bóle i wzdęcie brzucha.

• Sok z surowych ziemniaków wspaniale likwiduje wiele zaburzeń układu trawiennego. Pić po 100 ml rano na czczo, po czym położyć się do łóżka na 30 minut. Na brzuch położyć poduszkę elektryczną lub termofor. Pić sok 14 dni, potem 14 dni przerwy, znów przez 14 dni pić sok i znów 14 dni przerwy. Jeśli po przeprowadzeniu kuracji gazy dalej będą niepokoić, to pić sok jeszcze 10 dni.

• Pić na czczo 2 szklanki ciepłej herbaty eukaliptusowej, 1 garść liści eukaliptusa zalać 400 ml wrzątku i wypić ciepły napój.

ZAPALENIE GRUCZOŁU SUTKOWEGO

• Zgnieść 2 liście białej kapusty tak, aby pojawił się sok i przyłożyć na pierś.

• Do 1/2 szklanki mąki dodać 1 łyżkę miodu, zagnieść ciasto, rozwałkować na placek i przyłożyć do piersi.

• Aby po karmieniu nie zostawał pokarm, przyłożyć do piersi liść kiszonej kapusty.

• Krochmal ryżowy rozmieszać w wodzie do konsystencji śmietany. Nanieść na gazę i przyłożyć na zaognione miejsce na 3–4 godziny. Stan zapalny powinien ustąpić.

ZAPARCIA

Zaparcia bywają przewlekłe i sporadyczne.

O zaparciach przewlekłych mówimy, kiedy jelita nie są opróżniane w ciągu 36 i więcej godzin. Zaparcia sporadyczne mogą być spowodowane zamuleniem żołądka. Przy zaparciach sporadycznych należy powstrzymać się od jedzenia i w ciągu dnia pić tylko ciepłą przegotowaną wodę po 1/2 szklanki co 1–1,5 godz.

Groźniejsze dla zdrowia są zaparcia przewlekłe (chroniczne), ponieważ mogą doprowadzić do nieobliczalnych i bardzo poważnych problemów zdrowotnych, od bólu głowy zaczynając, a na udarze mózgu kończąc (przyczyny przewlekłych zaparć i sposoby walki z nimi opisane są dokładniej w książce „Uleczyć nieuleczalne" część 2). Ponieważ przyczyny zaparć mogą być różne, z podanych przepisów wybierzcie najskuteczniejsze.

• Zjeść na czczo 2 nie obrane jabłka.

• Wieczorem przed snem zjeść 2 pomarańcze, obrawszy z nich pomarańczową skórkę na grubość 1 mm tak, aby biały miąższ pozostał.

• 2 łyżeczki od herbaty otrąb zalać na noc 1,5 szklanki wrzątku. Przykryć i zostawić do rana. Rano zjeść jak kaszę. Okres kuracji 10–14 dni.

• Rano do 1/2 szklanki kefiru włożyć 4–5 suszonych śliwek, odstawić do wieczora, na 8–10 godzin. Przed snem wypić kefir, zjeść śliwki. Stosować przez 30 dni.

Najskuteczniejszym środkiem przeciw zaparciom jest oczyszczanie jelita grubego przy pomocy irygatora z następującym po nim odbudowaniem normalnej mikroflory (patrz Oczyszczenie organizmu).

• Pić przez 7 dni rano na czczo po 1/2 szklanki zimnej wody z kranu.

• 1 łyżeczkę od herbaty siemienia lnianego zaparzyć szklanką wrzątku. Pić na noc razem z nasionami. Długość kuracji – nie więcej niż 10–14 dni (przy przewlekłych chorobach wątroby siemienia lnianego nie stosuje się!).

- Do 1/2 szklanki kwasu z kiszonej kapusty dodać 1 łyżeczkę od herbaty drożdży piwnych. Pić na noc.
- Pić rano na czczo i wieczorem przed snem po 1 stołowej łyżce oleju.
- Pić sok z marchwi po 1/2 szklanki rano i wieczorem.
- Sok z surowych ziemniaków pić po 1/4 szklanki rano na czczo i wieczorem przed snem.
- Po 1–2 szklanki czarnych jagód zjadać w sezonie jagodowym.
- Rano, leżąc w łóżku wciągnąć maksymalnie brzuch, potem maksymalnie nadąć. Powtarzać 20–40 razy.
- Pożywienie wzmagające pracę jelit: warzywa, owoce we wszystkich postaciach, sól i produkty kiszone (kapusta, ogórki), miód, chleb żytni, kasza gryczana, białe wino.
- Pożywienie osłabiające pracę jelit: herbata, kawa, gorące zupy, kakao, biały chleb, słodkie herbatniki, ciastka (wyroby mączne); tłuste mięsa, produkty wędzone, słodkie napoje.

ZGAGA

Powstaje od nieprawidłowego łączenia pokarmów. Przyczyny – patrz: *Jak żyć długo i zdrowo*. Nieprawidłowe jedzenie. W każdej części układu pokarmowego na pokarm oddziałują różne soki. Jeśli z żołądka nie strawione pożywienie przechodzi do dwunastnicy razem z kwaśnymi sokami żołądkowymi, prowadzi to do schorzeń i żołądka, i dwunastnicy. Jako skutek uboczny zakłócenia funkcji trawiennych pojawia się zgaga. Aby ją zlikwidować, należy:

1) powoli przeżuwać pokarm,
2) jeść zawsze w spokojnej atmosferze,
3) nie jeść w stanie zdenerwowania lub niepokoju,
4) starać się jeść świeże pożywienie,
5) ograniczyć spożycie pokarmów tłustych i smażonych,
6) nie pić podczas jedzenia.

Bardzo skuteczna jest kuracja z sokiem cytryny (patrz Sok z cytryny).

• 1 łyżeczkę zmielonej skorupki z jajka zmieszać z sokiem z 1 cytryny. Wypić.

Osoby cierpiące na zgagę powinny w ciągu 14 dni jeść na czczo tylko kaszę gryczaną, dobrze ją przeżuwając.

• Uprażyć na patelni 1 łyżkę stołową kaszy gryczanej. Zmielić ją w młynku do kawy. Przyjmować na czubek łyżeczki od herbaty 3–4 razy dziennie, popijając kilkoma łykami wody.

ŻYLAKOWE ROZSZERZENIE ŻYŁ (ZAPALENIE ŻYŁ ZAKRZEPOWE)

• 50 g owoców kasztana pokroić w kostki i zalać 0,5 l wódki. Odstawić na 2 tygodnie w ciepłe, ciemne miejsce, codziennie wstrząsać. Przyjmować po 30–40 kropel 3 razy dziennie. Cykl leczenia – 1 miesiąc.

• 250 g oczyszczonego czosnku wycisnąć i zmieszać z 350 g płynnego miodu, dokładnie wymieszać i odstawić na tydzień. Przyjmować po 1 łyżce stołowej 3 razy dziennie 40 minut przed jedzeniem.

• Kuracja oczyszczenia krwi.

• Ćwiczenia Niszi.

• Wskazane oczyszczenie wątroby 4 razy.

• Przy wystąpieniu wrzodów kłaść na nie papkę ze świeżo startego ziemniaka warstwą grubości 1 cm, z wierzchu nakryć gazą, 4–6 warstw zabandażować i pozostawić na 4 godziny. Po 2 godzinach powtórzyć.

• Nowe bawełniane skarpety założyć na nogi i pochodzić w nich po mokrej trawie póki skarpety mocno nie przemiękną. Skarpet nie zdejmować, dać im wyschnąć na nogach. Zabieg powtarzać wielokrotnie.

• Smarować nogi octem jabłkowym (patrz Leczenie octem jabłkowym).

• Masować nogi z dołu do góry miękką szczoteczką 3–5 minut codziennie rano i wieczorem.

SPIS TREŚCI